基于物联网的油气田生产数字化转型理论与实践

杜　强　陈介秋　主编

中国石油大学出版社
CHINA UNIVERSITY OF PETROLEUM PRESS

山东·青岛

图书在版编目（CIP）数据

基于物联网的油气田生产数字化转型理论与实践 /
杜强,陈介秋主编 . -- 青岛:中国石油大学出版社,
2021.4

ISBN 978-7-5636-7098-7

Ⅰ. ①基… Ⅱ. ①杜… ②陈… Ⅲ. ①物联网－应用
－石油工业－工业发展－研究－中国②物联网－应用－天
然气工业－工业发展－研究－中国 Ⅳ. ① F426.22-39

中国版本图书馆 CIP 数据核字(2021)第 054136 号

书　　　名:基于物联网的油气田生产数字化转型理论与实践
JIYU WULIANWANG DE YOUQITIAN SHENGCHAN SHUZIHUA ZHUANXING LILUN YU SHIJIAN

主　　　编:杜　强　陈介秋

责任编辑:袁超红(电话　0532－86981532)
封面设计:我世界(北京)文化有限公司

出 版 者:中国石油大学出版社
　　　　　(地址:山东省青岛市黄岛区长江西路 66 号　邮编:266580)
网　　　址:http://cbs.upc.edu.cn
电子邮箱:shiyoujiaoyu@126.com
排 版 者:青岛汇英栋梁文化传媒有限公司
印 刷 者:日照日报印务中心
发 行 者:中国石油大学出版社(电话　0532－86981531,86983437)
开　　　本:787 mm×1 092 mm　1/16
印　　　张:17
字　　　数:261 千字
版 印 次:2021 年 4 月第 1 版　2021 年 4 月第 1 次印刷
书　　　号:ISBN 978-7-5636-7098-7
定　　　价:68.00 元

本书编委会

主　编：杜　强　陈介秋

副主编：赵　培　王益富　王　刚　汪　亮

编　委：肖逸军　肖　宏　孙　韵　鲍自翔　官　庆

　　　　王　滔　张　亮　王　柯　符　浩　牛　旻

　　　　叶康林　杨云杰　陈昌健　杨　智　张新瑜

　　　　吴　昶　程小曼　任艳艳　徐　黎　顾　伟

　　　　张英帅　张　剑　周　永

推荐序

20 世纪 90 年代以来，以互联网、大数据、人工智能、5G 等为代表的数字技术接连兴起，数字化转型成为由工业经济向数字经济变革的主旋律。国内外油气行业紧跟数字化、智能化发展趋势，充分利用数字化转型实现供应链效率提升、生产运营优化与资产完整性完善的目标。但目前油气田行业仍面临着加速数字化、解决变革阻碍、共享生态创新、转变 IT 运营模式等困难和挑战，油气田行业的数字化转型仍然任重而道远。

西南油气田有序推进数字化油气田建设，以两化融合为总抓手，深度落实数字化转型政策，在储量、产量、销量、效果等方面均取得了历史性进步。本书内容涵盖数字化转型和物联网发展对世界经济的影响，结合我国国情对西南油气田的数字化转型和物联网技术成果展开分析，以世界数字化转型、油气行业数字化转型、西南油气田战略发展和信息化发展作为背景，从物联网感知技术、物联网传输技术、物联网智能处理、物联网信息安全等物联网技术层次出发，介绍了西南油气田在战略转型、体系转型、平台转型、生态转型等四个方面的数字化赋能转型成效，分享了西南油气田基于物联网的数字化转型历程，详细阐述了西南油气田数字化转型的模式构建、策略与保障、赋能转型成效以及转型历程中所获得的经验启示，可为广大处于数字化转型进程中的企业提供实践经验。

同时，本书还对数字化转型和物联网的发展进行了总结并提出了展望，预测了企业在数字化转型过程中可能会面临的挑战和困难，这会帮助更多的企业更顺利地将物联网技术融入数字化转型中。

西南石油大学党委书记

2021 年 3 月 11 日

前　言

随着大数据、云计算、区块链等数字技术的兴起,现代企业在生产经营中产生的大量数据与信息逐渐成为发展的核心资产。党的十九届四中全会首次将"数据"确定为新的生产要素,与传统生产要素一起共同创建新的经济范式,标志着我国经济发展正式迈入数字经济时代。数字经济的快速崛起促使产业升级不断加速。作为产业升级的微观主体,企业能否完成数字化转型是衡量我国产业能否抓住数字经济重大机遇的关键。

企业数字化转型涵盖多方面的内容,概括而言是指利用数字技术使企业在商业模式、管理架构、企业文化等方面不断变革创新,从而逐步释放数字技术对经济发展的放大、叠加和倍增作用。同时,企业创新也是企业管理的重要内容,是企业实现转型的重要表现。

中国石油西南油气田公司积极推进数字化转型,自 2012 年开展数字化气田总体规划设计以来,围绕自身生产发展目标,以两化融合体系方法为指引,精心组织公司重大规划编制,科学设计顶层架构与技术路线,合理规划阶段目标与关键指标,优化设置规划项目,持续提升数字化油气田解决方案实施能力,引领信息规划顶层设计。此外,西南油气田公司将物联网高度融入生产,利用各种物联网技术实时采集和传输各种数据及动态对象,实现对工艺生产设备数字化的控制和管理,在减少操作风险的前提下保证了油气生产的高效作业。

本书分析了数字化转型和物联网的发展对世界经济的影响,并基于我国国情描述了我国的数字化转型和物联网技术现状,重点结合西南油气田的数字化转型和物联网技术成果,以世界数字化转型、油气行业数字化转型、西南油气田战略发展和信息化发展为背景,从物联网感知技术、物联网传输技术、物联网智能处理、物联网信息安全等物联网技术层次出发,介绍了西南油气田数字化转型的模式构建、策略与保障、具体实践、赋能转型成效以及转型历程的经验启示,最后提出了数字化转型及油气田物联网的总结与展望。

西南油气田未来将以"全面感知、自动操控、智能预测、持续优化"的智能油气田为目标,打造勘探开发协同研究、生产运营自动管控、市场销售全局优化的智能油气田,从全局定义天然气产业链数字化新业态,实现全气田从规划、设计、施工到运营一体化的智能化全生命周期管理模式,形成勘探开发工程技术、生产过程管控、天然气产运储销三大领域"一体化协同"的全新局面。西南油气田数字化转型实践从"聚焦数字化转型,智能化发展试点"出发,未来将以数字化向智能化发展,进而全面提升公司天然气产业价值链竞争能力,实现"十四五"初步建成智能油气田、"十五五"全面建成智能油气田,从而助力建成国内最大现代化天然气工业基地的建设目标。

本书针对基于物联网的油气田生产数字化转型实践进行介绍,可供相关专业人士参考。

由于编者水平有限,难免有疏漏不当之处,希望广大读者批评指正。

目　录

第1章 背　景

1.1　数字化转型时代背景

随着时代的进步和信息技术的发展,世界经济正从工业经济向数字经济转型。伴随新一轮科技革命和产业变革的孕育兴起,制造业加速与互联网融合创新,驱动制造技术、产品、模式、机制深刻变革。

数字经济时代引发了诸多方面的变革(图1-1),包括技术、经济、思维、生存等方面都在发生跨时代的改变。数字经济时代的关键生产要素是数据。通过对数据价值的充分挖掘,可激活管理和技术要素,构建开放生态,降低资产运营对劳动力、资本等要素的依赖,帮助企业提质增效,实现发展的新业态和新模式。

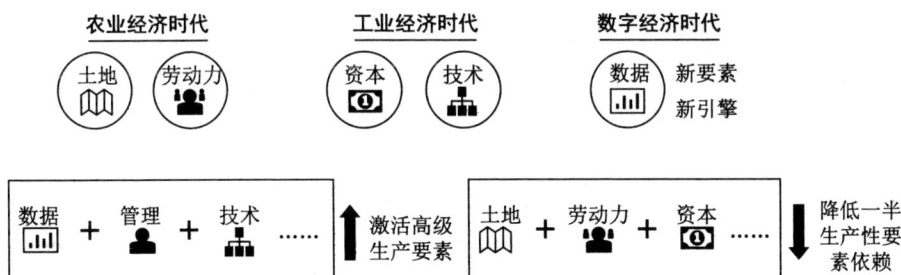

图 1-1　数字经济时代变革

2016年G20杭州峰会发布的《二十国集团数字经济发展与合作倡议》指出:"数字经济是指以使用数字化的知识和信息作为关键生产要素、以现代信息网络作为重要载体、以信息通信技术的有效使用作为效率提升和经济结构优化的重要推动力的一系列经济活动。"数字经济已成为21世纪全球经济增长的重要驱动力。中国信息通信研究院2018年12月发布的《G20国家数字经济发展研究报告(2018)》指出:"G20国家数字经济持续保持快速发展态势,数字经济总量由 2016 年的 24.09 万亿增加到 2017 年的 26.17 万亿,增长率高达 8.64%,同时结构不断优化,G20 国家产业数字化占比由 2016 年的 84.18% 提高到 2017 年的 84.47%。"

我国政府高度重视数字经济对社会发展贡献的巨大潜能。在 2018 年 4 月 20 日和 21 日召开的全国网络安全和信息化工作会议上,习近平总书记强调:"要发展数字经济,加快推动数字产业化,依靠信息技术创新驱动,不断催生新产业新业态新模式,用新动能推动新发展。""要推动产业数字化,利用互联网新技术新应用对传统产业进行全方位、全角度、全链条的改造,提高全要素生产率,释放数字对经济发展的放大、叠加、倍增作用。"《2018 年政府工作报告》提出加强对"互联网+"和"数字经济"相关产业的布局,数字经济作为信息化发展的高级阶段,是继农业经济、工业经济后的新型经济形态。

在全球数字经济发展的时代背景下,数字化转型正在改变企业和行业的运行规律,从数字原生企业到传统行业都在积极探索数字化转型。根据华为公司在 2018 年对客户的一项调查,数字化转型的主要驱动力源于行业趋势变迁、解决自身经营问题、企业战略驱动、社会经济大环境变化以及竞争对手的压力等 5 个方面(表 1-1)。

表 1-1　数字化转型驱动力

驱动力类型	占　比
行业趋势变迁	27%
解决自身经营问题	24%
企业战略驱动	23%
社会经济大环境变化	18%
竞争对手的压力	8%

国内外复杂多变的宏观环境正为企业发展带来巨大挑战:一方面,全球经济正进入 VUCA(V——易变性;U——不确定性;C——复杂性;A——模糊性)时代,企业发展面临诸多变化与不确定性,加剧了全球资本市场和企业营商环境的挑战;另一方面,国内经济步入"新常态",处于产业结构调整、发展动力转换的变革关键时期,也对企业的战略定位、业

务布局、能力提升等诸多方面带来全新考验。

　　传统企业在宏观经济增长放缓的趋势下,面临着比以往更加激烈的市场竞争。当前国内外通信信息技术迎来"井喷式"发展,5G、物联网、人工智能、区块链等新技术应用蓬勃兴起,国家针对网络强国以及"数字中国""互联网＋"等作出了一系列重大部署。利用新一代信息与通信技术(ICT),实施以创新为核心的数字化转型是传统企业转型的重要路径。目前世界主要国家和企业纷纷开启了数字化转型之路。《2015 年经合组织(OECD)数字经济展望》报告显示,80% 的经济合作与发展组织成员都制定了国家战略或部门政策,构建了数字经济国家战略框架。各国政府均希望通过发展数字经济,全面促进经济社会健康发展,战略的重点包括:发展通信基础设施,发展 ICT 部门,加强电子政府服务,推动商业部门及中小企业应用 ICT,重点关注卫生医疗、交通运输及教育部门,解决诸如网络监管、气候变化等方面的全球挑战。

1.2　油气行业数字化转型背景

　　新能源行业突飞猛进,上游领域市场准入放开,市场化改革加速推进,行业竞争更趋激烈。国际油价一度创下近 30 年来单日最大跌幅超 30% 的纪录。国家自然资源部在《自然资源部关于推进矿产资源管理改革若干事项的意见(试行)》中表示,将全面放开油气勘查开采市场,允许民企、外资企业等社会各界资本进入油气勘探开发领域,意味着油气勘探开发领域已不再由国有石油公司专营,将向民营企业和外资企业开放。这是国家在油气行业全面改革中最重要环节的一个重大部署,致力于解决油气资源的开采权长期集中在几大国有石油公司手中带来的市场化程度低、竞争程度不足等问题。眼下中国经济持续增长,能源的供求矛盾正日益加剧,对外依存度逐年提升。自然资源部数据显示,2019 年我国的石油对外依存度达 70% 以上,超过一半消费量靠进口;天然气的对外依存度也达到 45%。但与此同时,国内大量能源区块却尚未开发,暴露出我国目前能源勘探开采效率低的问题。油气勘探是资本和技术密集型行业,具有典型的"三高"特点,即技术含量高、风险高、投入高。长远来看,政策放开意义重大,而对于力求进入油气上游市场的企业来说,这既是挑战,更是机遇。

全球油气行业即将开启推进数字化转型的新时代,油气行业对数字技术的重视程度在不断提升,应用数字技术的动力在增强,数字化技术应用将为油气行业创造巨大价值。英国投行巴克莱 2020 年发布报告称,"油气＋数字化技术"将在未来 5 年迎来爆发期,市场规模将较目前增长 500%。未来 10 年,将数字化、智能化应用到能源领域的公司,其企业价值将出现极大提高。

1.3 西南油气田基本概况

西南油气田公司(简称西南油气田或公司)隶属中国石油天然气集团有限公司,由原四川石油管理局在 1999 年重组改制成立,是我国西南地区最大的天然气生产和供应企业。所属二级单位 44 个,合同化员工约 3 万人,资产总额近千亿元,年经营收入超 500 亿元,主要负责四川盆地的油气勘探开发、天然气输配、储气库以及川渝地区的天然气销售和终端业务。

西南油气田深耕四川盆地 60 余年,建立了我国第一个完整的天然气工业体系,是集团公司唯一的天然气全产业链地区公司。西南油气田在四川盆地拥有矿权面积 13.7×10^4 km²,累积探明天然气地质储量超 3×10^{12} m³,探明率约 11%。历年累产天然气超 $5\,000 \times 10^8$ m³,目前具备年产能力 340×10^8 m³。拥有集输和燃气管道 4.8×10^4 km,年综合输配能力 350×10^8 m³,建有一座最大日调峰能力 $2\,800 \times 10^4$ m³ 的相国寺储气库,区域管网通过中贵线和忠武线与中亚、中缅、西气东输等骨干管道连接,是我国能源战略通道的西南枢纽。天然气用户遍及川渝地区,拥有千余家大中型工业用户、1 万余家公用事业用户以及 2 500 余万家居民用户,在川渝地区市场占有率达 77%。

近年来,西南油气田致力于寻找大场面、建设大气田,形成了"常非并举"的勘探开发格局。勘探上明确了海相碳酸盐岩、页岩气、火山岩和致密气四大主攻领域,高效探明了安岳、川南页岩气两个万亿方特大型气区;开发上建成了安岳、川南页岩气、老区 3 个百亿方气田,有力支撑了公司规模增储和效益上产。2020 年,全面建成 300 亿战略大气区,油气规模位居集团公司上游板块第四位。

1）具有鲜明的上中下游一体化特色

工作区域：四川和西昌盆地。

地貌特征：盆地周缘被山系环抱，盆地内为丘陵、平原。

地质特征：油气地质总体表现为"三多、三高、三低"的基本特征——层系多、类型多、领域多；低孔、低渗、低丰度；高温、高压、高含硫。在盆地形成了重庆、蜀南、川中、川西北、川东北 5 个油气生产区，已开发气田 110 个，含气构造 35 个。

2）我国天然气工业的奠基者

在复杂深层碳酸盐岩油气藏、低渗碎屑岩气藏、高含硫气田和页岩气勘探开发等领域，形成了 26 大技术系列，127 项特色技术国内领先，10 余项技术达到国际先进水平。由公司主导编制的石油天然气上游领域中国第一个国际标准 ISO 16960《天然气　硫化合物的测定——用氧化微库仑法测定总硫含量》通过审核，正式发布为国际标准。

西南油气田深厚的技术和人才积淀，为我国天然气勘探开发提供了有力支撑。特别是 2009 年，公司发挥在天然气勘探开发技术、人才、管理和文化方面的突出优势，支撑和保障了我国重大对外能源合作项目土库曼斯坦阿姆河右岸天然气项目的勘探开发建设技术支持和生产运行管理。

3）我国页岩气勘探开发的主战场

四川盆地是我国页岩气资源量最大、开发条件最优的地区。志留系龙马溪组和寒武系筇竹寺组两套页岩气累计分布面积 $33 \times 10^4 \ km^2$，总资源量 $39 \times 10^{12} \ m^3$，4 000 m 以浅资源量 $15.26 \times 10^{12} \ m^3$。西南油气田页岩气矿权面积 $5.65 \times 10^4 \ km^2$，4 000 m 以浅资源量 $7.07 \times 10^{12} \ m^3$。

4）中国石油最具成长性油气田之一

最新资源评价结果显示，四川盆地常规气资源量约 $25 \times 10^{12} \ m^3$，探明率仅 14.3%，仍处在勘探早期；非常规气资源量约 $15 \times 10^{12} \ m^3$，勘探开发刚刚起步。目前西南油气田拥有剩余控制＋预测储量近 $1.5 \times 10^{12} \ m^3$，剩余可采储量 $6\ 800 \times 10^8 \ m^3$，有良好的可持续发展资源基础。

作为国内重要的天然气能源基地,公司深入贯彻落实习近平总书记关于油气领域系列重要指示批示精神,遵照集团公司总体安排部署,围绕稳健发展,全面贯彻绿色发展理念,提出要结合以气为主,优化公司业务结构,建立低碳清洁能源体系,巩固发展一体化优势,加快天然气产业发展,进一步增强公司竞争力、影响力和保障能力,保障国家能源战略安全。

在有序推进数字油气田建设中,紧跟公司天然气产业发展步伐,以两化融合为抓手,通过打造新型能力赋能全业务链信息化高效管控,在"云、网、端"基础设施、数据共享服务、专业系统集成应用、科技信息研发、标准体系建设等方面成果丰硕,全栈构建公司信息技术应用生态,以大数据应用驱动公司智能气田转型升级呈现奔腾之势。数字化转型核心是利用新一代信息技术,构建数据的采集、传输、存储、处理和反馈的闭环,打通不同层级与不同行业间的数据壁垒,提高行业整体的运行效率,构建全新的数字经济体系。

1.4 西南油气田信息化建设历程

西南油气田信息化建设经历了探索起步、单项应用、集中建设、集成应用4个阶段(图1-2),目前正由集中建设向集成应用、智能化应用迈进。建成以物联网为基础的"云网端"基础设施系统,建成中石油西南地区最大区域数据中心和云计算软件平台、稳定可靠的光通信网络和全覆盖的物联网系统,场站数字化覆盖超过90%的生产现场,全面实现生产自动化、流程可视化,支撑生产组织方式优化。以面向服务的架构(service-oriented architecture,SOA)技术基础平台集成勘探开发成果数据、生产实时数据、地理信息数据,实现数据整合及自动交换、服务发布与系统集成、流程配置与运行控制。在五矿两处七大区域开展油气生产物联网完善工程和作业区数字化管理平台建设及推广,38个作业区全部建成数字化气田,建立起"互联网+油气开采"新模式,依托总部统建系统和公司自建系统,形成对勘探生产、开发生产、工程技术、生产运行、管道运营、设备管理、科研协同、经营管理等八大业务领域的应用支撑,逐步开启了西南油气田自动化生产、数字化办公新模式。初步建成龙王庙、页岩气两个智能气田示范工程,开发了一批专家系统,上线了智能工作流,应用了一批

AR、VR、机器人、无人机、一体化模型等新一代智能技术,赋予气田"思想和智慧",着力打造支撑"油公司"运营的智能化生态新模式。

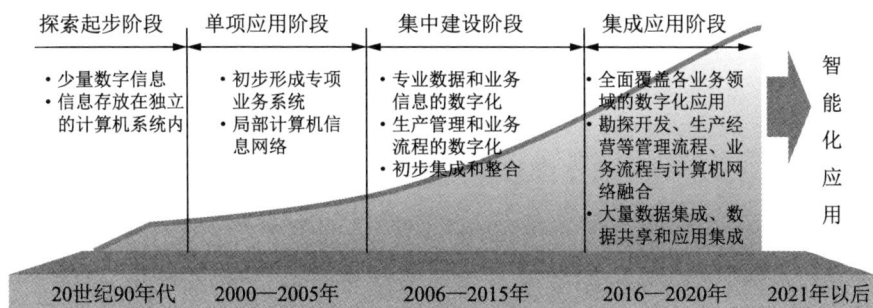

图 1-2 西南油气田信息化建设历程

西南油气田遵循中国石油数字化转型、智能化发展的"共享中国石油"战略部署,以公司天然气精益生产、卓越营运为目标,以两化融合为指引,基于梦想云平台,推动公司业务流程、组织结构、数据和技术的互动创新和持续优化,建立勘探开发生产运营新模式,实现"油公司"模式下低成本高质量发展。计划 2025 年初步建成以"全面感知、自动操控、智能预测、持续优化"为特征的国内一流的智能油气田,实现"业务归核化、机构扁平化、辅助专业化、运行市场化、管理数字化"的"油公司"模式转型;2030 年全面建成智能油气田,全面实现数字化转型、智能化运营。

油气田数字化转型同样也是物联网技术在石油行业的应用发展。通过利用互联网技术与定位感应技术,以及利用通信技术与信息技术之间的相互交互,实现对油气田的全面智能化控制。这样可以帮助油田企业实现管理的信息化和准确化,让石油资源得到充分利用,提升石油企业的竞争优势,从而促进整个石油企业的全面发展。

1.5 油气田物联网建设的背景

在过去近 300 年中,世界上先后发生了四次科技革命,分别是机械化革命、电气化革命、自动化革命、信息化革命,如图 1-3 所示。换言之,在今天的信息社会,信息技术是当今社会进步的"发动机"。

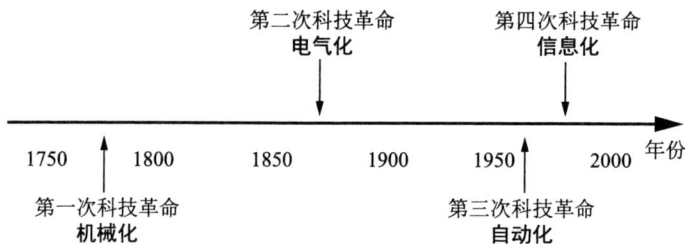

图 1-3 四次科技革命

信息技术是社会进步的发动机,因为信息技术代表着当今先进生产力的发展方向。信息网络技术是世界经济复苏的重要推动力。物联网作为其重要内容,是推动产业升级、迈向信息社会的"发动机"。

在信息技术的发展中,信息技术浪潮的 15 年规律如图 1-4 所示。

1995 年开始的互联网大潮给中国带来了很大的改变,如网上购物、移动支付、学生在线学习等。物联网从 2010 年开始在中国快速

图 1-4 信息技术浪潮规律

发展,其主要涉及两大领域:一是智慧城市,包括智能电网、智能交通、智能物流、智能家居、环境与安全检测、智慧社区、医疗健康、城市管理等;二是智慧产业,包括智慧工业和现代服务业、工业与自动化控制、国防军事、精细农牧业等。智慧油田属于智慧产业。

油气生产物联网系统是利用物联网技术,实现油气田井区、计量间、集输站、联合站、处理厂生产数据、设备状态信息在采油(气)厂生产指挥中心及生产控制中心集中管理和控制的系统。油气生产物联网系统总体技术框架具备以下特征:

(1)以生产业务为核心;

(2)具备统一标准、功能和数据接口的自动化基础平台系统单元;

(3)已建系统经过简单改造就能实现兼容接入,避免重复投资和投资浪费;

(4)稳定的传输网络系统设计,适应框架流程的变更与灵活定制;

(5)分层次、可集成应用的数据视频流框架结构;

（6）模块化、可组装化的系统结构。

根据业务需求及实现功能的不同，油气生产物联网系统建设按四级架构进行设计，即应用层、调度层、监控层和现场层。

应用层主要指生产数据经过处理之后的应用部分，包括数据平台的应用展示、各种基于数据分析和数据解释的应用。企业办公网从数据平台读取的数据主要用于 OA、生产运行管理指挥系统等。

调度层是主要行使调度功能的集中管理单元，是实现生产调度管理的重要平台。调度层通常指设置在公司的总调指挥中心和设置在各二级单位的区域调度管理中心。

监控层是主要行使监控功能的集中管理单元，是实现生产监控、执行生产指令的重要平台。监控层通常指设置在作业区的区域控制中心、中心站监控室和站场监控室。

现场层主要指实现现场生产数据采集、现场智能仪表设备的静动态信息和自诊断信息数据的采集、声光报警、入侵探测、工业视频监控、双向语音对讲及喊话、远程控制、状态检测及实时故障报警、电量检测及智能管理等功能的单元，包括现场仪表、设备标签、工业手持终端、RTU 控制器、控制柜、工业视频监控设备、双向语音对讲及喊话设备、声光报警设备、入侵探测设备、太阳能供电系统、电动阀、ESD 系统等。

西南油气田油气生产物联网系统建设技术框架业务如图 1-5 所示。

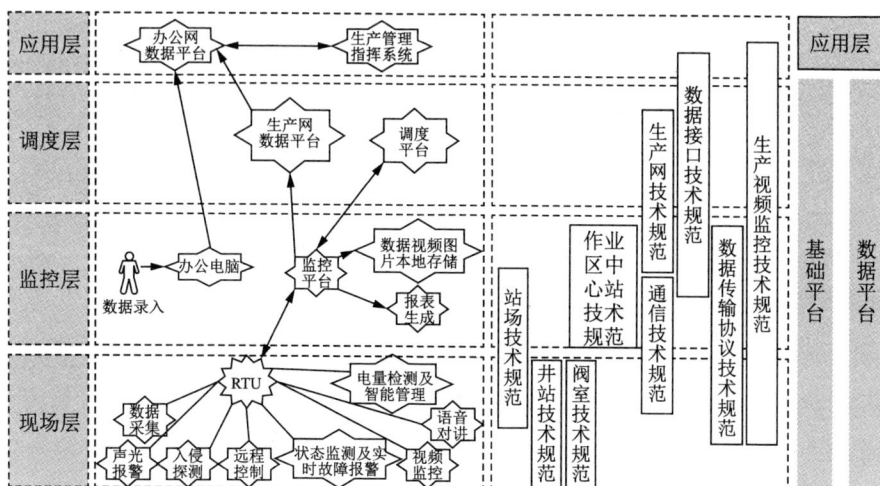

图 1-5　西南油气田油气生产物联网系统建设技术框架业务示意图

第2章　油气田发展形势

国际局势和地缘政治风云变幻,世界能源形势继续发生深刻变革,全球经济对油气的供需变化正在促进油气行业的巨大变化,天然气业务机遇与挑战并存。与其他行业相比,油气行业的总回报率已经大幅降低,亟待通过数字化转型突破发展瓶颈。

2.1　行业发展分析

世界天然气勘探不断取得突破,供应量持续较快增长。截至2018年底,世界天然气剩余可采储量为 $197×10^{12}$ m^3,储采比为5:1。海域和陆上深层天然气勘探继续获得突破,俄罗斯北极南喀拉海盆地、东地中海生物礁灰岩、南非深水浊积砂岩和阿曼陆上深层均获得重大天然气发现。2018年,世界天然气产量为 $3.87×10^{12}$ m^3,同比增长5.2%,增速同比提高1.2个百分点。其中,北美地区天然气产量为 $10\ 539×10^8$ m^3,增长9.6%;中东地区天然气产量为 $6\ 873×10^8$ m^3,增长5.7%;俄罗斯-中亚地区天然气产量为 $8\ 311×10^8$ m^3,增长5.3%。2018年,世界天然气液化能力达 $3.83×10^8$ t/a,同比增长7.8%;世界有5个项目、7条生产线投产,新增液化天然气(LNG)产能 $3\ 115×10^4$ t/a,主要集中在美国、俄罗斯和澳大利亚。

世界天然气消费持续增长,北美与亚太地区天然气需求旺盛。2018年,世界天然气消费量为 $3.85×10^{12}$ m^3,同比增长5.3%。分地区看,北美天然气消费量为 $1.02×10^{12}$ m^3,同比增长9.3%。其中,美国受天气影响,供暖和制冷用气需求持续走强,消费量为 $8\ 171×10^8$ m^3,同比增长10.5%。欧洲冬季气候温和,加之风能和核电利用增加,天然气消费量为 $5\ 490×10^8$ m^3,较2017年下降2.1%。亚太地区受中国、韩国和印度等国家消费快速增长拉动,天然气消费量为 $8\ 253×10^8$ m^3,同比增长7.4%,增速提高 1.2 个百分点。

世界天然气贸易量持续快速增长，LNG 贸易持续活跃。2018 年，世界天然气贸易量达 1.24×10^{12} m³，同比增长 9.0%，增速提高 3.1 个百分点；贸易量占世界天然气消费量的比例达到 32.1%，同比提高 1.2 个百分点。其中，管道气贸易量为 $8\,054 \times 10^8$ m³，同比增长 8.7%，增速提高 5 个百分点；LNG 贸易量为 $4\,310 \times 10^8$ m³，同比增长 9.4%，增速下降 0.5 个百分点。

据国际天然气联盟（IGU）统计，2018 年世界 LNG 现货和短期交易量达 $9\,930 \times 10^4$ t，交易气源增量主要来自美国和俄罗斯，主要流向亚太地区。普氏能源统计数据显示，2018 年亚太地区 LNG 现货交易发生次数约 350 次，较 2017 年（255 次）大幅增加，主要是中国和印度的终端用户大幅增加了 LNG 现货采购。IHS 等国际权威机构的预测结果表明，随着世界天然气液化能力的不断提升，国际天然气市场在未来若干年内仍将保持供需宽松格局。随着世界天然气加快向全球市场演进，全球天然气贸易特别是 LNG 贸易将持续活跃，洲际价格加快互动，国际市场价差有望逐步缩小。但考虑到亚太等地 LNG 终端顺价机制尚不完善，预计该地区 LNG 现货增长势头将放缓。

德勤发布《中国油气改革系列之一：逐步推行油气行业全价值链改革》，研究低油价环境"油公司"发展总体趋势，通过以下方式推进中国油气改革：允许独立炼油公司进行原油进口；提供燃料价格改革机会；为天然气同时带来机遇和挑战；推动中国油气公司变得更加强大。天然气将发挥更重要作用，改革将助推天然气市场增长，这是因为：一是经济因素，天然气会更便宜；二是环境因素，由于产生污染较少，天然气消费量将不断增加，而在中国生活的人们也将受益于此。

总体上，天然气资源供应能力持续增强，LNG 贸易更加活跃，世界市场一体化进程加快推动，贸易方式更加多元，交易机制更加灵活，为天然气资源引进提供了更多有利条件。

2.2　西南油气田发展分析

党中央、国务院对能源特别是油气行业发展高度重视，进一步对加快天然气产供储销体系建设、大力提升油气勘探开发力度、构建多元进口体系等作出系统部署,油气体制机制改革正在加快推进。将天然气发展成为我国的主体能源之一,是建设清洁低碳、安全高效的能源体系的重要组成部分,天然气行业发展迎来了战略机遇。以习近平总书记关于能源安全新战略的重要论述为根本遵循,大力提升勘探开发力度,以建设天然气管网、补足储气调峰短板、推进市场体制改革为重点,大力推进集团公司数字化转型、智能化发展战略,加快天然气产供储销体系建设,为集团公司世界一流综合性国际能源公司建设迈上新台阶提供有力支撑。

2.2.1 业务领域

西南油气田主要负责四川、西昌盆地油气勘探开发(页岩气、储气库)、管网集输和终端销售等主营业务。经过 60 多年的艰苦探索和辛勤耕耘,基本形成了适应盆地地质地貌特点和自然、社会环境的勘探开发及工程配套技术,特别是在复杂深层碳酸盐岩油气藏、低渗碎屑岩气藏、高含硫气田和页岩气勘探开发等方面达到国际先进水平。

西南油气田主要覆盖五大业务领域:

(1)勘探生产。西南油气田现有矿权 15×10^4 km^2 以上,天然气总资源量 30×10^{12} m^3 以上,居全国首位。

(2)开发建设。截止到 2020 年 12 月,西南油气田共有川中、重庆、蜀南、川西北、川东北 5 个主力产区,已开发气田 114 个,生产井 2 300 余口,天然气年生产能力超过 300×10^8 m^3,已累计采气超过 $5\,000 \times 10^8$ m^3。

(3)天然气管网。川渝地区建成了国内最完备的天然气输配系统,拥有"三横、三纵、三环"骨干管网,集输和配气管道 4.2×10^4 km,年综合输配能力达 300×10^8 m^3 以上。

(4)储气库。建有西南地区首座地下储气库 —— 相国寺储气库,库容 42.6×10^8 m^3(全国第二),工作气量 22.4×10^8 m^3,调峰能力超过 $1\,400 \times 10^4$ m^3,最大应急采气能力 $2\,800 \times 10^4$ m^3/d。

(5)天然气销售。西南油气田天然气主供川、渝两地,输送滇、黔、桂,外连两湖(图 2-1),拥有大中型工业用户千余家、居民用户 2 911 万户、公用事业用户 1.2 万家。2018 年销售天然气 292×10^8 m^3。

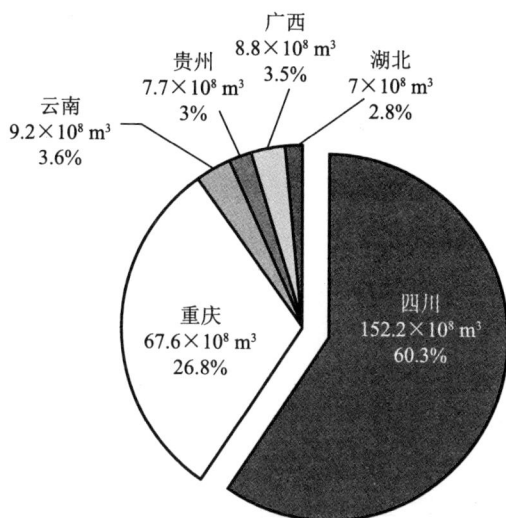

图 2-1　天然气销售区域构成图

2.2.2　中长期业务发展部署

为全面贯彻习近平总书记关于"今后若干年要大力提升勘探开发力度，保障我国能源安全"的重要指示批示精神，落实集团公司加快发展的决策部署，瞄准建设中国"气大庆"目标，突出加快发展、创新发展和高质量发展，西南油气田制定了三步走发展战略：

2020 年全面建成 300 亿战略大气区，全面建成数字化气田。

2025 年产量 500 亿方，建成为国内最大的天然气生产企业，初步建成智能油气田。

2030 年产量 800 亿方，成为国内最大的现代化天然气工业基地，全面建成智能油气田。

基于公司数字化转型愿景目标，结合公司数字化转型发展的需求，对未来数字化转型的模式进行 SWOT 分析，如图 2-2 所示。

在历史性发展机遇面前，公司也面临着天然气市场需求急迫、投资工作量巨大、增储上产见效周期长、保供任务红线压力大之间的矛盾持续向紧，高质量发展与安全环保管理并重、专业发展能力与产能建设战略目标不匹配，核心专业人员紧张与严控用工规模政策相冲突等问题，都将给公司发展带来极大挑战。

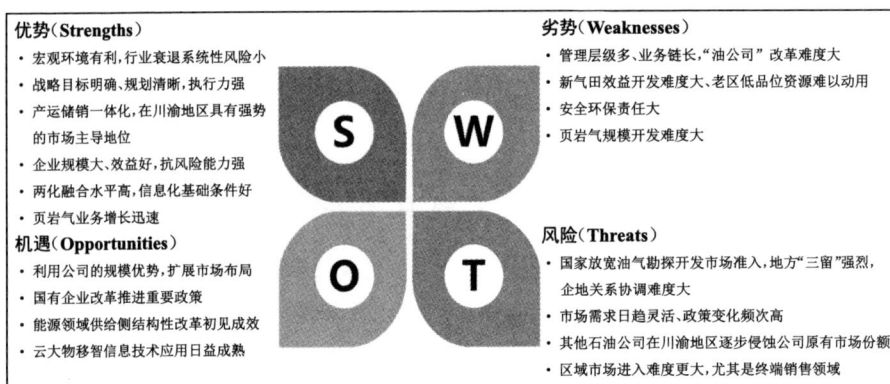

图 2-2　基于内外部环境的 SWOT 分析

2.3　油气田数字化转型必要性

高质量发展仍然存在诸多亟须解决的问题和矛盾,必将迎来新的更大挑战。《BP 技术展望》预测 2050 年油气行业有 25% 的增量和 1/3 的成本消减需要通过数字化来实现。随着国内外竞争环境的变化和信息技术的创新突破,特别是公司"三步走"发展战略和加快推进"油公司"科技体系建设的宏伟蓝图,公司迎来难得的发展机遇。信息化成为公司新的核心竞争优势和内生增长动力、智能油气田升级转型强有力的助推器、"气大庆"愿景的重要拼图。

西南油气田提出数字化转型、智化发展的目标,依靠大数据、云计算等技术,加快 5G 技术应用,油气生产物联网覆盖率达 100%,实现人员、设备、环境的全面感知、实时监控和自动预警,建设"全面感知、自动操作,智能预测、持续优化"的智能油气田。重点加快人工智能与生产现场的深度融合,推进生产过程智能操控、设备故障智能诊断,推广机器人、无人机巡检,支撑公司扁平化管理。加快推进龙王庙、页岩气智能气田试点建设,探索业务运行新模式。开展价值链分析和实时效益评估智能应用,建立天然气产运储销优化运行模型,提升公司一体化运营水平。重点围绕"价值流"实现全面的集成和协同,加快一体化管控、全生命周期管理、产业链整合、深度纵向集成、新模式培育和大数据开发利用等,努力探索实现数字化转型和与新一代信息技术深度融合发展。

1）数字化转型是"油公司"发展的新动能

信息技术与实体经济融合渗透带动产业升级和消费升级,促进数字经济成为经济增长的核心驱动力。数字化转型打造敏捷组织、数据驱动、主动颠覆和数字化运营新模式,为各行各业带来巨大变革,持续释放数字经济红利,带动企业快速成长[1]。埃森哲《2019 中国企业数字转型指数研究》提出数字技术和商业的高度融合将成为未来企业发展的第一源动力。施耐德提出依托工业物联网平台,推进数字化互联互通和管理变革,推动企业从关注资产变为数据驱动,帮助离散工业与流程工业各个领域实现数字化,从而实现高效、可持续的生产力提升。

全球油气行业面临当前新能源发展、去碳化进程推进、安全清洁生产推进、勘探开发难度加大等的挑战和冲击,同时矿权新政、管网分离等国家油气体制改革将对油气开采业带来深刻变革,市场、技术和人才竞争加剧的趋势将不可避免。应用数字技术驱动"油公司"运行管理机制创新,可应对各类风险与挑战,为油气行业创造巨大价值。

2）数字化转型助力公司发展战略实施

国际能源署(IEA)在 2018 年世界能源展望中称,为减少空气污染而采取的举措以及 LNG 使用增加的提振,到 2030 年天然气或将取代煤炭,成为仅次于石油的全球第二大能源。未来 10 年油气仍然是主要的能源,各竞争主体对信息技术的应用水平决定未来的能源版图,数字技术的应用水平决定 10 年后数字化转型的质量。

为部署推动集团公司数字化转型、智能化发展,中国石油 2020 年信息工作会议指出,要在贯彻习近平网络强国战略思想上有新作为,在助力集团公司高质量发展上取得新成效,在提升信息化水平上实现新突破。集团公司提出的着力于数字化转型、智能化创新,是以场景为主,引导或推动业务发展,利用新型的数字技术重塑管理模式、业务模式。重点关注战略转型、领导能力转型、体系转型、平台转型与生态转型五大要务。数字化转型推进新一代数字技术深化利用,打通管理层级与行业间的数据壁垒,对传统管理模式、业务模式、商业模式进行创新和重塑。智能化发展认真贯彻落实集团公司"共享中国石油"战略部署及"一个整体、两个层次"的总体要求,以智能油气田建设为目标,落地"两统一、一通用"的信息化蓝图,开展顶层整体设计、分工分批实施,强化组织管理,整合各类资源,大力推广人工智能等先进技术,加大投资力度,加强对外合作,加快智能油气田建设步伐,力求"十四五"末基本建成智能油气田,"十六五"末全面建成智能油气田[2]。

西南油气田处于良好发展上升通道,推进企业数字化转型,打造智能油气田,有助于实现企业管理科学高效,保障上中下游一体化特色"油公司"模式高效运行,是全面实现公司战略发展目标,提升企业价值的路径和方法。

3)数字化转型为企业发展带来价值提升

数字化转型成功的标志是为企业带来新的价值与竞争力。数字技术与油气生产工艺相结合,有助于优化生产过程,提高生产效率,降低风险,能够在单位时间内创造更多的价值,而优化流程、提升流程管理能力是提高效率的重要手段之一。通过区块链、物联网、工业互联网等实施,数字化转型有助于建立良好的合作生态,打通天然气产业链壁垒,延伸产业链长度,扩展服务环节,从而通过数字化服务延伸获取新的价值。

4)数字化转型为企业升维赋能

随着数字技术的广泛应用,新的商业模式、运营模式不断出现并迭代升级,给传统行业带来巨大冲击。数字照相技术对传统胶片实施颠覆式打击,柯达被人们彻底遗忘。阿里的支付宝、余额宝对银行业的造成了冲击,形成了跨界的竞争,倒逼银行业实施数字化革新。国美被京东利用数字技术构建的集电子购物、数字化仓储、敏捷物流于一体的电子商务模式和良好的用户体验实施降维打击,从最初的遥遥领先到后来的被超越,再到如今的仅剩京东市值的 4.8%,错失了一个美好的时代。传统通信行业巨头中国移动被腾讯利用 IT 技术优势和用户体验,通过 QQ、微信等免费消息通信模式对话费、短信等付费业务实施降维打击,经历了从瞧不起、看不懂、学不会到追不上的囧态,被倒逼实施转型升级。中国移动联合中国联通、中国电信抱团取暖,打造 RCS(rich communication services & suite)富媒体通信服务 APP,利用 5G 技术和应用场景扭转囧态。2020 年

5月10日,中国移动的5G消息APP悄然上架,但由于技术等原因很快下架。思科携手IDC等权威机构,分别针对亚太地区和中国市场,发布《准备应战,蓄势待发,观望等待:亚太地区全数字化转型就绪性技术展望》白皮书,不仅对整个亚太地区的数字化发展态势进行了宏观呈现,也对包括中国在内的重要市场进行了调研和分析。全数字化颠覆席卷全球,92%的组织表示拥有全数字化转型的战略。

随着国家层面推动信息化与工业化融合,产业链持续升级发展。2018年10月中共中央政治局第九次集体学习时,习近平总书记强调把握数字化、网络化、智能化融合发展契机,在质量变革、效率变革、动力变革中发挥人工智能作用,提高全要素生产率。2019年3月的政府工作报告提出深化大数据、人工智能等研发应用,打造工业互联网平台,拓展"智能+",为制造业转型升级赋能。矿权新政、管网分离等国家油气体制改革将对油气开采业带来深刻变革,市场、技术和人才竞争加剧的趋势将不可避免。中国石油在"十四五"发展中部署石油数字化转型发展框架,强调要深入学习贯彻习近平总书记关于网络强国、数字中国、新型基础设施建设等的讲话精神,积极适应数字化发展趋势,做好总体设计和分层分步实施,加快推动数字化转型,助力高质量发展。

国家能源的供给侧、消费侧结构性改革,集团公司打造"西南增长极"赋予西南油气田重大历史使命。围绕天然气增储上产和页岩气规模开发,公司制定"三步走"的业务发展战略,以数据湖为核心,综合利用人工智能、大数据分析等技术将数据资产纳入生产资料,以两化深度融合构建"数据+算法"定义天然气产业链,对天然工业基地建设进行升维赋能,推动"气大庆"数字化转型与智能化发展。

5)数字化转型是打造企业核心竞争力的手段

西南油气田充分发挥业务一体化优势,建设一流天然气工业基地,带动川渝地区天然气产业协同发展,共筑天然气数字经济体系。数据资源已成为驱动数字经济发展的核心要素。在VUCA时代,利用数据流动人工智能、算法模型实现数据联动分析,洞察趋势,获取关键信息,消除生产要素和资源合理分配存在的不确定因素,实现科学决策和敏捷应对,推动企业价值持续增长,提升企业核心竞争力。在油价相对较低的时代,数字化技术在油气行业降低成本和提高运营效率方面的作用将更加突出。高油价未必高利润,低油价未必低竞争力,关键在于提升创新能力和新技术应用程度。信息化技术能降低工作强度,提高安全水平和生产效率,降低运行成本,提升硬核实力,这使得数字化、智能化技术在油气领域的应用已成为必然选择。

第 3 章　物联网与油气田物联网

3.1　物联网的概念与发展

3.1.1　物联网的概念

物联网是新一代信息技术的重要组成部分,也是"信息化"时代的重要发展阶段,其英文名称是"Internet of Things",简写为 IoT。顾名思义,物联网就是物物相连的互联网。这有两层意思:其一,物联网的核心和基础仍然是互联网,是在互联网基础上延伸和扩展的网络;其二,物联网的用户端延伸和扩展到任何物品与物品之间进行信息交换和通信,也就是物物相息。物联网通过智能感知、识别技术与普适计算等通信感知技术,广泛应用于网络的融合中,因此也被称为继计算机、互联网之后世界信息产业发展的第三次浪潮。物联网是互联网的应用拓展,与其说物联网是网络,不如说物联网是业务和应用。因此,应用创新是物联网发展的核心,以用户体验为核心的创新 2.0 是物联网发展的灵魂。

物联网较广泛采用的定义是:物联网是一种通过射频识别、红外感应器、全球定位系统、激光扫描器等信息传感设备,按约定的协议将任何物品与互联网连接起来,进行信息交换和通信,以实现智能化识别、定位、跟踪、监控和管理的一种网络。

对于物联网和互联网之间的关系,一方面,物联网的核心和基础仍然是互联网,是在互联网基础上的延伸和扩展;另一方面,其用户端延伸和扩展到了任何物品与物品之间,在其中进行信息交换和通信。

图 3-1 所示为物联网的应用领域。物联网将人类生存的物理世界网络化、信息化,将分离的物理世界和信息空间有效互连,是现代信息技术发展到一定阶段后出现的一种聚合性应用与技术提升,为新一代信息技术的发展提供了新的机遇和平台。

物联网分为感知、网络、应用 3 个层次,如图 3-2 所示。

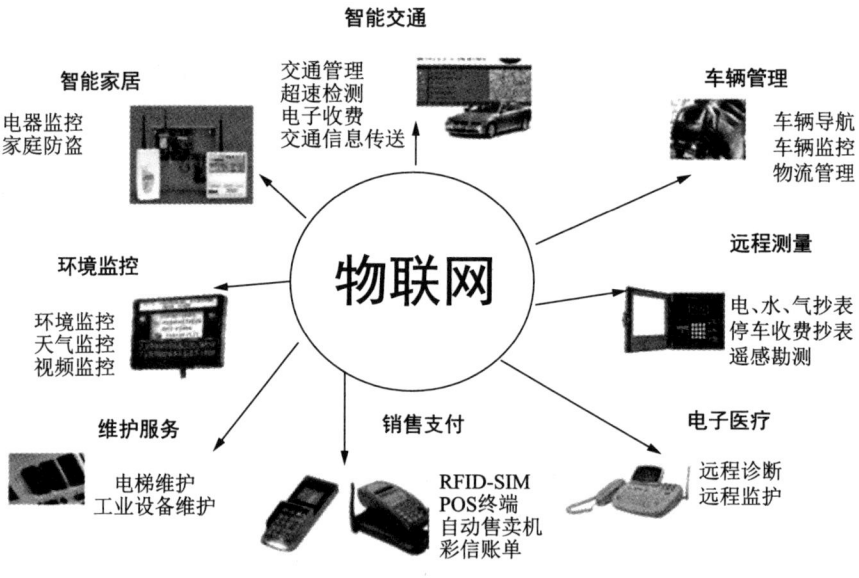

图 3-1　物联网应用领域

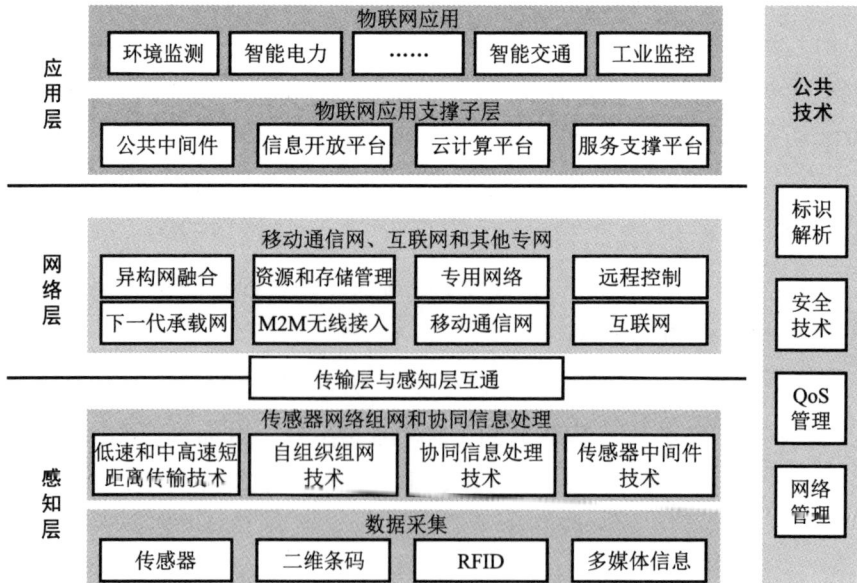

图 3-2　物联网的 3 个层次

3.1.2　物联网的发展

从 1999 年到 2009 年,如下概念被提及:

· 物物相联的互联网。1999 年麻省理工学院一批研究人员提出了"物物相联的互联网"的概念。

· 传感网。1999 年中科院启动传感网的研究,并取得一些科研成果,建立了一些适用的传感网。1999 年,在美国召开的移动计算和网络国际会议提出"传感网是下一个世纪人类面临的又一个发展机遇"。

· 物联网。2005 年,国际电信联盟(ITU)发布《ITU 互联网报告2005:物联网》。报告指出,无所不在的"物联网"通信时代即将来临,世界上所有的物体从轮胎到牙刷、从房屋到纸巾都可以通过因特网主动进行交互。射频识别技术、传感器技术、纳米技术、智能嵌入技术将得到更加广泛的应用。

· 信息物理融合系统。2006 年美国国家科学基金会提出了 CPS(cyber-physical system,信息物理系统)的概念,它是集成计算、通信与控制于一体的下一代智能系统,可实现多个系统间的互联互通。2007 年美国总统科学与技术顾问委员会将 CPS 作为网络与信息技术领域的第一提案,将 CPS 作为基础设施建设,投入大量资金扶持相关产业。

· 智慧地球。2009 年 1 月,奥巴马就任美国总统后与美国工商业领袖举行了一次"圆桌会议"。会上,时任 IBM 首席执行官彭明盛首次提出"智慧地球"的概念。随后,IBM 大中华区首席执行官钱大群在 2009IBM 论坛上公布了名为"智慧地球"的最新策略,从"智慧地球"角度推动物联网。

· 感知中国。2009 年 8 月,时任国务院总理温家宝关于"感知中国"的讲话将我国物联网领域的研究和应用开发推向了高潮。无锡市率先建立了"感知中国"研究中心,中国科学院、运营商、多所大学在无锡建立了物联网研究院,无锡市江南大学还建立了全国首家实体物联网工厂学院。后来物联网被正式列为国家新兴战略性产业之一,写入"政府工作报告"。物联网在中国受到了全社会的极大关注,其受关注程度是美国、欧盟以及其他各国或地区不可比拟的。

2009 年后,中国的物联网发展走上快车道。物联网工程专业是教育部公布的 2010 年新增专业之一,从 2010 年开始招收和培养物联网工程专业的人才。2010 年,教育部批准 40 所高校开办物联网工程专业;2011 年初,第二批 27 所高校获批开办物联网工程专业;2012 年 2 月,教育部批准 80 所高校开办物联网工程专业;目前全国已经有几百所院校开设物联网工程专业。

物联网"十二五"规划包括十大物联网应用重点领域,分别是智能电网、智能交通、智能物流、智能家居、环境与安全检测、工业与自动化控制、医疗健康、精细农牧业、与服务业、国防军事;建成 50 个面向物联网应用的示范工程,5～10 个示范城市。

2019 年是我国物联网发展十年的里程碑。在南京召开的 2019 中国物联网大会发布了"中国物联网十年"十大技术与产业创新发展趋势和十大标志性成果。

"中国物联网十年"十大技术与产业创新发展趋势是:

趋势一:面向智能化产业服务需求的工业互联网及其体系架构逐步形成。

趋势二:第六代移动通信系统 6G 将成为物联网产业发展新的驱动器。

趋势三:面向物联网智能化产业服务需求,实现 3C 融合的未来"智慧服务系统"及其关键技术将取得重要突破。

趋势四:新一代智能化信息网络基础设施加快部署和建设。

趋势五:物联网将促进社会经济发生深刻变革。

趋势六:面向智能化生产和服务的物联网技术标准和应用标准形成体系。

趋势七:物联网推动信息产业从网络为中心向服务为中心进行战略转移。

趋势八:物联网边缘环境下,面向服务需求的边缘智能关键技术及其智能终端产品实现产业化。

趋势九:面向智能化产业服务需求的物联网解决方案和服务机器人趋于成熟。

趋势十:家居环境与服务逐步实现智能化,智能家居的产品、设施和服务行业实现市场规模化。

"中国物联网十年"十大标志性成果是:

成果一："NB-IoT 关键技术研发、标准化及应用"，依托单位为中国移动通信集团有限公司。

成果二："边缘计算与宽带电力线载波的物联网技术在低压用电系统中的创新应用"，依托单位为华为技术有限公司。

成果三："面向智能电网的安全监控、输电效率、计量及用户交互的传感器网络与工程应用"，依托单位为国家电网有限公司信息通信分公司。

成果四："实施标准化战略助力物联网新型基础设施建设"，依托单位为中国电子技术标准化研究院。

成果五："中兴通讯长沙 5G 智能工厂示范工程"，依托单位为中兴通讯股份有限公司。

成果六："物联网标识管理公共服务平台建设及应用"，依托单位为广州中科院计算机网络信息中心。

成果七："联通物联网 IoT Gateway 能力开放平台"，依托单位为联通物联网有限责任公司。

成果八："腾讯云物联网平台"，依托单位为深圳市腾讯计算机系统有限公司。

成果九："基于电信物联网开放平台的 NB 业务接入网关"，依托单位为天翼物联科技有限公司。

成果十："物联网国际国内技术标准体系及其规模化驱动应用项目"，依托单位为中国信息通信研究院。

3.2　油气田物联网

武佳贺等 2011 年发表的《物联网在石油行业中的应用及展望》提出，石油工业是以石油、天然气等为对象，进行地质勘探、钻井、开采、炼制等以提供燃料油、润滑油、化工原料等的重要工业部门。石油行业是一个产业链很长的行业，因此需要采用先进的管理理念、技术手段和方法，对产业链各环节进行有效管理，形成闭环的生产过程和设备资产生命周期管理，而物联网技术的有效利用和充分发展，正是实现石油工业上述战略和管理目标最好的途径。物联网可以应用于石油开发与生产领域、炼油化工领域、油品存储与销售领域。

3.2.1 国内外油气行业信息化发展趋势

国内外油气行业借助数字化、智能化实现油气田企业提质增效。油气行业数字化、智能化发展趋势主要以实现供应链效率提升、生产运营优化与资产完整性完善为核心目标,并期望依靠新信息技术的利用充分发挥生产能力、减少风险、提高效率、创造更高的价值

国内外油气企业智能化的迅速发展给西南油气田信息化建设工作带来了启示:

(1)业务协同与一体化运营。Shell,BP 和 ExxonMobil 等国际石油公司以数据标准化为基础,整合上游各部门的信息,促进各部门和各业务之间的协同,实现全球范围内 7×24 h 远程协作、资产一体化运营。

(2)全面感知与生产优化。Petronas,Aramco 和 Statoil 等石油公司通过物联网技术,实现实时数据采集与监测,动态优化生产,深入挖潜,提高生产效率和油气采收率。

(3)知识管理与决策支持。斯伦贝谢、哈里伯顿等石油服务公司更偏重于知识管理、交流与共享,致力于搭建以知识资产为中心的协同工作环境,已建成遍布全球的实时作业支持中心。

(4)智能化探索与数字化转型。涪陵页岩气、长庆油田、新疆油田、塔里木油田等国内石油公司全面实施了物联网建设,强化数据采集与管理,并在勘探、开发、生产、工程、经营等领域开展了业务协同与智能应用场景的构建,正在全力推进国内油气企业的数字化转型。

智能化油气田关键技术的迅速发展,为数字化转型工作提供了保障。目前油气行业面临加速数字化、解决变革障碍、共享生态创新、IT 运营模式转变等亟待解决的形势,应积极扩大数字化转型规模,利用技术创新,引领业务变革,以适应企业内外变化[3]。

3.2.2 数字化油气田总体架构

全面贯彻落实集团公司信息化工作"四合"方针、"六条原则"和"六统一"工作要求,围绕勘探开发生产核心业务,以应用整合、集成创新为手段,遵循如下原则,规划设计业务架构、应用架构、数据架构、技术架构。

(1)融合性原则。既遵循集团信息技术总体规划部署,又满足西南

油气田的实际业务需求。

（2）业务驱动原则。以推动业务管理创新为抓手，以西南油气田强化专业管理为驱动，支撑业务协同高效发展。

（3）先进实用原则。在保证技术先进性的同时，继承西南油气田现有信息化建设成果，以满足业务需要为根本，做到既适用又实用。

（4）可操作性原则。做到整体架构合理、项目划分清晰、建设内容明确、进度安排有序、技术保障有力。

1）业务架构

西南油气田主营业务为四川盆地的油气勘探、开发和销售，信息化需求横向覆盖油气资源勘探、油气田开发建设、油气生产、油气集输和销售全业务链，纵向覆盖生产操作、科研、生产管理、经营管理、规划决策各生产管理层级。根据业务链条和业务活动环节，梳理并建立覆盖西南油气田主体业务的数字化气田业务架构（图 3-3）。

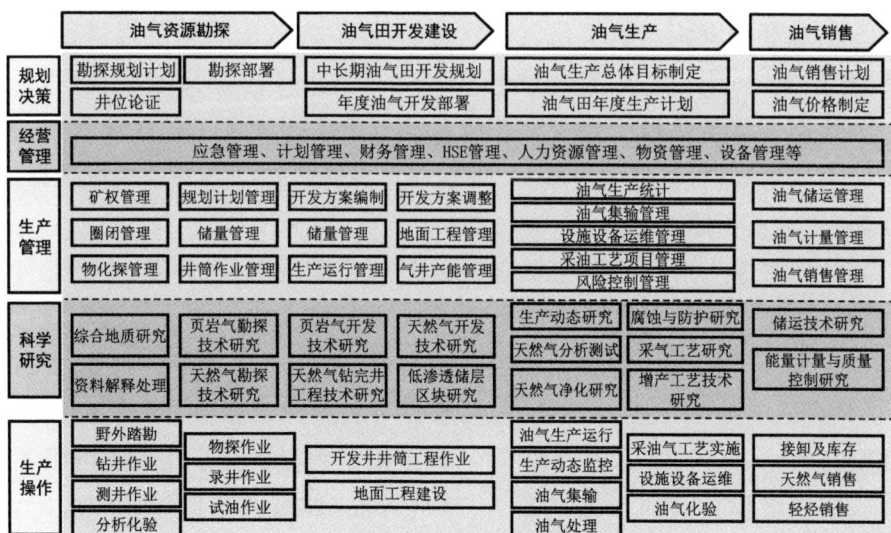

图 3-3　西南油气田数字化气田业务架构

2）应用架构

结合西南油气田信息化建设现状和需求，通过对技术发展趋势和最佳实践的分析，按照信息基础设施、数据采集与管理、数据集成应用服务、业务应用四个层次设计满足业务应用的数字化气田应用架构(图3-4)。

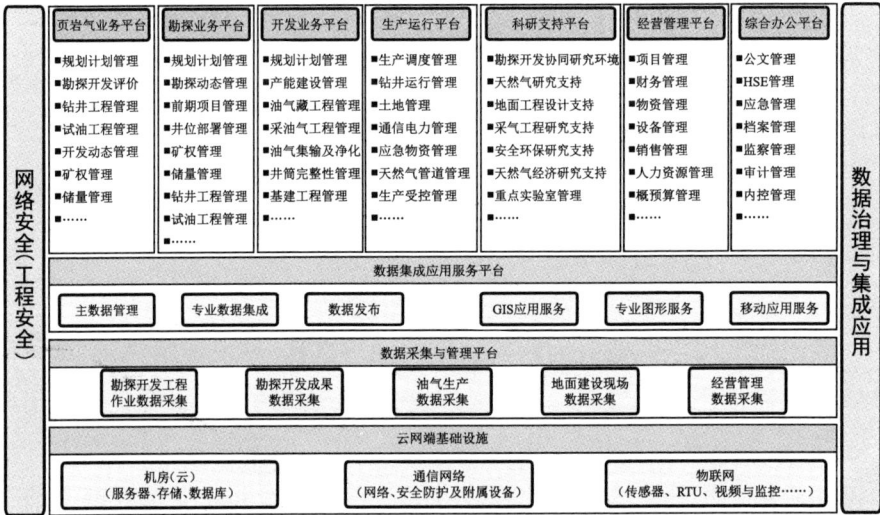

图3-4　西南油气田数字化气田应用架构

信息基础设施是数字化气田建设的基础,为各应用系统提供稳定可靠、性能良好、易于维护、伸缩性强,且满足业务多样性需求的运行环境。

数据采集与管理平台主要完成对油气田勘探开发工程作业数据、勘探开发成果数据、油气生产数据、地面建设现场数据等各专业领域数据的采集、传输及存储。

数据集成应用服务将建立统一技术平台,实现勘探、开发、生产运行、经营管理等业务的主数据统一管理,并在此基础上实现专业数据集成,为其他系统及上层应用提供数据发布服务;同时统一技术平台将建立GIS应用服务、专业图形服务、移动应用服务等公共应用服务,并对各应用系统发布的服务进行统一管理和监控,为上层应用提供共享化的应用服务。

通过数据集成应用服务平台,形成标准、规范的数据服务和应用服务,从而支撑勘探生产管理、开发生产管理、生产运行管理、科学研究、经营管理、办公管理等业务应用,并利用平台提供的门户集成功能,实现业务应用的集成与灵活扩展,满足业务应用随需应变。

3)数据架构

数据架构本着"数据管理与业务应用分离"的原则,按数据采集主体,分专业完成各类数据采集;以数据集成应用服务平台的主数据管理和元数据管理为基础,通过逻辑整合方式汇聚涵盖油气田公共数据、油气藏数据、井筒数据、地面数据、经营数据、办公数据等所有油气田生产经营相关数据;通过标准、开放的数据服务,向不同的业务应用推送、分发数据,或各业务应用按需调用相关服务,形成高效、优化的数据流。

4)技术架构

为保证大型信息系统的快速开发、快速集成、稳定运行、灵活扩展、维护方便,以面向服务的架构(service-oriented architecture,SOA)体系结构为核心,通过数据服务总线(data services bus,DSB)整合集成所有数据源,形成覆盖油气田生产、经营、科研、办公所有领域的数据全集,再通过企业服务总线(enterprise service bus,ESB)开发和集成不同的业务应用,以搭积木的方式组装、编排业务功能,满足不同业务应用需求(图 3-5)。

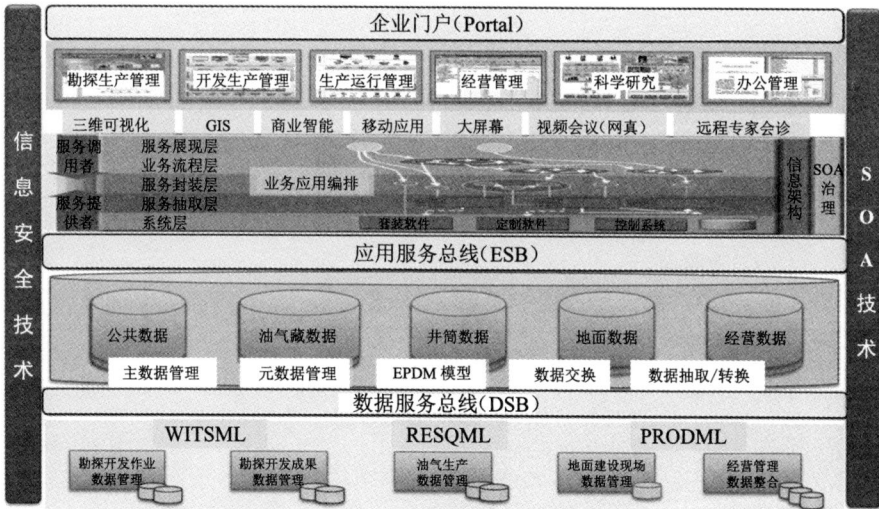

图 3-5　西南油气田数字化气田技术架构

在数据采集与管理上,采用主数据、元数据管理以及多源数据整合集成技术,并采用井场信息传输规范 WITSML(wellsite information transfer standard markup language)和中国石油勘探开发一体化数据模型(EPDM),实现数据的标准化、规范化与一体化管理,支撑上层应用。在数据展示和应用上,采用三维及四维可视化技术、GIS 技术、商业智能、移动技术、交互式工作环境、视频技术等支撑业务应用。

数字化油田总体架构深刻体现出油田数字化建设和物联网技术的高度联系。业务架构提供了智能生产、分析、管理、决策的全业务链;应用架构提供了满足业务多样性需求的运行环境和设施;数据架构形成了智能数据流管理;技术架构保证了大型信息系统的快速开发、快速集成、稳定运行、灵活扩展、方便维护。数字化油田总体架构深层次体现出物联网技术是数字化转型的基础,而数字化转型成为物联网技术的真实体现。

3.2.3 油气田物联网发展概况

3.2.3.1 国内发展概况

物联网在发展过程中已广泛与云计算、大数据、人工智能紧密结合在一起,因此油气田的物联网发展是多技术的融合(图3-6)。

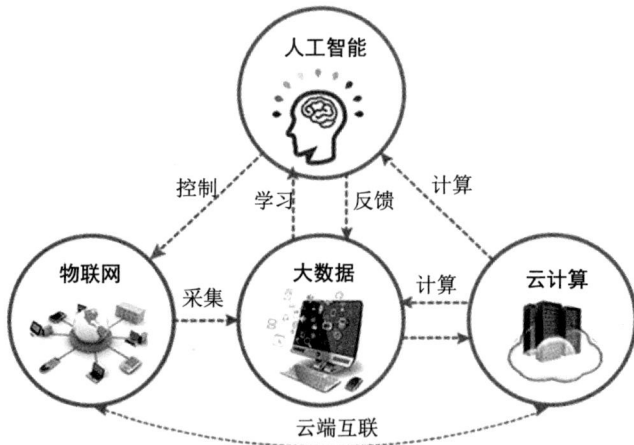

图 3-6 物联网与其他技术的融合

工业和信息化部自2008年3月成立后一直着力推进信息化与工业化深度融合,按照国务院《2006—2020年国家信息化发展战略》的要求,推出了系列化务实推进我国两化深度融合的具体措施。两化深度融合指信息化与工业化在更大的范围、更细的行业、更广的领域、更高的层次、更深的应用、更多的智能方面实现彼此交融。

智慧油田系统(图3-7)是在数字油田的基础上,通过实时监测、实时数据自动采集、实时分析解释、实施决策与优化管理,将油田油气井生产管理、输储运、生产保障等各业务领域的油气藏、油气井、数据等资产有机结合在一个系统中,实现数据共享化、生产指挥可视化和分析决策科学化,提高油气田生产决策的及时性和准确性,达到节约成本的目的。系统将油田生产自动化与信息化相结合,将物联网和云计算技术应用到油气生产流程监视,通过先进的实时传感系统和网络系统,将实时传感设备、自动控制设备、视频监控设备等部署到井下、井口、计量间、联合站及井区、厂区、输管网和运输车辆等位置,对油气藏、计量间、油气站库、油气水井等的气体泄漏动态实时监测、数据实时自动采集,通过物联网实现各类设备、人员等的信息交换与通信,实现智能化识别、定位、跟踪、监控和管理。在可视化、一体化的集成运营中心和协同环境下,管理人员、生产人员根据实时信息,通过在线模拟环境,快速分析、判断趋势和异常,及时指导现场,实现自动控制和自动执行。

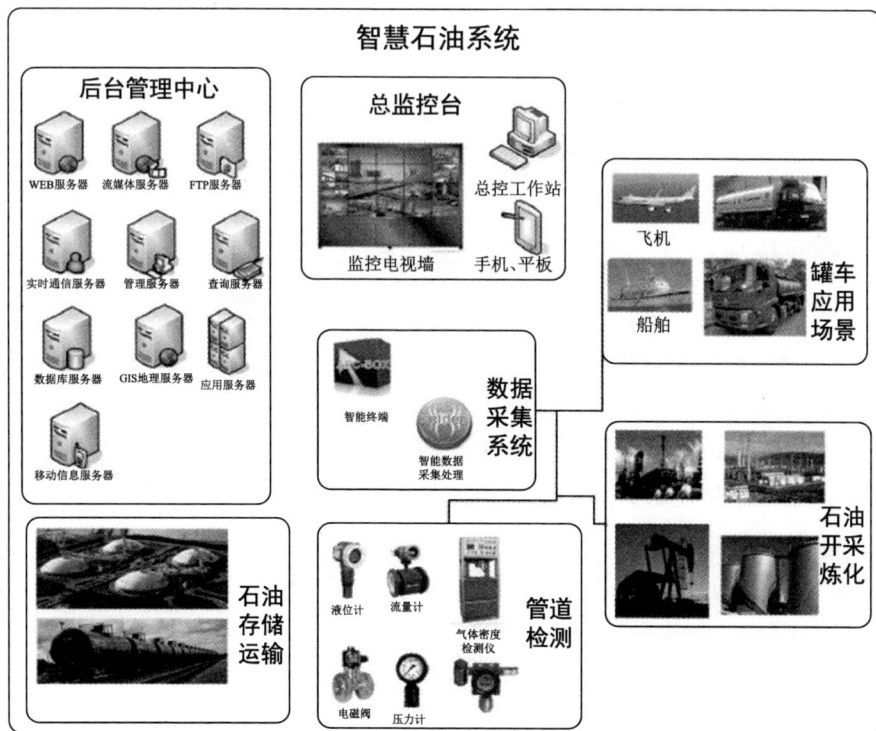

图 3-7　智慧油田架构图

3.2.3.2 西南油气田发展概况

西南油气田油气生产物联网从 2010 年启动以来,经历了以下发展历程:

2010 年,西南油气田油气生产信息化建设启动;

2011 年,《总体技术方案(试行)》及《作业区标准化手册(试行)》发布,信息化示范工程建设启动;

2012—2013 年,《总体技术方案(试行)》及《作业区标准化手册(试行)》修订;

2013—2014 年,《总体技术方案》及《作业区标准化手册》修订发布,A11 示范工程(安岳作业区)建设,西南油气田信息化推广应用建设;

2015 年,西南油气田开展"中心站＋无人值守站"综合评估工作,同时启动物联网技术规范修订及物联网系统完善建设示范工程(7 个作业区);

2016 年,《物联网系统建设技术规范(第一版)》发布;

2017 年,《物联网系统建设技术规范(第二版)》发布;

2018 年,41 个作业区物联网完善建设工程全面启动;

2019 年,物联网完善建设工程施工及验收规范发布,物联网完善建设工程验收工作启动。

在现场端方面,主要依托油气生产物联网建设,建立了数字化建设总体技术方案与物联网建设技术规范体系,结合油气生产物联网系统(A11)和公司物联网系统的推广应用建设,为"单井无人值守＋中心站集中控制＋远程支持协作"的管理新模式提供技术保障。根据业务需求及实现功能的不同,油气生产物联网系统建设按四级架构进行设计,即应用层、调度层、监控层和现场层。

西南油气田主要生产单位物联网建设情况如下:

1)川中油气矿

磨溪开发项目部物联网系统主要设备包括视频综合管控平台 1 套、DCS/SCADA 系统 1 套、数字化气田管理平台 1 套、紧急停车人工辅助操作平台 1 套、UPS 等紧急电源以及若干办公应用系统,实现了无人值守井站的视频安防、闯入报警、数据实时采集、关键阀门远程控制、异常情况连锁控制、紧急情况下一键全气藏停车等功能,有力保障了全气藏的科学高效开发、生产平稳运行。

其他作业区物联网系统主要设备包括压力传感器、温度传感器、磁致液位计、电动执行机构、气动阀门执行机构、井口紧急截断阀、拾音器、被动入侵探测器、网络监控摄像头、扬声器、声光报警器、工控电脑、UPS 电源机柜面板触摸屏、RTU 及 AI、DO、DI 和通信扩展模块、中间继电器、视频服务器、网络交换机、浪涌保护器、DC 12(24)V 开关电源。

2）重庆气矿

重庆气矿先后经历大天池 SCADA 系统建设、两线脱水建设、管网 SCADA 系统建设、产能建设、大修改造、光通信项目、SCADA 升级改造、信息化项目建设、物联网建设以及作业区数字化管理平台推广应用等信息系统建设过程。截至目前,已建成 1 座 DCC(气矿调度室)、11 座 RCC(11 个作业区、运销部调度室)、45 座信息化中心站,占比 100%;415 座生产井远程监控,占全矿 443 座生产井的 93.68%(按照西南油气田生产信息化设计要求,低产量的间歇生产井未纳入信息化建设);信息化阀室 6 座,占全矿 134 座阀室的 4.5%(西南油气田生产信息化设计未考虑阀室的信息化建设,目前正在通过安全隐患项目逐步实施)。

3）蜀南气矿

蜀南气矿严格按照西南油气田数字化油气田总体规划,紧紧围绕气矿"三大工程"中心工作,以"突出重点、强化应用、逐步完善、稳步推进"的工作思路完成了生产信息化建设及管理模式创新,实现了油气生产、油气处理、配套工艺的全流程监控和关键参数、节点工况、突变信息的报警、预警。

目前蜀南气矿已基本建成"云网端"基础设施系统,全面支撑"中心站＋单井无人值守"的管理模式,中心站数字化平台应用率达到 100%。现有数字化场站 549 座、RTU 终端 509 套、视频监控终端 1 005 个、执行机构 686 台,融合西南油气田开发生产业务和数据链信息集成云平台,实现向西南油气田数据云平台 12 000 余个生产数据定制推送,初步构建开发生产数据资源池,数据成果成功共享于生产运行系统,助推数据效益显现。

4) 输气管理处

输气管理处下辖 106 座输气站场和 132 座阀室,经信息化及物联网建设均已完成站场自动化控制系统的全面覆盖,实现了现场仪器仪表数据的自动采集和设备远程控制。现场仪器仪表、设备设施主要包括压力、差压及温度检测仪表(含变送器),工业手持终端机,RTU 控制器及控制机柜,工业视频监控设备,声光报警设备,入侵探测设备,供电系统(市电＋UPS＋发电机),电动阀门,计量系统,站控系统,ESD 系统等。自控系统由各管道工程建设项目同期建设,各项目组建设过程中选用了不同集成商的多种国内外产品,各家产品在系统架构、开发环境以及功能界面等方面都有各自的特点。由于市场竞争和产品专利保护等,不同厂家的软硬件产品不兼容,使得目前全处数字化过程中存在许多问题。

5) 川西北气矿

川西北气矿现有 1 个地区调度中心 DCC、4 个区域控制中心 RCC、186 口生产井。川西北气矿自 2011 年 5 月启动信息化建设,2013 年 6 月完成。信息化建设围绕"中心站＋无人值守井"管理模式开展生产信息化建设,建设范围为产气量达 5 000 m^3/d 以上的生产井,完善以"数据采集"为基础的场站数字化管理系统,建成中心站 19 座。2017 年 10 月启动物联网完善建设,2019 年 5 月全部完成建设,实现了生产数据全采集、无人值守场站安全受控、主要工艺装置区安防监控全覆盖、生产流程数字化管理全覆盖。

目前已建成信息化场站 158 座,形成以 440 km 自建光缆为主,97 条租用线路、114 张 3G 卡为辅的网络通信传输系统,整体信息化覆盖率为84%。川西北气矿产量低于 3 000 m^3/d 的生产井共计 121 口,其中 28 口低产井未实现信息化覆盖,低产井信息化覆盖率 76.9%,重点阀室信息化覆盖率仅 44%。

第4章 油气田物联网感知技术

物联网的信息感知层技术包括二维码和识读器、射频识别标签和读写器、传感器、摄像头、GPS 等，主要功能是识别物体、采集信息，与人体结构中皮肤和五官的作用类似。本章主要介绍射频识别和传感器技术。

4.1 射频识别技术

RFID 是射频识别技术的英文 radio frequency identification 的缩写，是 20 世纪 90 年代兴起并逐渐走向成熟的一种自动识别技术。射频识别技术利用射频信号通过空间耦合(交变磁场或电磁场)实现无接触信息传递，并通过所传递的信息达到识别的目的[4]。

4.1.1 RFID 技术的分类

1)根据标签的供电形式分类

根据标签工作所需能量的供给方式，可以将 RFID 系统分为有源、无源和半有源。

(1)无源 RFID 产品。这类产品需要近距离接触式识别，如饭卡、银行卡、公交卡和身份证等在工作识别时需要近距离接触。主要工作频率有低频 125 kHz、高频 13.56 MHz、超高频 433 MHz 和 915 MHz。这类产品是生活中比较常见的产品，也是发展比较早的产品。

(2)有源 RFID 产品。这类产品具有远距离自动识别的特性，所以相应地可应用到一些大型环境下，如智能停车场、智慧城市、智慧交通及物联网等领域。主要工作频率有微波 2.45 GHz 和 5.8 GHz、超高频 433 MHz。

(3)半有源 RFID 产品。顾名思义，半有源 RFID 产品是有源 RFID 产品和无源 RFID 产品的结合。它结合二者的优点，在低频 125 kHz 频率触发下,让微波 2.45 GHz 发挥优势,可解决有源 RFID 产品和无源 RFID 产品不能解决的问题,如门禁出入管理、区域定位管理及安防报警等方面的应用,近距离激活定位,远距离传输数据。

2）根据标签的数据调制方式分类

标签的数据调制方式即标签通过何种形式与读头进行数据交换,据此 RFID 可分为主动式、被动式和半主动式。

3）根据工作频率分类

RFID 系统的工作频率即读头发送无线信号时所用的频率,一般可以分为低频、高频、超高频和微波。

4）根据标签的可读性分类

标签内部使用的存储器类型不一样,可以分为可读写卡(RW)、一次写入多次读出卡(WORM)和只读卡(RO)。只读卡标签内一般只有只读存储器(ROM)、随机存储器(RAM)和缓冲存储器。可读写卡一般还有非活动可编程记忆存储器。这种存储器除具有存储数据功能外,还具有在适当条件下允许多次写入数据的功能。

4.1.2　RFID 系统的基本工作原理

RFID 系统由电子标签(tag)、天线(antenna)、阅读器(reader)三部分组成。RFID 卡进入读写器的射频场后,由其天线获得的感应电流经升压电路作为芯片的电源,同时将带信息的感应电流通过射频前端电路检测得到数字信号,并将数字信号送入逻辑控制电路进行信息处理。所需回复的信息从存储器中获取,经由逻辑控制电路送回射频前端电路,最后通过天线发回给读写器(图 4-1)。

4.1.2.1　RFID 天线

凡利用电磁波来传递信息和能量的设备都依靠天线来工作。天线是用来发射或接收无线电波的装置和部件,是无线通信系统的第一个器件和最后一个器件。

天线按结构可分为线状天线、面状天线、缝隙天线和微带天线。

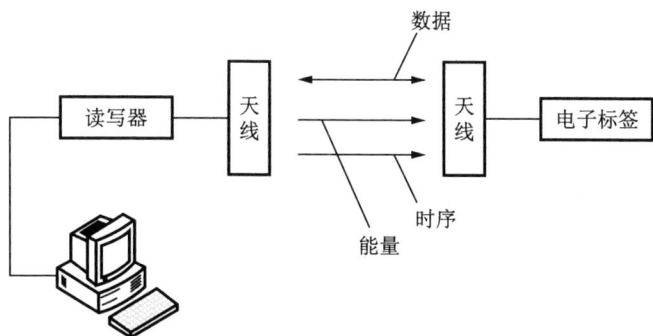

图 4-1　RFID 工作原理

　　电子标签天线设计要求主要是小尺寸要求、低成本要求、所标识物体的形状及物理特性要求、电子标签到贴标签物体的距离要求、金属表面的反射要求等。具体包括:RFID 天线必须足够小;RFID 天线给标签的芯片提供最大可能的信号和能量;RFID 天线具有鲁棒性;RFID 天线便宜。

　　读写器天线要求低剖面、小型化以及多频段覆盖,还涉及天线阵的设计问题,但小型化会带来低效率、低增益等问题。读写器天线既可以与读写器集成在一起,也可以采用分离式。读写器天线设计要求多频段覆盖,并应用智能波束扫描天线阵。

　　电子标签天线的特性受所标识物体的形状和电参数影响。例如,金属对电磁波有衰减作用,金属表面对电磁波有反射作用,弹性衬底会造成天线变形等。这些影响在天线设计与应用中必须加以解决。

　　按频率不同,天线技术分为如下两类:

　　(1)低频和高频 RFID 天线技术。在低频和高频频段,读写器与电子标签基本都采用线圈天线。线圈之间存在互感,使一个线圈的能量可以耦合到另一个线圈,因此读写器天线与电子标签天线之间采用电感耦合的方式工作。天线采用的线圈形式可以是圆形环,也可以是矩形环;天线的尺寸比芯片的尺寸大很多,电子标签的尺寸主要是由天线决定的。低频标签如图 4-2 所示。

　　(2)微波 RFID 天线技术。微波 RFID 天线的特点是天线结构多样,适合粘贴在各种物体表面,很多是在条带上批量生产,电子标签的尺寸主要由天线决定。微波标签如图 4-3 所示。

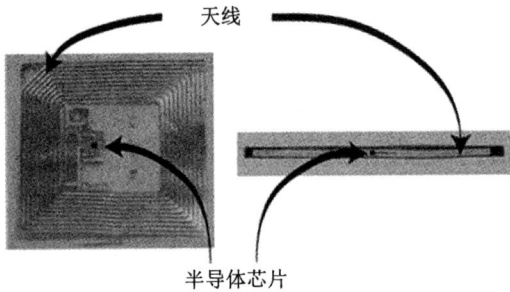

天线

半导体芯片

图 4-2 低频标签

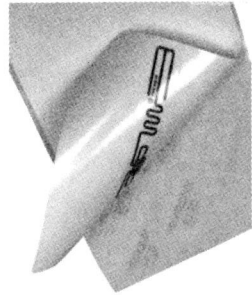

图 4-3 微波标签

4.1.2.2 RFID 频率

无线电频率可供使用的范围是有限的。频谱被看成大自然中的一种资源,不能无秩序地随意占用,而是需要仔细计划,加以合理利用。频谱分配指将频率根据不同业务加以分配,以避免频率使用方面的混乱。

ISM 频段(industrial scientific medical band)主要是开放给工业、科学和医用 3 个主要机构使用的频段。ISM 频段属于无许可频段,使用者无需许可证,没有所谓使用授权的限制。

选择 RFID 频率要顾及其他无线电服务,不能对其他服务造成干扰和影响,因而 RFID 系统通常只能使用特别为工业、科学和医疗应用而保留的 ISM 频率。135 kHz 以下的频率范围没有作为 ISM 频率保留,RFID 也是可用的。

RFID 常用频率见表 4-1。实际应用中,最常使用的频率有 13.56 MHz,915 MHz 等。

表 4-1 RFID 常用频率

序　号	频　率	序　号	频　率
1	6.78 MHz	7	915 MHz
2	13.56 MHz	8	2.45 GHz
3	27.125 MHz	9	5.8 GHz
4	40.68 MHz	10	24.125 GHz
5	433.92 MHz	11	60 GHz
6	869 MHz	12	其他频率

频率的不同决定了 RFID 工作波长的不同。不同频率的电磁波所对应的波长不同,其传播方式和工作特点也各不相同。工作频率越高,工作波长越短。

4.1.2.3　无线传输方式

读写器和电子标签之间射频信号的传输主要有电感耦合方式和电磁反向散射耦合方式。这两种方式采用的频率不同,工作原理也不同。

电感耦合是变压器模型,通过空间高频交变磁场实现耦合,依据的是电磁感应定律。RFID 电感耦合工作方式如图 4-4 所示。电感耦合方式一般适合于中、低频工作的近距离射频识别系统。

电磁反向散射耦合基于雷达原理模型,发射出去的电磁波碰到目标后反射,同时携带回目标信息,依据的是电磁波的空间传播规律。RFID 电磁反向散射工作方式如图 4-5 所示。电磁反向散射耦合方式一般适合于高频、微波工作的远距离射频识别系统。

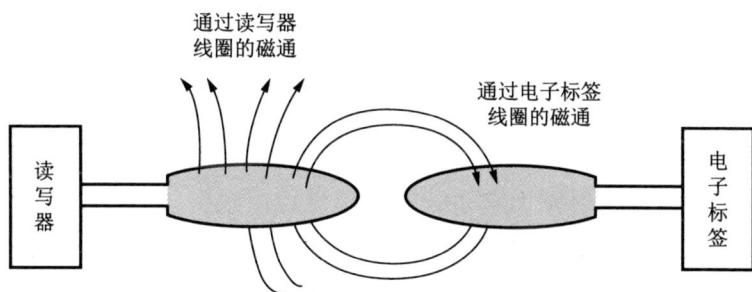

图 4-4　RFID 电感耦合工作方式

图 4-5　RFID 电磁反向散射耦合工作方式

与收音机原理一样,射频卷标和阅读器也要调制到相同的频率才能工作。LF,HF 和 UHF 就对应着不同频率的射频。LF 代表低频射频,在125 kHz 左右;HF 代表高频射频,在 13.54 MHz 左右;UHF 代表超高频射频,在 850 MHz 至 910 MHz 范围内。另外,还有 2.4 GHz 的微波读写器。

需要注意的是,当电波在有耗媒质中传播,如遇到潮湿木材、海水产品、各种动物或金属时,媒质的电导率大于零,媒质会损耗能量。在 RFID 环境中,媒质的电导率越大,RFID 的工作频率越高,电波衰减就越大。

还需注意的是,RFID 作为物联网应用中的关键技术之一,具有非接触式的自动识别能力。RFID 技术的实现主要是借助电磁波在标签和读写器之间的通信,这势必造成物联网的安全隐患。标签有可能预先被嵌入任何物品中,方便物品的拥有者进行管理。但由于 RFID 标识自身保证安全能力的缺乏,拥有者可能在不知情的情况下被扫描、定位和追踪,因而导致个人隐私受到侵犯。同理,对于企业,如果竞争对手获取到产品的信息,就可能利用信息获取利益,从而使价值大打折扣;国家基础行业关键领域的动态信息也可能被窃取,非法获取公众个人信息的情况则时有发生,由此国家和社会的稳定将可能受到影响。

4.1.3 RFID 系统的基本技术参数

可以用来衡量射频识别系统的技术参数比较多,如系统使用的频率、协议标准、识别距离、识别速度、数据传输速率、存储容量、防碰撞性能以及电子标签的封装标准等。这些技术参数相互影响和制约。其中,读写器的技术参数有读写器的工作频率、读写器的输出功率、读写器的数据传输速度、读写器的输出端口形式和读写器是否可调等;电子标签的技术参数有电子标签的能量要求、电子标签的容量要求、电子标签的工作频率、电子标签的数据传输速度、电子标签的读写速度、电子标签的封装形式、电子标签数据的安全性等。

1)工作频率

工作频率是射频识别系统最基本的技术参数之一。工作频率的选择在很大程度上决定了射频识别系统的应用范围、技术可行性以及系统的成本高低。从本质上说,射频识别系统是无线电传播系统,必须占据一定的无线通信信道。在无线通信信道中,射频信号只能以电磁耦合或电磁波传播的形式表现出来,因此射频识别系统的工作性能必然会受到电磁波空间传输特性的影响。

从电磁波的物理特性、识读距离、穿透能力等特性来看,不同射频频率的电磁波存在较大的差异,特别是在低频和高频两个频段上。低频电磁波具有很强的穿透能力,能够穿透水、金属、动物等导体材料,但是传播距离比较近。另外,由于频率比较低,可以利用的频带窄,数据传输速率较低,信噪比较低,容易受到干扰。

与低频电磁波相比,要得到同样的传输效果,高频系统的发射功率较小,设备比较简单,成本也比较低。高频电磁波的数据传输速率较高,没有低频的信噪比限制,但是高频电磁波的穿透能力较差,很容易被水等导体媒质所吸收,因此高频电磁波对障碍物的敏感性较强。

2)作用距离

射频识别系统的作用距离指系统的有效识别距离。影响读写器识别电子标签有效距离的因素很多,主要有读写器的发射功率、系统的工作频率和电子标签的封装形式等。

其他条件相同时,低频系统的识别距离最近,其次是中高频系统、微波系统,微波系统的识别距离最远。只要读写器的频率发生变化,系统的工作频率就随之改变。

射频识别系统的有效识别距离与读写器的射频发射功率成正比。发射功率越大,识别距离也就越远。但是电磁波产生的辐射超过一定的范围时会对环境和人体产生有害的影响,因此在电磁功率方面必须遵循一定的标准。

电子标签的封装形式也是影响系统识别距离的原因之一。电子标签的天线越大,即电子标签穿过读写器的作用区域内所获取的磁通量越大,存储的能量越大。

应用项目所需要的作用距离取决于多种因素,包括电子标签的定位精度、实际应用中多个电子标签之间的最小距离、在读写器的工作区域内电子标签的移动速度等。

在 RFID 应用中选择恰当的天线通常即可适应长距离读写的需要。例如,FastTrack 传送带式天线设计安装在滚轴之间的传送带上,RFID 载体则安装在托盘或产品的底部,以确保载体直接从天线上通过。

3)数据传输速率

对于大多数数据采集系统,速度是非常重要的因素。在当今不断缩短产品生产周期的情况下,要求读取和更新 RFID 载体的时间越来越短。

(1)只读速率。RFID 只读系统的数据传输速率取决于代码的长度、载体数据发送速率、读写距离、载体与天线间载波频率以及数据传输的调制技术等因素。传输速率随实际应用中产品种类的不同而不同。

(2)无源读写速率。无源读写 RFID 系统数据传输速率的决定因素与只读系统一样,但除要考虑从载体读数据外,还要考虑往载体写数据。传输速率随实际应用中产品种类的不同而有所变化。

(3)有源读写速率。有源读写 RFID 系统数据传输速率的决定因素与无源系统一样,不同的是无源系统需要激活载体上的电容充电来通信。很重要的一点是,典型的低频读写系统的工作速率可能仅为 100 B/s 或 200 B/s。在一个站点上可能有数百字节数据需要传送,数据的传输时间会需要数秒,这可能比整个机械操作的时间还要长。EMS 公司已经通过采用数项独到且专有的技术,设计出一种低频系统,其速率高于大多数微波系统。

4)安全要求

安全要求一般指加密和身份认证。对射频识别系统,应该就其安全要求做出准确评估,以便从一开始就排除在应用阶段可能出现的各种危险攻击。为此,要分析系统中存在的各种安全漏洞和攻击出现的可能性等。

5)存储容量

数据载体存储量的大小不同,系统的价格也不同。数据载体的价格主要是由电子标签的存储容量确定的。

对于价格敏感、现场需求少的应用,应该选用固定编码的只读数据载体。如果要向电子标签内写入信息,则需要采用 EEPROM 或 RAM 存储技术的电子标签,但系统成本会有所增加。

基于存储器的系统有一个基本的规律,即存储容量总是不够用。毋庸置疑,扩大系统存储容量能够扩大应用领域。只读载体的存储容量为 20 位,有源读写载体的存储容量从 64 B 到 32 KB 不等。也就是说,在可读写载体中可以存储数页文本,这足以装入载货清单和测试数据,并允许系统扩展。无源读写载体的存储空间从 48 B 到 736 B 不等,拥有许多有源读写系统所不具备的特性。

6)RFID 系统的连通性

作为自动化系统的分支,RFID 技术必须能够集成现存的和发展中的自动化技术。更重要的是,RFID 系统应可直接与个人计算机、可编程逻辑控制器或工业网络接口模块(现场总线)相连,从而降低安装成本。连通性使 RFID 技术能够提供灵活的功能,易于集成到广泛的工业应用中。

7)多电子标签同时识读性

由于系统可能需要同时对多个电子标签进行识别,因此对读写器提供的多标签识读性也需要考虑。这与读写器的识读性能、电子标签的移动速度等都有关系。

在读写器与电子标签的无线通信中存在许多干扰因素,最主要的干扰因素是信道噪声和多卡操作。在 RFID 系统中,为防止各种干扰和电子标签之间数据的碰撞,经常采用差错控制和防碰撞算法来分别解决这两个问题。

在 RFID 系统中,读写器的作用范围经常有多个电子标签同时要求通信,导致数据传输经常发生碰撞问题,因此需要对防碰撞进行研究。现有的 RFID 防碰撞算法都基于 TDMA 算法,可分为 ALOHA 防碰撞算法和基于二进制搜索算法两大类。ALOHA 是 1968 年美国夏威夷大学一项研究计划的名字,ALOHA 网络是世界上最早的无线电计算机通信网络。ALOHA 采用一种随机接入的信道访问方式。ALOHA 算法因具有简单易实现等优点而成为应用最广的算法之一。帧时隙(FSA)ALOHA 算法是基于通信领域的 ALOHA 协议提出的。在帧时隙中,帧(frame)是由读写器定义的一段时间长度,其中包含若干个时隙(slot),电子标签在每个帧内随机选择一个时隙发送数据。在帧时隙 ALOHA 算法中,信道的利用率有所提高。

8)电子标签的封装形式

针对不同的工作环境,电子标签的大小、形式决定了电子标签的安装与性能的表现,电子标签的封装形式也是需要考虑的参数之一。电子标签的封装形式不仅影响系统的工作性能,也影响系统的安全性能和美观。

对射频识别系统性能指标的评估十分复杂。影响射频识别系统整体性能的因素很多,包括产品因素、市场因素及环境因素等。

4.1.4 RFID 系统的实际应用

目前还没有全球统一的 RFID 标准体系,尚处于多个标准体系共存的阶段。目前主要存在 ISO/IEC,EPC 和 UID 三个 RFID 标准体系,多个标准体系之间的竞争十分激烈,同时多个标准体系共存也促进了技术和产业的快速发展。RFID 的相关标准组织如图 4-6 所示。

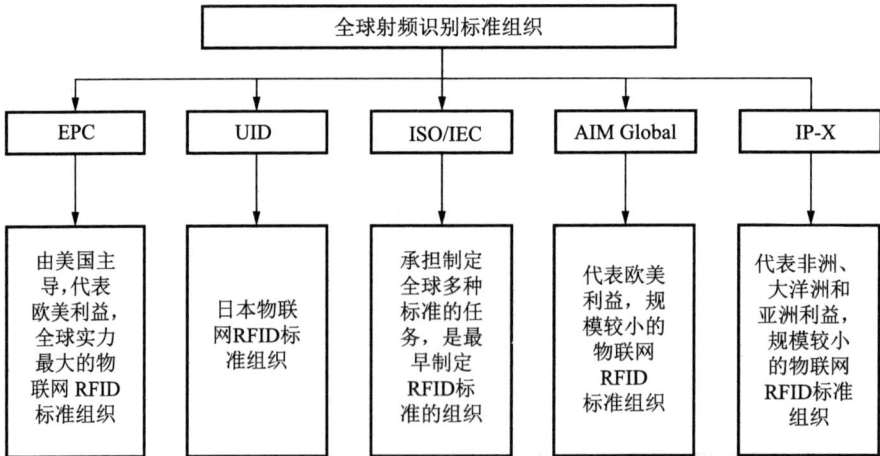

图 4-6 RFID 的相关标准组织

我国 RFID 应用技术标准包括:

(1)动物识别代码结构标准;

(2)道路运输电子收费系列标准;

(3)铁路机车车辆自动识别标准;

（4）射频读写器通用技术标准。

国内建立 RFID 标准的相关建议如下：

（1）成立专门的非政府的 RFID 监管机构，负责处理 RFID 在中国发展过程中遇到的所有问题；

（2）制定符合中国企业的 RFID 相关系列标准；

（3）建立相应的 RFID 芯片研究机构，促进 RFID 的发展和普及；

（4）选择几家比较大的企业进行 RFID 试点应用，像美国国防部和沃尔玛一样力推 RFID，促进 RFID 的快速发展；

（5）加大国家对 RFID 的产业投入，扶持一批 RFID 企业，集中资源攻克 RFID 芯片设计和 RFID 设备制造难关。

以下介绍部分 RFID 的应用场景：

（1）零售业应用场景。近年来，RFID 技术的迅猛发展为零售行业的供应链管理带来了跨越式发展的机遇。随着沃尔玛、麦德龙等国际零售巨头陆续强制使用 RFID 供应链管理技术，成品供应链之间的抗衡已经成为未来零售行业竞争的关键所在。使用 RFID 技术可以提高供应链物流管理的透明度和库存周转率，有效减少缺货损失，提高企业内的物流效率，实现"快"（物流效率快，即货品交接点数快，提高物流作业效率）和"准"（数据准，即在物流管理的各环节对货品的流通数据采集准确）。国内无人便利店众多，基本都离不开 RFID 技术，在每件商品上面均贴上 RFID 标签以便于结账收款，此外还配备有监控系统、远程客服等。

（2）车辆管理。通过安装在车辆挡风玻璃上的车载电子标签与在收费站 ETC 车道上的射频天线之间的专用短程通信，利用计算机联网技术与银行进行后台结算处理，达到车辆通过路桥收费站不需停车就能交纳路桥费的目的。

（3）产品防伪溯源。通过 RFID 技术在企业产品生产等各环节的应用，实现防伪、溯源、流通和市场的管控，保护企业品牌和知识产权，维护消费者的合法权益。

（4）仓储物流托盘管理。在现有仓库管理中引入 RFID 技术，对仓库到货检验、入库、出库、调拨、移库移位、库存盘点等各作业环节的数据进行自动化数据采集，保证仓库管理各环节数据输入的速度和准确性，确保企业及时准确地掌握库存的真实数据,合理保持和控制企业库存。

（5）智能巡检管理。应用 RFID 技术可以实现巡检工作的电子化、信息化和智能化,从而提高工作效率,保证电力设备的安全运行。智能巡检适合企业、独立变电站及集控站等用户对电力巡检中所涉及的设备信息、巡检任务、巡检线路、巡检点以及巡检项目进行定制和管理,实现巡检到位控制和缺陷管理的规范化,从而提高电力设备管理水平。

（6）资产管理。使用 RFID 电子标签对固定资产进行标识,利用 RFID 读写器采集数据,完成固定资产的日常管理和清查工作,实现对固定资产的使用周期和使用状态的全程跟踪以及信息化管理。

4.2　传感器技术

在物联网的信息感知过程中,传感器起着巨大的作用。物联网是由各种信息传感设备和互联网结合形成的庞大网络,是互联网升级和信息时代的核心。物联网的发展需要智能感知、识别和通信等技术支撑,而感知的关键是传感器和相关技术。可以说,如果没有传感器的发展,物联网就不会繁荣。随着物联网的发展,传感器行业也将迎来爆发。传感器在物联网数据收集中不可或缺,并发挥着至关重要的作用[5]。

传感器行业始于 20 世纪 50 年代,发展历程大体可分如下 3 个阶段:

第一阶段,20 世纪 50 年代至 70 年代,结构型传感器出现,它利用结构参量变化来感受和转化信号。

第二阶段,20 世纪 70 年代至 20 世纪末,固体型传感器逐渐发展起来。这种传感器由半导体、电介质、磁性材料等固体元件构成,利用材料的某些特性制成。例如,利用热电效应、霍尔效应分别制成热电偶传感器、霍尔传感器等。

第三阶段,20 世纪末至今,智能型传感器出现并快速发展。它是微型计算机技术与检测技术结合的产物,具有信息采集、处理、交换、存储功能,同时具有人工智能的特性。

4.2.1　传感器的概念

传感器(transducer/sensor)是一种检测装置,能感受到被测量的信息,并能将感受到的信息按一定规律变换成为电信号或其他所需形式的信息输出,以满足信息的传输、处理、存储、显示、记录和控制等要求。狭义的传感器定义为能将外界非电信号转换成电信号输出的器件。

传感器通常由敏感元件和转换元件组成。其中,敏感元件(sensing element)指传感器中能直接感受或响应被测量的部分;转换元件(transducer element)指传感器中能将敏感元件感受或响应的被测量转换成适于传输或测量的电信号以及其他某种可用信号的部分。传感器原理如图 4-7 所示。

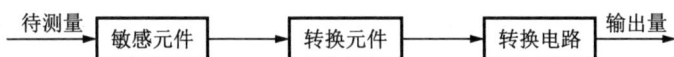

待测量 → 敏感元件 → 转换元件 → 转换电路 → 输出量

图 4-7　传感器原理

传感器的任务是感知与测量。在人类文明史的历次产业革命中,感受、处理外部信息的传感技术一直扮演着重要的角色。18 世纪产业革命以前,传感技术由人的感官实现:人观天象而仕农耕,察火色以冶铜铁。18 世纪产业革命以来,特别是 20 世纪的信息革命中,传感技术越来越多地由人造感官,即工程传感器实现。

目前工程传感器应用广泛,甚至可以说任何机械电气系统都离不开它。现代工业、现代科学探索,特别是现代军事都需要依靠传感器技术。

4.2.2　传感器的分类

传感器主要按工作原理和被测量来分类。按工作原理分类,传感器一般可分为物理型、化学型和生物型三大类。其中,物理型传感器又可分为结构型传感器和物性型传感器。按被测量分类,即按输入信号分类,传感器一般可以分为温度、压力、流量、物位、加速度、速度、位移、转速、力矩、湿度、黏度、浓度等传感器。

结构型传感器是以结构为基础,利用某些物理规律来感受被测量,并将其转换成电信号的传感器。它需要加入转换元件,实现被测非电量→有用非电量→有用电量的间接转换。

物性型传感器是利用某些功能材料本身所具有的内在特性及效应感

受被测量,并转换成电信号的传感器。在物性传感器中,敏感元件与转换元件合为一体,一次完成被测非电量→有用电量的直接转换。

更详细的传感器分类见表4-2。

表4-2 传感器分类

分类方法	型 式	说 明
按构成基本效应	物理型、化学型、生物型	分别以转换中的物理效应、化学效应等命名
按构成原理	结构型	以转换元件结构参数特性变化实现信号转换
	物性型	以转换元件物理特性变化实现信号转换
按能量关系	能量转换型	传感器输出量直接由被测量能量转换而得
	能量控制型	传感器输出量能量由外源供给,但受被测输入量控制
按作用原理	应变式、电容式、压电式、热电式等	以传感器对信号转换的作用原理命名
按输入量	位移、压力、温度、流量等	以被测量命名,即按用途分类
按输出量	模拟式	输出量为模拟信号
	数字式	输出量为数字信号

4.2.3 常用传感器简介

1)温度传感器

温度传感器(temperature transducer,图4-8)指能感受温度并转换成可用输出信号的传感器。温度传感器是温度测量仪表的核心部分,品种繁多。按测量方式可分为接触式和非接触式两类,按传感器材料及电子元件特性可分为热电阻和热电偶两类。

温度是表征物体冷热程度的物理量,是工农业生产过程中重要而普遍的测量参数。温度的测量及控制对保证产品质量、提高生产效率、节约能源、保障生产安全、促进国民经济的发展起着非常重要的作用。由于温度测量的普遍性,温度传感器的数量在各种传感器中居首位,约占50%。

工农业生产中温度测量的范围极宽,从零下几百摄氏度到零上几千摄氏度,而由各种材料制成的温度传感器只能在一定的温度范围内使用。

图 4-8 温度传感器

2）湿度传感器

湿度传感器如图 4-9 所示。与测量温度、重量一样,选择湿度传感器首先要确定测量范围。湿敏元件是最简单的湿度传感器。湿敏元件主要有电阻式和电容式两大类。

3）光照传感器

光照传感器(图 4-10)用于检测光照强度(简称照度),工作原理是将光照强度值转为电压值。它主要用于农业、林业、温室大棚等。

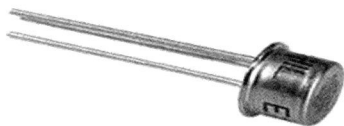

图 4-9 湿度传感器   图 4-10 光照传感器

从工作原理看,光照传感器采用热点效应原理。这种传感器主要使用对弱光性有较高反应的探测部件。这些感应元件就像相机的感光矩阵一样,内部有绕线电镀式多接点热电堆,表面涂有高吸收率的黑色涂层,热接点在感应面上,而冷接点则位于机体内,冷热接点产生温差电势。在线性范围内,输出信号与太阳辐照度成正比。透过滤光片的可见光照射到进口光敏二极管,光敏二极管根据可见光照度大小转换成电信号,然后电信号进入传感器的处理器系统,从而输出需要得到的二进制信号。

4）压力传感器

压力传感器（pressure transducer, 图 4-11）是能感受压力信号，并能按照一定的规律将压力信号转换成可用的输出电信号的器件或装置。压力传感器通常由压力敏感元件和信号处理单元组成。按测试压力类型的不同，压力传感器可分为表压传感器、差压传感器和绝压传感器。

5）气敏传感器

气敏传感器（图 4-12）是用来检测气体浓度和成分的传感器，在环境保护和安全监督领域起着重要作用。气敏传感器是暴露在各种成分的气体中使用的，因为检测现场温度、湿度的变化很大，又存在大量粉尘和油雾等，所以其工作条件较恶劣，且气体与传感元件的材料会产生化学反应物，附着在元件表面，往往会使其性能变差。

气敏传感器的应用主要有一氧化碳气体检测、瓦斯气体检测、煤气检测、氟利昂（R11、R12）检测、呼气中乙醇检测、人体口腔口臭检测等。

图 4-11　压力传感器　　　　图 4-12　气敏传感器

4.2.4　传感器的选型

对传感器的基本要求如下：

（1）足够的容量。传感器的工作范围或量程足够大，具有一定过载能力。

（2）灵敏度高，精度适当。要求其输出信号与被测输入信号成确定关系（通常为线性），且比值要大；传感器的静态响应与动态响应的准确度能满足要求。

（3）响应速度快，工作稳定，可靠性好。

（4）适用性和适应性强。体积小，重量轻，动作能量小，对被测对象的状态影响小；内部噪声小且不易受外界干扰的影响；输出力求采用通用或标准形式，以便与系统对接。

（5）使用经济。成本低，寿命长，且便于使用、维修和校准。

选购传感器时要考虑其静态特定、动态特性、频率响应特性。

（1）静态特性表示传感器在被测输入量各值处于稳定状态时的输出－输入关系。研究静态特性主要考虑非线性、滞后、重复、灵敏度、分辨力等方面。

（2）动态特性是反映传感器对时间变化的输入量的响应特性。用传感器测试动态量时，希望它的输出量随时间变化的关系与输入量随时间变化的关系尽可能一致，但实际并不尽然，因此需要研究其动态特性，分析其动态误差。这包括两部分：一是输出量达到稳定状态以后与理想输出量之间的差别；二是当输入量发生跃变时，输出量由一个稳态到另一个稳态的过渡状态中的误差。由于实际测试时输入量是千变万化的且往往事先并不知道，因此工程上通常采用输入"标准"信号函数的方法进行分析，并据此确立若干评定动态特性的指标。常用的"标准"信号函数是正弦函数与阶跃函数。

（3）传感器的频率响应特性。将各种频率不同而幅值相等的正弦信号输入传感器，其输出信号的幅值、相位与频率之间的关系称为频率响应特性。

选购传感器的指标可参考表 4-3。

表 4-3　选购传感器的指标

基本参数指标	环境参数指标	可靠性指标	其他指标
（1）量程指标：量程范围、过载能力等； （2）灵敏度指标：灵敏度、满量程输出、分辨力、输入输出阻抗等； （3）精度方面的指标：精度（误差）、重复性、线性、回差、灵敏度误差、阈值、稳定性、漂移、静态总误差等； （4）动态性能指标：固有频率、阻尼系数、频响范围、频率特性、时间常数、上升时间、响应时间、过冲量、衰减率、稳定误差、临界速度、临界频率等	（1）温度指标：工作温度范围、温度误差、温度漂移、灵敏度温度系数、热滞后等； （2）抗冲振指标：各向冲振容许频率、振幅值、加速度以及冲振引起的误差等； （3）其他环境参数：抗介质腐蚀、抗电磁场干扰能力等	工作寿命、平均无故障时间、保险期、疲劳性能、绝缘电阻、耐压、反抗飞弧性能等	（1）使用方面：供电方式（直流、交流、频率、波形等）、电压幅度与稳定度、功耗、各项分布参数等； （2）结构方面：外形尺寸、重量、外壳、材质、结构特点等； （3）安装连接方面：安装方式、馈线、电缆等

石油天然气行业应结合行业特性和安全要求选择传感器。根据行业及国家相关标准，石油化工行业对气体检测的应用主要集中在以下区域：

（1）在以下场所应安装可燃气体检测报警器：

• 原油中转站以上的油泵房、计量间、含油污水泵房、阀组间、脱水器操作间；

• 输送天然气的压缩机房、计量间、阀组间和收发球间；

• 轻烃系统的压缩机房、计量间、阀组间、收发球间、储罐区和装卸设施；

• 凝析油和汽油的泵间、计量间、阀组间、储罐区和装卸设施；

• 液化石油气泵房、灌瓶（充装）间、计量间、气瓶库和储罐区。

例如，TGS6812 是催化燃烧式的可燃气体传感器，可以检测 100%LEL 的氢气，具有精度高、稳定性好、快速响应、线性输出的特点，不仅可监测氢气，还可检测甲烷与 LP 气体。

（2）在以下场所宜安装可燃气体检测报警器：

• 原油沉降罐操作间、原油储罐区；

• 含油污水罐区。

（3）在大多数生产环境应安装有毒气体检测传感器。目前普遍采用气体检测分析的方法控制石油生产过程中的有毒气体，其中应用最多的是一氧化碳、硫化氢、二氧化硫等气体传感器。

4.2.5　传感器数据融合

数据融合的概念始于 20 世纪 70 年代初期，在 80 年代得到了长足发展。数据融合技术已经引起世界范围内的普遍关注，且在一些重大研究项目上取得了突破性进展。不少数据融合技术的研究成果和实用系统已在 1991 年的海湾战争中得到实战验证，取得了理想效果。

多传感器数据融合的工作原理就像人脑综合处理信息一样，充分利用多个传感器资源，通过对多传感器及其观测信息的合理支配和使用，将多传感器在空间或时间上冗余或互补信息依据某种准则进行组合，从而获得被测对象的一致性解释或描述。

传感器数据融合的工作过程是：

（1）n 个不同的传感器收集观测目标的数据。

（2）对传感器的输出数据进行特征提取和变换,得到相应的特征向量。

（3）对特征向量进行模式识别和处理,完成各传感器关于目标的说明。所用到的识别方法可以是聚类算法、自适应神经网络方法,或其他能将特征向量变换成目标属性判决的统计模式识别法等。

（4）将各传感器关于目标的说明数据按同一目标进行分组。

（5）利用融合算法将每一目标的各传感器数据进行合成,得到该目标的一致性解释或描述。

按不同的分类标准,数据融合可以有多种不同的分类方法。按数据进行融合操作前后的信息量,可分为无损融合(lossless aggregation)和有损融合(lossy aggregation);按数据融合与应用层数据语义之间的关系,可分为依赖于应用的数据融合和独立于应用的数据融合;按融合操作的级别,可分为数据级融合、特征级融合和决策级融合。

在无损融合中,所有的细节信息均被保留。此类融合的常见方法是剔除信息中的冗余部分。根据信息理论,无损融合中信息量整体缩减的大小受到其熵值的限制。例如,将多个数据分组打包成一个"大"的数据分组,且不改变各分组所携带的数据内容的方法就属于无损融合。时间戳融合是无损融合的另一个例子。

数据融合都是针对应用层数据进行的,即数据融合需要了解应用数据的语义。从实现角度看,数据融合如果在网络分层结构的应用层实现,则与应用数据之间没有语义鸿沟,可以直接对应用数据进行融合。如果在网络层实现数据融合,则需要跨协议层理解应用层数据的含义,即在网络层理解应用层数据,这称为应用相关的数据融合(application dependent data aggregation,ADDA)技术。

数据级融合是最底层的融合,操作对象是传感器通过采集得到的数据,因此是面向数据的融合。这类融合大多数情况下仅仅依赖于传感器类型而不依赖于用户需求。特征级融合通过一些特征提取手段将传感器数据表示为一系列的特征向量,以反映事物的属性,是面向监测对象特征的融合。例如,在温度监测应用中,特征级融合可以对温度传感器数据进行综合,表示成"(地区范围,最高温度,最低温度,平均温度)"的形式。决策级融合根据应用需求进行较高级的决策,是最高级的融合。

传感器网络应用往往以数据为中心,人们关心的是某个区域的某个观测指标的值,而不是具体某个节点观测到的值。因此,在传感器网络节点采集、处理信息的过程中,各节点单独传输数据到基站的方法显然是不合适的。因为节点采集到的数据存在大量冗余信息,这样会浪费大量的通信带宽和宝贵的能量资源。为避免上述问题,传感器网络采用数据融合(数据汇聚)技术来减少网内数据传输量。

无线传感器网络是一种资源受限的网络,节点仅提供有限的计算能力、通信能力和供电能力,且这种网络中节点过多、分布较广。传感器网络可以根据节点间距离的远近划分成簇,而基于簇的分层结构具有天然的分布式处理能力,这样可以提高受限网络的资源利用率和数据处理的效率。

分簇是将传感器网络中一定区域内的节点组成称为簇的控制单元,每个簇成员都将自己感知的数据传输给簇头。簇头是一个分布式处理中心,即无线传感器网络中的一个汇聚节点。作为小规模范围内的节点控制者,簇头负责收集和协调簇内节点监测到的数据,再传输给基站。

两级分簇结构(图 4-13)适用于小规模传感器网络。如果网络规模较大,则需要在多个簇头节点之间转发消息,最终将数据传输到基站。这将涉及传感器网络的路由问题,即按照什么规则寻找下一跳节点。

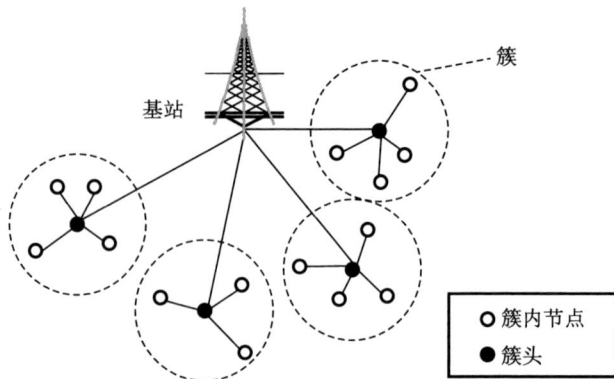

图 4-13　两级分簇结构

节点分簇控制的优点是：

（1）采用层次结构后，簇内成员节点只需要与所属簇的簇头通信。

（2）在满足一定约束条件下，簇内成员节点可以在某些时间段内关闭无线通信模块，从而大幅减少节点空闲等待时的能量消耗。

（3）在簇头节点上可以采用数据融合算法，在保证一定信息质量的情况下减少数据通信量，降低数据转发的能量开销。

通过节点分簇等方式实现的数据融合所起的作用主要体现在以下方面：

（1）节省能量。在部署无线传感器网络时，需要使传感器节点达到一定的密度以增强整个网络的鲁棒性和监测信息的准确性，有时甚至需要使多个节点的监测范围互相交叠。这种监测区域的相互重叠导致邻近节点报告的信息存在一定程度的冗余。数据融合就是要针对这种情况对冗余数据进行网内处理，即中间节点在转发传感器数据前，首先对数据进行综合，去掉冗余信息，在满足应用需求的前提下将需要传输的数据量最小化。

（2）获得更准确的信息。由于无线传感器网络是由大量低廉的传感器节点组成的，部署在各种各样复杂的环境中，因而从传感器节点获得的信息存在较高的不可靠性。由此可见，仅收集少数几个分散的传感器节点的数据较难确保所得到信息的正确性，需要通过对监测同一对象的多个传感器所采集的数据进行综合来有效地提高所获得信息的精度和可信度。

（3）提高数据的收集效率。在网内进行数据融合可以在一定程度上提高网络收集数据的整体效率。数据融合可减少需要传输的数据量，从而可减轻网络的传输拥塞，降低数据的传输延迟。即使有效数据量并未减少，通过对多个数据进行分组合并也可减少数据分组的个数，减少传输中的冲突碰撞现象，所以也能够提高无线信道的利用率。

4.3　实际应用

下面以龙王庙智能油气田示范项目为例，对油气田物联网感知技术的应用进行简要介绍。

1）管道第三方预警

利用管道同沟敷设的光纤作为传感器，通过外界振动引起的光传输参数变化，实时监测、分析管道光缆周边的振动信号，智能判别和定位人工挖掘、机械挖掘、第三方占压等威胁管道安全的行为。

管道预警主要技术指标见表4-4。

表4-4 管道预警主要技术指标

项　目	技术指标
监测长度	60 km
灵敏度	管道两侧10 m范围
响应时间	≤3 s
定位精度	±10 m
准确率	≥80%
误报率	≤2次/月

智能识别过滤无害行为（行人经过、小型车辆等），主动告警并定位人工挖掘、工程车靠近管道施工、机械挖掘等危害事件，有效解决视频无法覆盖到的管道第三方管理难题。在视频智能识别外找到其他技术解决巡线无法全天候覆盖的问题，真正将管道第三方管理从"人防"转变为"技防"，从事后报警转变为事前预警。

2）管道泄漏自动诊断

在管道两端安装次声波传感器，通过次声波泄漏检测技术及时发现泄漏孔径≥2 mm的管道泄漏并通过计算准确定位泄漏点。管道泄漏自动诊断界面如图4-14所示。

管道泄漏自动诊断可缩短应急处置时长，降低管道失效的后果。与传统方式相比，管道泄漏自动诊断能在管道发生泄漏后的极短时间内发现并精准定位泄漏点，实现快速应急响应和及时处置，最大限度地降低管道失效带来的安全风险。

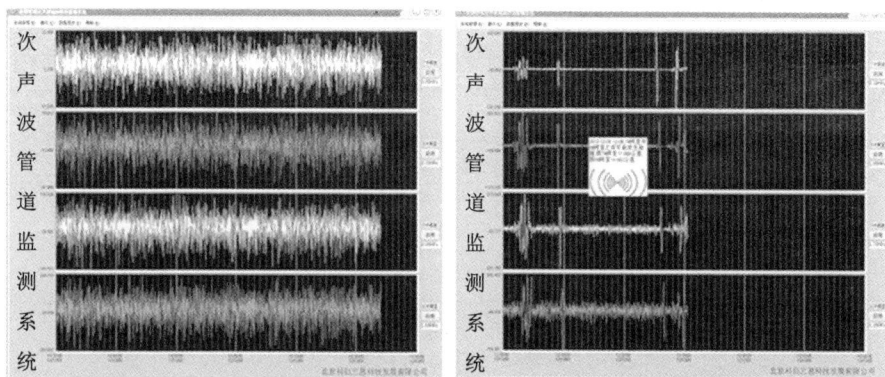

| 管道正常运行的显示界面 | 管道发生泄漏时的报警显示界面 |

图 4-14　管道泄漏自动诊断界面

第5章 油气田物联网传输技术

"十二五"以来,西南油气田信息化建设取得了丰硕成果。建成西南区域网络中心和2个公司级中心机房,铺设总长近6 800 km的光传输系统,搭建物理隔离的生产网和办公网,实现公司计算资源、数据存储和应用系统的集中部署、统一管控;基本建成场站数字化系统,实现1 379口生产井、1 120座场站数据的自动采集、传输、集中存储,生产现场覆盖率达82%,为"单井无人值守＋中心井站集中控制＋远程支持协作"提供信息技术支撑;初步建立起涵盖从勘探到开发,从静态到动态,从油气藏、油气井到地面集输的专业化数据资源,为科研、生产管理提供数据支撑服务;完成ERP、生产运行、营销管理等专业应用系统上线运行,实现跨业务流程整合和信息共享,促进公司经营业务从分散管理向集中管控转变,开启数字化办公、智能化管理新模式。

5.1 传输技术概述

传输技术(transmission technology)指充分利用不同信道的传输能力构成一个完整的传输系统,使信息得以可靠传输的技术。传输系统是通信系统的重要组成部分。传输技术主要依赖于具体信道的传输特性,可分为有线信道和无线信道。

物联网中的数据传输涉及多种不同的计算机网络,如因特网(internet)、无线传感器网络(WSN)、无线局域网(WLAN)和卫星通信网络等。这些网络都采用分层结构,以降低网络设计和实现的复杂性。目前有两种重要的分层网络体系结构,即7层的OSI参考模型和4层的TCP/IP参考模型。这两种分层模型都涉及在网络传输介质上的数据传输技术[6]。

传输介质也称传输媒介或传输媒体,是数据传输系统中发送器和接收器之间的物理通路。传输介质分为导向型和非导向型。导向型传输介质以电磁波沿着固定传输媒体传播,实现有线传输方式,包括铜线、光纤等;非导向型传输介质以电磁波在自由空间中传播,实现无线通信方式。常用的有线传输包括双绞线、光纤和同轴电缆;常用的无线传输包括近距离的蓝牙、Wi-Fi、ZigBee,远距离的 LoRa、NB-IoT 和 LTE 等。

5.2　有线传输技术

常用的有线传输方式包括双绞线、光纤和同轴电缆。

1)双绞线

双绞线可分为非屏蔽双绞线和屏蔽双绞线,适合短距离通信。非屏蔽双绞线价格便宜,传输速度偏低,抗干扰能力较差;屏蔽双绞线抗干扰能力较好,具有更高的传输速度,但价格相对较贵。

2)光纤

光纤是一种将信息从一端传送到另一端的传输介质,是由纤芯、包层和涂敷层构成的多层介质结构的对称圆柱体(图 5-1)。未经涂覆和套塑时称为裸光纤。

光纤具有不受外界电磁场的影响、无限制的带宽等特点,可以实现每秒万兆位的数据传送,尺寸小、重量轻,数据可传送几百千米。

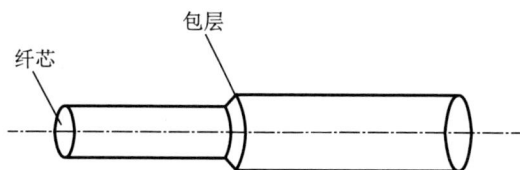

图 5-1　光纤结构

光纤通信系统的整体结构主要包括发送端、接收端和光纤传输系统三部分(图 5-2)。发送端的信源产生需要发送的数据,并由电发射机转变为电信号。接收端接收来自光纤传输系统的电信号,由电接收机将其转换为原始数据,再送达信息宿。光纤传输系统输入的是电信号,输出的也是电信号。

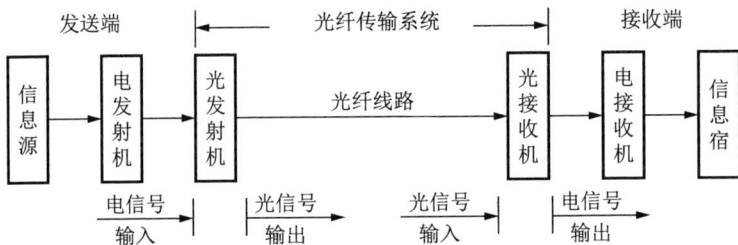

图 5-2　光纤通信系统

3）同轴电缆

按直径不同,同轴电缆可分为粗缆和细缆两种。粗缆传输距离长、性能好,但成本高、网络安装及维护困难,一般用于大型局域网的干线。细缆与 BNC 网卡相连,两端装 50 Ω 的终端电阻。细缆网络每段干线长度最大为 185 m,每段干线最多接入 30 个用户。如采用 4 个中继器连接 5 个网段,网络最大距离可达 925 m。

5.3　无线传输技术

物联网从通信速率角度可分为高速率、中速率、低速率。

（1）高速率指速率大于 1 Mbps。以视频信息为特征,流量高,一般功耗不敏感。如视频监控、远程医疗、机器人等。目前主要使用 4G 和 5G。

（2）中速率指速率大于 100 Kbps 且小于 1 Mbps。以语音及图片信息为特征,流量中等,一般功耗不敏感。如需语音的可穿戴设备、智能家纺等。主要使用 GPRS。

（3）低速率指速率小于 100 Kbps。以文本信息为特征,流量不高,一般功耗敏感。如数据采集与控制类的智能抄表、环境监测、智能家居、物流、不需语音的可穿戴设备、工厂设备远程控制等[7]。

应根据不同的实际需求,选择不同的速率和具体的传输技术。常用的无线传输方式包括近距离的蓝牙、Wi-Fi 和 ZigBee,以及远距离的 LoRa、NB-IoT 和 LTE 等。

5.3.1　ZigBee 传输技术

ZigBee 是 IEEE 802.15.4 协议的代名词。根据该协议规定的技术是一种短距离、低功耗的无线通信技术。ZigBee 的名称来源于蜜蜂的八字舞,借鉴蜜蜂依靠这样的方式传递信息,并构成群体中的通信网络。

ZigBee 是一种高可靠的无线数传网络,类似 CDMA 和 GSM 网络。ZigBee 数传模块类似移动网络基站,通信距离从标准的 75 m 到几百米甚至几千米,且支持无限扩展。ZigBee 是一个由可多达 65 000 个无线数传模块组成的无线数传网络平台,在整个网络范围内每个 ZigBee 网络数传模块之间可以相互通信。

在利用 ZigBee 网络技术组建的低速率无线个域网(low rate wireless personal network,LR-PAN)中,基本成员称为设备。按照功能不同,这些设备可以分为全功能设备(full function device,FFD)和精简功能设备(reduced function device,RFD)两类。RFD 设备功能非常简单,可以用最低端的微控制器实现,在网络中只能作为终端设备,与某一特定的 FFD 设备进行通信。例如,RFD 设备可以是家居中的一只红外传感器或照明开关,也可以是生产车间中的一只压力传感器。而 FFD 设备可作为个域网的主协调器、路由器或终端设备。

通俗来说,从一个网络向另一个网络发送信息必须经过一道"关口",这道关口就是网关。网关又称网间连接器、协议转换器。网关在传输层及以上实现网络互连,是最复杂的网络互连设备,仅用于两个高层协议不同的网络互连。从本质来说,网关是一种进行功能转换的计算机系统,在使用不同通信协议、数据格式甚至完全不同的体系结构的两种网络之间实现功能的互通。

一个 ZigBee 网络中至少有一个协调器。ZigBee 网络可有图 5-3 所示的两种网络拓扑。

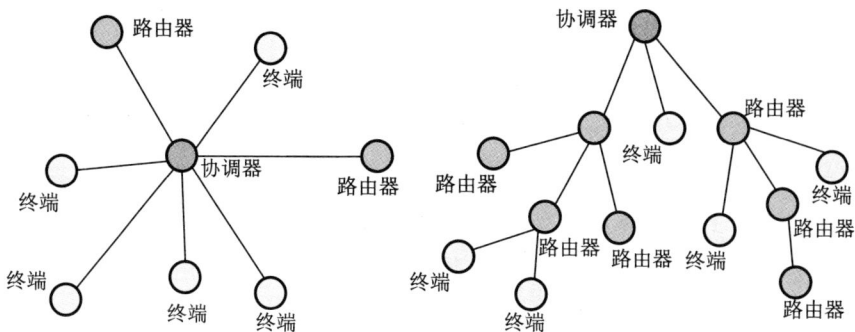

图 5-3　ZigBee 拓扑

5.3.2 LoRa 传输技术

LoRa 意指远距离无线电（long range radio），是 Semtech 公司创建的低功耗局域网无线标准。低功耗一般很难覆盖远距离，远距离一般都功耗高，但 LoRa 的最大特点是在同样的功耗条件下比其他无线方式传播的距离更远，实现低功耗和远距离的统一。在同样的功耗下，它能比传统的无线射频通信距离大 3 ～ 5 倍。

作为低功耗广域网络主流技术之一，LoRa 正在赋能智慧城市中的物联网转型。LoRa 的应用场景如图 5-4 所示。

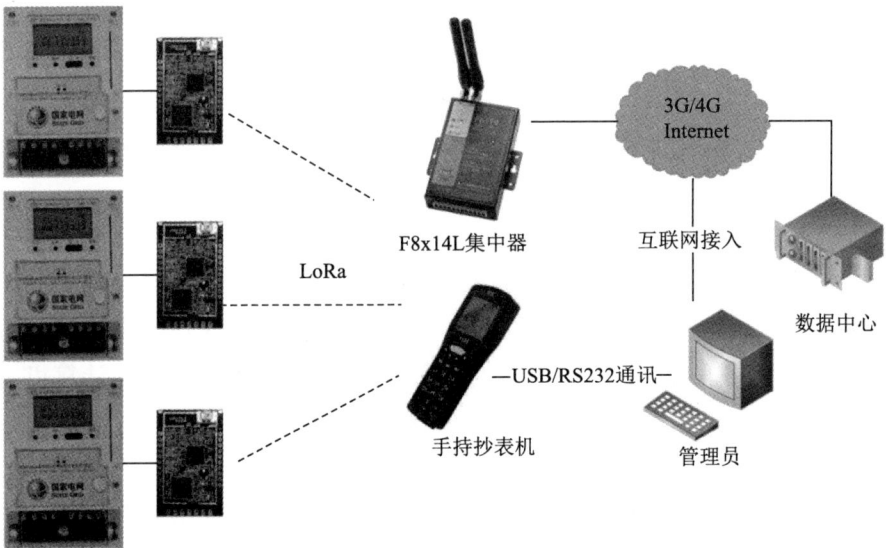

图 5-4 Lora 的应用场景

LoRa 的特性主要是：传输距离远，城镇可达 2 ～ 5 km，郊区可达 15 km；ISM 频段工作频率包括 433 MHz，868 MHz 和 915 MHz 等；采用标准为 IEEE 802.15.4g；容量大，一个 LoRa 网关可连接成千上万个 LoRa 节点；电池寿命长达 10 年；安全性高，采用 AES128 加密；传输速率为几百 Kbps 到几十 Kbps，速率越低传输距离越长。

无锡鸿山建成了我国第一个物联网小镇，大量应用了 LoRa 传输技术和物联网通信协议来进行城市管理。

5.3.3　NB-IoT 传输技术

低速率数据通信业务和 LoRa 等新技术在成本、功耗和覆盖方面的优势对 GPRS 模块形成了有力竞争。2014 年 3 月 3GPP（3rd generation partnership project，第三代合作伙伴计划）成立新项目，以研究更好的连接模式，这就是窄带物联网（narrow band internet of things，NB-IoT）的雏形。

NB-IoT 由 3GPP 于 2016 年 5 月完成核心标准制定，是面向智能抄表、工厂设备远程测控、智能农业、环境监测、智能家居等应用领域的新一代物联网通信体系。其应用领域的数据通信具有以文本信息为特征、流量不高、一般功耗敏感的特征。2017 年我国多地区已经开始 NB-IoT 布网工作。NB-IoT 的应用场景如图 5-5 所示。

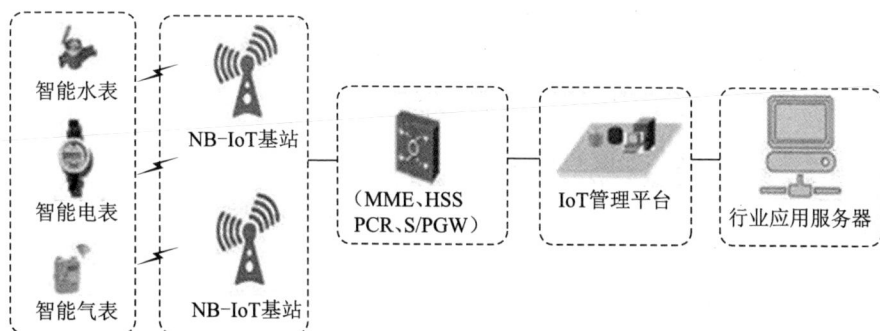

图 5-5　NB-IoT 的应用场景

NB-IoT 具有如下特点：

（1）大连接。在同一基站情况下，NB-IoT 可提供现有无线技术 50 ~ 100 倍的接入数，一个扇区能够支持 10 万个连接。

（2）广覆盖。一个基站可以覆盖几千米范围，对农村这样广覆盖需求的区域亦可满足。

（3）深穿透。室内穿透能力强，可以适用厂区、地下车库、井盖等对深度覆盖有要求的应用。

（4）低成本。体现在建设期可用原先的设备、流量费低、终端模块成本低（目前 5 美元左右，有望逐步降低）等方面。

（5）低功耗。静态功耗目标可达 μA 级。

2017 年 6 月 6 日,工业和信息化部办公厅发布《关于全面推进移动物联网(NB-IoT)建设发展的通知》文件,这是政府推动发展 NB-IoT 的实际行动。加上华为、中兴、Intel、MTK、高通等产业设备商的介入以及中国电信、中国移动及中国联通三大运营商的介入,可以预计 NB-IoT 将会逐渐流行起来。

5.3.4 LTE 和 5G 传输技术

LTE 是 long term evolution（长期演进)的缩写。3GPP 标准化组织最初制定 LTE 标准时,定位为 3G 技术的演进升级。后来,LTE 技术的发展远远超出了预期,LTE 的后续演进版本 Release 10/11（即 LTE-A)被确定为 4G 标准。

TD-LTE 和 FDD-LTE 是 4G 的两种国际标准,各有利弊。TD-LTE占用频段少、节省资源、带宽长,适合区域热点覆盖;FDD-LTE 速度更快、覆盖更广,但占用资源多,适合广域覆盖。

TD-LTE 系统的性能目标是:

（1）高速率。20 MHz 带宽内实现下行峰值速率超过 100 Mbps,上行峰值速率超过 50 Mbps。

（2）低时延。TD-LTE 系统要求业务传输的单向时延低于 5 ms,控制平面从驻留状态到激活状态的迁移时间小于 100 ms。

在 4G 技术之后,5G 也已进入商用。5G 是第五代移动通信技术的简称,它以融合的方式来提供固定宽带接入服务、移动宽带接入服务、移动通信服务以及广播服务。5G 可以延续使用 4G 和 3G 的基础设施资源,并实现与 4G,3G 和 2G 的共存。

5G 是新一代蜂窝移动通信技术,也是 4G（LTE 及 WiMAX-A),3G（UMTS)和 2G（GSM)标准的延伸。以往的 2G,3G 和 4G 通信技术主要解决人与人之间的通信问题,而 5G 不局限于通信领域,还将解决人与物、物与物之间的信息互通问题。

5G 传输速度可达 10 Gbps,比 4G 网络的传输速度快 10 倍到百倍,可解决海量无线通信需求,将实现真正的"万物互联"。用户体验速率达到 1 Gbps,端与端时延为毫秒量级,可靠性接近 100%,可以现实连续广域覆盖、高容量、低功耗、大连接和低时延。

多种传输方式的对比见表 5-1。

表 5-1 多种传输方式的对比

对比内容	TD-LTE	WLan	LoRa
工作频段	400 MHz/1.4 GHz/1.8 GHz	2.4 GHz/5.8 GHz	470～510 MHz
组 网	全覆盖	PTP/PTMP	全覆盖
覆盖半径	10～30 km	5～15 km	2～10 km
平均带宽	20 MHz 频带按 3∶1 上下行配比，上行带宽 20 Mbps 左右，下行带宽 30～40 Mbps	802.11 n 205 MHz，MIMO2x2，50～70 Mbps	5 Kbps
数据传输安全性	具有数据加密措施，属于企业专网，数据传输安全性较高	具有数据加密措施，公共频率存在频率干扰	具有数据加密措施，属于油田专网，数据传输安全性较高
组网能力	易于组大网，网络结构简单	点对点或点对多点组建局域网络	易于组大网，网络结构简单
终端类型	USB、CPE、手持终端	单 一	单 一
业务适应能力	数据、视频、语音	数据、实时视频	数 据
调频通信	支 持	不支持	不支持
同 步	支 持	不支持	支 持
实时性	高	低	低
标准体系	国际标准、国家标准	行业标准	行业标准

5.4 西南油气田传输技术

西南油气田建成了以物联网为基础的"云网端"基础设施系统，场站数字化覆盖 92% 的生产现场，全面实现生产自动化、流程可视化，支撑生产组织方式优化。下面简要介绍川渝油气田信息高速公路建设和"云网端"基础设施建设情况。

1）川渝油气田信息高速公路建设

建成川渝两地骨干光缆 2 793.32 km，支线光缆 5 246.36 km，光通信线路总长 8 039.68 km，以 10～155 MB 不等的运营商租用线路为备用信道；覆盖西南油气田所有二级单位，52 个作业区（分厂），以及龙王庙、长宁等重要气田,内环干线 10G 带宽,外环干线 2×2.5G 带宽,基本实现川渝地区光通信 2.5G 交叉环网,成为西南油气田生产办公业务的主要传输方式。

采用多种先进组网技术组合构架,构建内外双环多路由交叉环网,实现主要节点能抗击 3 次断纤风险的自愈保护,保障生产办公业务信息化不中断,建成覆盖川渝油气田的信息高速公路,实现西南油气田至主要二级单位主干网络千兆接入、至三级单位百兆接入,实现一线生产单元数据传输全覆盖。光缆故障智能定位和无人机光缆巡检技术可以通过在线监测和 GIS 点位算法确定故障点,定位误差精度控制在 100 m 范围内,同时可实现无人机长距自动控制巡航和视频拍摄回溯定位,提高光缆巡检效率。构建天地互备应急融合通信技术,利用卫星通信、软交换、单兵、无人机等多种传输技术,打通应急通信"最后一公里"。在公司重大安全应急演练、连彭线鸭子河穿越段管道应急抢险中通信保障得力,车载应急通信系统运维标准化考核连续四年获评集团公司"优秀"。

2)"云网端"基础设施建设

构建共享集成的软硬件环境。建成应用系统云服务平台,实现公司级计算资源、数据存储和应用系统集中部署与管控,为西南油气田公司及西南区域 12 家企事业单位、18 家分支机构提供安全稳定的网络接入和绿色环保的 IT 基础环境和数据应用服务。推动油气田基础设施和应用的有序上云,云化管理 58 套重要系统,促进 IT 管理方式由"粗放式"到"精细化"管理的转变。打造信息高速公路。建成覆盖川渝油气田信息高速公路,光缆总里程达 8 000 km 以上,实现了西南油气田至主要二级单位主干网络千兆接入、至三级单位百兆接入,以及一线生产单元数据传输全覆盖。

公司自动化生产水平大幅提升。截至 2019 年 7 月,数字化场站覆盖 92% 的生产现场,实现 1 379 口生产井、1 189 座场站各类生产及物联数据的自动采集、远程传输,生产、物联数据 100% 集中存储。公司、二级、三级单位接入 2 400 路视频点位,实现重要井站关键阀门的自动连锁与远程控制、站场视频采集与闯入报警等功能。

通过物联网和作业区数字化管理平台建设,形成"电子巡检＋定期巡检＋周期维护"的运行新模式和"单井无人值守＋中心站集中控制＋远程支持协作"的管理新模式,推动形成"小机关＋大井站"的基层生产组织新架构。全面推广中心井站管理模式,建成中心站141座,单井无人值守站 1 085 座,由"口口井有人值守"向"中心井站＋单井无人值守"转变,基本形成作业区"单井无人值守＋中心井站集中控制＋远程支持协作"的管理新模式及"电子巡井＋定期巡检＋周期维护＋检维修作业"的运行新模式,无人值守率 78%,减少一线员工 1 500 余人,年节约生产运行成本约 2.5 亿元,有效降低劳动强度和生产成本。

第6章　油气田物联网智能处理

物联网的 3 个层次是全面感知、可靠传输和智能处理。物联网中的个体通过感应器来感知信息,然后通过中间传输网来传送信息,最后在数据处理中心进行智能处理和控制。随着物联网技术的广泛应用,将面对大量异构的、混杂的、不完整的物联网数据。在物联网的万千终端收集到这些数据后,如何对它们进行处理、分析和使用就成为物联网应用的关键。

6.1　智能处理的前提条件

6.1.1　全面感知

传感器的特点包括微型化、数字化、智能化、多功能化、系统化、网络化。传感器是实现自动检测和自动控制的首要环节。传感器的存在和发展,让物体有了触觉、味觉和嗅觉等感官,让物体慢慢变得“活”了起来。传感器通常根据其基本感知功能分为热敏元件、光敏元件、气敏元件、力敏元件、磁敏元件、湿敏元件、声敏元件、放射线敏感元件、色敏元件和味敏元件等十大类。

除传统的传感器外,还需要了解特定传感器平台,它侧重于节点的超低功耗和体积微型化设计,但同时也决定了其处理能力和传输能力非常有限。美国加州大学伯克利分校的 Spec 节点是在 2.5 mm×2.5 mm 的硅片上集成了处理器、RAM、通信接口和传感器的一种节点,它依靠一个附带的微型电池供电,可以连续工作几年。另外,美国加州大学伯克利分校研发的 Smart Dust 也是一种超微型的节点,其体积的设计目标是 1 mm³ 左右。为减少体积和功耗,Smart Dust 放弃了传统的射频通信方式,而采用光通信方式。由于采用光通信的主动和被动两种工作模式,其功耗可以进一步降低。

有传感器后,全面感知就是通过系统中的各种感知设备准确获取数据。

6.1.2　可靠传输

为实现可靠传输,在传统网络模式下选择 TCP/IP 协议即可。在物联网领域进行可靠传输时,要选择不同的物联网相关协议。以智能家居为例,智能家居中智能灯光控制可以使用 XMPP 协议控制灯的开关;在智能家居的电力供给方面,发电厂发动机组的监控可以使用 DDS 协议;当电力输送到千家万户时,电力线的巡查和维护可以使用 MQTT 协议。

DDS (data distribution service for real-time systems)协议(高可靠性、实时)即面向实时系统的数据分布服务协议。它是 OMG 组织提出的协议,其权威性可证明该协议的未来应用前景。它适用于分布式高可靠性、实时传输设备数据通信。目前 DDS 协议已广泛应用于国防、民航、工业控制等领域。

XMPP (extensible messaging and presence protocol)协议(即时通信)即可扩展通讯和表示协议。XMPP 的前身是 Jabber,是由一个开源形式的组织产生的网络即时通信协议。XMPP 目前已被国际标准组织 IETF 完成标准化工作。它适用于即时通信的应用程序,还能用于网络管理、内容供稿、协同工具、档案共享、游戏、远端系统监控等。

MQTT (message queuing telemetry transport)协议(低带宽)即消息队列遥测传输协议。它是由 IBM 开发的即时通讯协议,是比较适合物联网场景的通讯协议。MQTT 协议采用发布 / 订阅模式,所有的物联网终端都通过 TCP 连接到云端,云端通过主题的方式管理各设备关注的通讯内容,负责设备与设备之间消息的转发。MQTT 协议在设计时就考虑到不同设备计算性能的差异,所有协议都采用二进制格式编解码,且编解码格式非常易于开发和实现。最小的数据包只有 2 字节,对低功耗、低速网络也有很好的适应性。MQTT 协议有非常完善的 QOS 机制,根据业务场景可以选择最多一次、至少一次、刚好一次 3 种消息送达模式。它运行在 TCP 协议之上,同时支持 TLS (TCP + SSL)协议,并且由于所有数据通信都经过云端,安全性具有较好的保障。它适用于在低带宽、不可靠的网络中提供基于云平台的远程设备的数据传输和监控。

6.1.3 数据存储

在当今的大数据时代,面对海量数据,要考虑数据如何存得进去和取得出来。图灵奖获得者 Jim Gray 指出,随着计算机处理能力的提高、网络技术的不断进步和存储容量的飞速发展,数据处理、存储、传输越来越廉价,数据和数据组织才是真正最有价值的内容。

数据的存储和处理经历了由集中式向分布式发展的历程。

1)集中式数据存储

集中式数据存储、处理的主要特点是将所有数据保存在一个地方,各远程终端通过电缆与中央计算机(主机)相连,保证每个终端使用的都是同一信息。

银行的 ATM 机采用的就是集中式计算机网络,所有事务都在银行网络系统的主机上进行处理,终端只提供简单的信息输入、查询处理。这种集中式处理结构总体费用比较低,主机因拥有大量存储空间和强大的计算能力而价格昂贵,但众多的终端因功能简单,价格非常便宜。

集中式处理的不利方面来自所有终端的计算需求都是由中央主机完成的,使得系统的性能瓶颈存在于中央主机,当用户数量较大时网络处理速度可能有些慢。另外,当用户有不同的服务需求时,在集中式计算机网络上满足这些需求可能十分困难。

2)分布式数据存储

个人计算机的性能不断提高及其使用的普及使得处理能力分布到网络上的所有计算机成为可能。分布式计算就是利用互联网上计算机 CPU 的闲置处理能力来合力解决大型计算问题的一种计算科学。例如,通过 Internet 上闲置主机的计算能力来寻找最大的梅森素数、寻求最安全的密码系统和寻找对抗癌症的有效药物等。这些复杂的项目都需要惊人的计算量,仅由单个计算机或个人在一个能让人接受的时间内计算完成是不可能的。

分布式数据存储与处理技术是将数据分散存储在多个终端节点上,

采用可扩展的系统结构,利用多台存储服务器分担存储和处理数据的负荷,利用位置服务器定位存储信息。这种存储方式不但解决了传统集中式存储系统中单存储服务器的性能瓶颈问题,而且提高了系统的可靠性、可用性和扩展性。

各大型网站也都存储着海量数据,这些海量数据如何有效存储是每个大型网站架构师必须解决的问题。分布式存储就是为解决这个问题而发展起来的技术。

分布式数据存储子系统架构如图 6-1 所示。

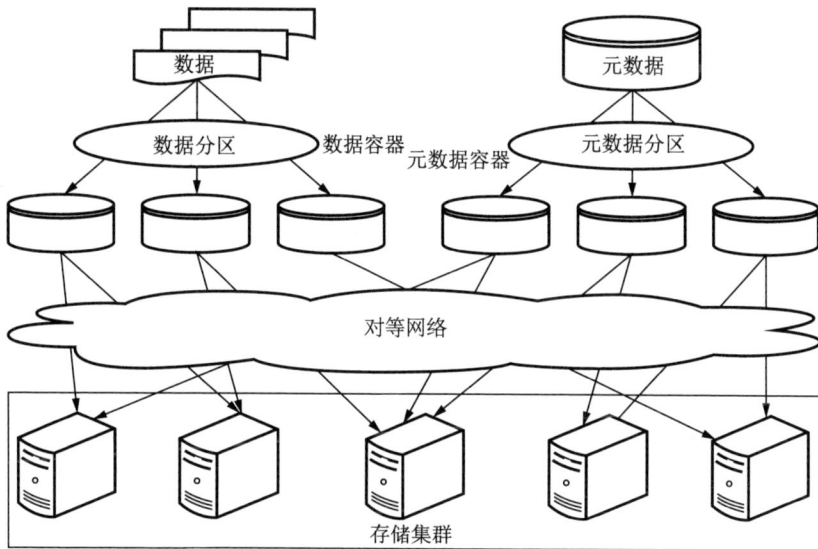

图 6-1 分布式数据存储子系统架构

6.2 智能处理的形式

6.2.1 实时控制

智能气田的建设需求是:智能气田在前端实现自动采集与控制,完善工艺连锁控制与安防系统,满足无人值守条件监控要求[8]。

截至 2019 年 7 月,西南油气田数字化场站已覆盖 85% 的生产现场,实现 1 379 口生产井、1 189 座场站各类生产及物联数据的自动采集、远程传输,生产、物联数据 100% 集中存储。公司、二级和三级单位接入

2 400路视频点位,实现重要井站关键阀门的自动连锁与远程控制、站场视频采集与闯入报警等功能。通过物联网和作业区数字化管理平台建设,形成"电子巡检＋定期巡检＋周期维护"的运行新模式和"单井无人值守＋中心站集中控制＋远程支持协作"的管理新模式,推动形成"小机关＋大井站"的基层生产组织新架构。

作为智能处理形式之一的实时控制,与其他应用相比,其对反应时间和可靠性的要求更高。根据传感器获取的一系列数据,系统必须准确判定是否要立即进行一些控制操作。为此,在油田系统中必须从设计上和实施上严格把关。

导致波音737MAX客机坠毁和停飞的,并不只是仰角传感器故障,而是一系列问题。每架飞机的发动机和机身都是匹配的,新型LEAP-1B发动机确实省油,但直径也大了一圈,而737飞机的整个壳子却没有改。引擎大了,装在原来的地方就有问题了,波音公司只能选择将发动机的位置往前挪。发动机的位置靠前后,抬头力矩变得很大,使得飞机在飞行时头部容易"翘起来"。波音公司为了处理飞机抬头的问题,专门设计了一套称为MCAS的软件,强行将机头往下摁。在这种情况下,如果从传感器获取到的数据有问题,就可能导致飞机不受飞行员操控,或者说飞行员和软件之间不断争夺控制权,从而很可能导致机毁人亡。从这个例子可以看出,对油气田物联网涉及实时控制的情况一定要非常谨慎。

6.2.2 数据挖掘

随着数据库技术的飞速发展以及人们获取数据手段的多样化,人类所拥有的数据量急剧增加,人们面临如何有效存储这些数据的问题。同时,面对物联网中的海量数据,如何提取有用信息也已引起广泛关注。针对这些问题,数据仓库和数据挖掘技术应运而生。

为满足决策支持和联机分析应用的需求,20世纪90年代初数据仓库(data warehouse)的概念被提出,它是现今流行的一种数据存储库的系统结构。数据仓库指面向主题的(subject-oriented)、集成的(integrated)、时变的(time-variant)和非易失的(nonvolatile)数据集合,用以支持管理中的决策制定过程。

数据挖掘(data mining)的概念于 1995 年在美国计算机年会上被真正提出。它是指从大量数据中提取或"挖掘"知识,通俗地讲,就是从大量数据中挖掘那些令人感兴趣的、有用的、隐含的、先前未知的和可能有用的模式和知识的过程。

数据挖掘技术从一开始就是面向应用的。目前数据挖掘的应用范围极其广泛,涉及银行、电信、保险、交通、零售等商业领域,能够解决市场分析、客户流失分析和客户信用评分等许多典型商业问题。

数据挖掘的过程如下:

(1)了解相关的知识和应用的目标。

(2)创建目标数据集,也就是选择数据。

(3)数据清理和预处理,此过程的工作量一般占整个数据挖掘过程的 60%。

(4)数据缩减与变换,即找到有用的特征,进行维数增减、变量增减、不变量表示等。

(5)选择数据挖掘的功能,如数据特征描述、分类模型数据挖掘、回归分析、关联规则挖掘、聚类分析等。

(6)选择具体的数据挖掘算法。

(7)进行数据挖掘,寻找感兴趣的、有用的模式。

(8)进行模式评估和知识表示,包括可视化、转换和消除冗余等。

(9)运用发现的知识。

常见数据挖掘功能主要是关联规则、分类和预测、聚类分析、离群点分析。

西南油气田由数字气田向智能气田转变,就是要能预测气田的运行趋势:在对历史海量数据进行分析的基础上,通过数据挖掘、业务模型分析,根据生产系统各环节的运行趋势来实现对异常问题进行预测预警、分级报警、提前响应、及时处置。

6.2.3　数据可视化

作业区数字化管理平台对可视化提出了要求:完成数据关联集成与可视化应用,提升数字化管理效能,主要同步物联网完善建设实现"人、财、物、事"相联相息,着力数据信息解析与专业场景定制应用。完成基于 GIS 的二次组态,实现生产数据、业务数据与环境信息集成化、可视化。

西南油气田油气井管道站库生产运行安全环保预警可视化系统(图 6-2)应用机器学习技术对生产实时数据进行深度挖掘利用,开发完成 10 个一级功能模块、40 个二级功能模块,实现管道综合风险提醒、井场异常工况趋势分析预警、输气管道内腐蚀预测、变更风险提醒等九大应用场景,并通过大数据可视化技术对预警信息进行综合展示和应用,将安全管理前移至生产操作层面。

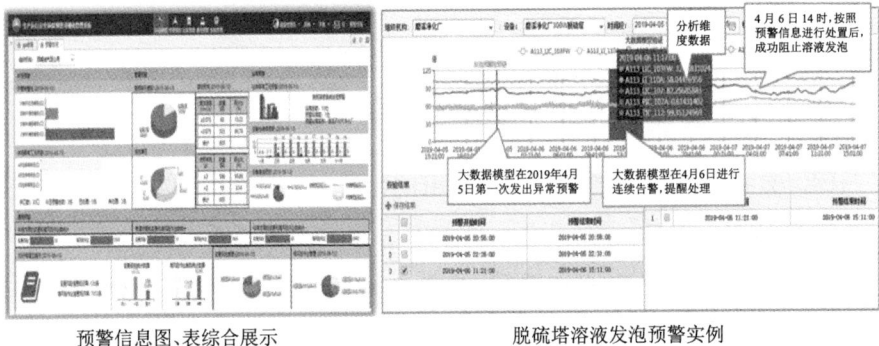

预警信息图、表综合展示   脱硫塔溶液发泡预警实例

图 6-2　预警可视化

数据可视化是关于数据视觉表现形式的科学技术研究。其中,数据视觉表现形式被定义为一种以某种概要形式抽提出来的信息,包括相应信息单位的各种属性和变量。

数据可视化主要是借助图形化手段,清晰有效地传达与沟通信息。但是,这并不意味着数据可视化就一定因为要实现其功能用途而令人感到枯燥乏味,或为了看上去绚丽多彩而显得极端复杂。为了有效地传达思想观念,美学形式与功能需要齐头并进,通过直观地传达关键的方面与特征,从而实现对于相当稀疏而又复杂的数据集的深入洞察。然而,设计人员往往并不能很好地把握设计与功能之间的平衡,往往创造出华而不实的数据可视化形式,从而无法达到其主要目的,也就是传达与沟通信息。

数据可视化已经提出了许多方法。根据其可视化原理的不同,这些方法可划分为基于几何的技术、面向像素的技术、基于图标的技术、基于层次的技术、基于图像的技术和分布式技术等。

6.2.4 辅助决策

西南油气田已建立勘探开发辅助决策平台、经营管理辅助决策平台。智能气田建设在后端的需求是实现技术支撑、智能分析与辅助决策。已经实现的能够优化决策的气田能够以实时数据驱动专业模型形成的智能分析、预测结论为依据,通过实时推送的可视化协同工作环境,结合行业专家经验的辅助决策系统,实现智能技术与人的经验智慧结合,全面提升优化决策能力。

决策支持系统(decision support system, DSS)是基于计算机用于支持业务或组织决策活动的信息系统。DSS 服务于组织管理、运营和规划管理层(通常是中级和高级管理层),并帮助人们对可能快速变化且不容易预测结果的问题做出决策。决策支持系统可以全计算机化、人力驱动或二者结合。

6.3 智能处理的应用

西南油气田面向油气生产全过程,基于 SOA 技术架构,利用物联网技术、自动化技术、数据集成技术建立起油气生产全过程多单元远程监控、多业务协同、井筒完整性评价与预警等功能的一体化管控系统,实现"单井无人值守、中心井站集中控制、远程协作支持"生产管理新模式,实现从单井生产 – 处理净化 – 管道输送 – 终端销售的全业务链实时生产动态的分级和实时管控,从而提升油气生产全过程安全管控水平,提高生产效率,降低运营成本,形成以"生产自动化、管理协同化"为核心的油气生产过程一体化智能管控能力。

借助物联网完善建设工程项目,实现生产现场实时数据的完整采集和推送,实现对管辖范围内全部单井、场站、管道的分级、实时监控、预警和连锁控制。经过大力建设,截至 2017 年底,川中磨溪开发项目部生产场站数字化系统覆盖率已达 100%,数字化场站远程连锁可控率达 90%。

通过生产数据管理平台完成生产现场实时数据汇聚、集中管理、派生计算并发布至办公网。截至 2017 年底,生产实时数据点表映射符合率及生产实时数据入库率达 100%。

井筒完整性管理等后端系统通过对所集成数据的开发利用，实现生产智能预警、井筒完整性评估等功能，打造油气生产过程一体化智能管控能力，强化油气生产现场深度感知与智能预测。截至 2017 年底，生产井异常关井井次、井筒完整性管理综合效率值均创新低。

除已经建成的应用外，未来还将使用如 5G、工业互联网、智能机器人等应用。

6.3.1 "物云移大智"的融合

一说到"物云移大智"，很多人都以为那还是很学术的符号。事实上，"物云移大智"就发生在你我身边，与工作生活息息相关。"物云移大智"是物联网、云计算、移动互联网、大数据、智慧化的简称。这些热词经常出现在国家领导人的讲话中，足见其对国家战略的重要意义。"物云移大智"掀起了新一轮信息技术革命。正在推进的"互联网＋"行动计划就是这场变革的风口。"物云移大智"不是高不可攀的，它源于现实创新，是信息化进程中出现的一个新拐点。

新生事物总是伴随着各种不同的解读，但还是可以找到与规律最接近的那一种。"物云移大智"不是互为割裂的专项技术，而是相互关联、彼此融合的集成系统。对其的正确理解和准确把握，可以避免闯入认识误区，有效提升信息化的效率。

1）物联网：将信息化进行到底

通俗来说，物联网就是物物相连的网络，是通过射频识别、各类传感、全球定位、激光扫描等技术，按约定的协议将物品连接起来，进行信息交换和通信，以实现智能化识别、定位、跟踪、监控和管理的一种网络。马克思关于事物是普遍联系的观点正是物联网存在与发展的哲学基础。物联网是互联网的延伸或相对独立的网络形态，极致的物联网可以实现人与人、人与物、物与物的万物互联。这种联系与互联网单纯通过介质（手机、电脑）进行交流不同。互联网连接的人越多，价值就越大，越容易聚成一张完全共享的网络。而物联网的各种应用和业务充满隐私和秘密，以及复杂的利益和竞争关系，需要个性化、私有化。但统一标准是必须的，只有标准化才能实现互通共享,焕发物联网的智慧潜质。在物联网引发的第三次信息浪潮中,智能终端将以几何级数增长,所有的一切都将智能化或类人化。物联网开启了人类与周围事物对话的空间,未来将呈现一个不同于现在的奇幻而美妙的世界。如人们可以在身体里植入一个感知芯片,随时随地监视身体状况,并与医疗机构(医生或设备)无缝对接,再也不用为察觉不到的健康问题而担忧。

发展物联网要处理好技术、产业与应用的关系,三者是并肩协同的而不是孤立发展的。即技术为产业提供引擎,产业为应用提供支撑;反过来,应用要为产业提供市场,产业要为技术提供需求。现在看来,技术与产业、产业与应用有些脱节,需要通过物联网试点示范来扩大应用空间,逐步实现三者协同并进。物联网相对于传统行业(工业、农业、交通等)有明显的技术势差,有时即便很"土"但也很管用。例如农业物联网,只要建立一个实时监测湿度、温度以及土壤元素的信息系统加以操控,即可大幅提升农业生产效率。物联网与传统产业的融合都可以萌发智慧产业,这种意义远大于发展物联网产业本身。因此,深化物联网应用是焕发物联网价值、壮大物联网产业、提升物联网技术的捷径,也是实现信息化全面覆盖的必由之路。物联网是接地气的方式,正在推进的"互联网+"从根本上说就是"物联网+"。

2)云计算:分享服务的平台

云计算实际上是虚拟化的服务平台,即基于互联网的可交互、有弹性、能扩展的服务模式。只要是互联网化的服务,都可以放到上面,就像淘宝那样简洁明了,加上分享和租用式的服务,成本低廉,人人可用。云服务就像一个具有良好制度设计的社群,在这个平台上人们可以尽其所能、各取所需、按劳取酬,这样的组织形式将最具生命力。"云"不在乎大小、高低、远近,能带来"及时雨"的便是好"云"。云服务的最核心之处是促使服务达成简单而有效的协议。即使是令人头疼的安全问题,包括隐私泄露、信息丢失、病毒入侵等,都可以采用合同的办法解决。

云计算重构了服务模式,分享和集约的理念使信息化变得低成本、易操作。企业以往进行信息化,不仅要买硬件设施和软件系统,还要建一支强劲的技术团队,但当系统与需求相左时,投入就成了无底洞,由此使得信息化说易行难，大部分企业的信息化都不理想。现在这种情形将一去不复还，因为云计算按需租用的模式大大降低了成本，或许现在投入只有当时的 1% 就能达到满意效果，而且企业可以用这种模式扩展经营，如与别人分享资源、跨界联合等。

云计算的发展要避免走极端，不能认为其无所不能、无所不包。大集中、大一统在理论上或许可行，但现实中大集中容易导致管理低化、边际安全、能量分配等问题，一旦系统崩溃，后果不堪设想。云计算不用设定太多局限，可大可小、阶梯布局、相对集中、泛在计算或许是好方法。例如，鼓励个人云、家庭云、企业云、行业云、区域云的梯度发展，鼓励按需逐步建成大型、中型、小型数据中心，鼓励老旧数据中心升级换代等。云计算的落脚点不是计算，而是云化服务。有了服务才有活力，才有互动，才有创新。应想方设法拉近云平台与用户的关系，需求与服务是云平台的能量之源。

3）移动互联网：构建多彩空间

移动互联网即移动通信＋互联网，当然这个结合已不是加法而是乘法，不是组合而是融合，不是物理作用而是化学反应。这种结合产生的能量不可估测。移动通信经历了模拟（1G）到数字（2G，3G，4G，5G）的演进，将来还会继续演进。互联网从单机到局域网再到互联网。两种业态在演进之路上的巧遇可谓珠联璧合，因为移动，互联网的节点数量呈几何级数增长，整个互联网从二维向多维向泛在延伸。同时，移动终端更加丰富多彩，智能手机、平板电脑、可穿戴产品风起云涌。宽带接入技术的提升促使网络服务爆发性增长。显然，已不能将移动互联网仅仅看成技术手段或工具，它其实是一个新平台、一个新时代、一片新天地。

移动互联网触发的革命是全方位的，它绝不仅仅是催生一个互联网产业或智慧产业，而是在改造社会生态。例如自媒体，移动互联网使每个人都成为消息发布者，传统媒体要留住读者就必须改革、必须开放、必须互动。

当前发展移动互联网最迫切的问题是升级基础设施。这个阶段客观上对网速、资费、互联互通尤为敏感。因此，一要加快实施"宽带中国"战略，加快高速宽带网络建设，推进网络提速降费；二要加快广电、电信、互联网三网融合,挖掘互联互通、共建共享的红利,鼓励以技术创新促融合,以合作共赢促融合;三要对基于移动互联网的新模式的新业态宽容,要用新思维解决新矛盾。

4)大数据:掘之不竭的宝藏

大数据是巨量数据的挖掘应用,是信息化的另一种显现。大数据的主要特点是数据体量大、类型多、处理快、价值密度低。密度低不等于价值低,关键看是否科学分类、准确分析以及合理利用。数据巨量喷发是必然趋势,有人估算,现在一年的数据是此前人类历史数据的总和,未来一年的数据可能不再是过去的总和而是倍数关系。大数据集可以回看过往,还可以预测未来。例如,气象预测在大数据下会变得简单易得。相比经验判断和抽样分析,全数据分析将精准而有效。"得大数据者得天下",数据代表了理性或规律,这是掌握主动权的利器。大数据跨领域、跨学科,不仅需要信息技术,还要数理统计、工程技术、系统理论以及应用领域的技术,大数据团队应是复合型的。

数据百花齐放的时代还未到来,但这一天并不遥远,信息技术的排山倒海之势会加速它的成长。面对大数据竞赛,一要重视,大数据可以使人少走弯路,使整个社会运行轻快明朗,但以大数据为思维基础的习惯还需培育,政府和企业要率先学会用大数据分析、说话和决策,逐渐形成人人重视大数据的氛围;二要应用,让大数据的魅力充分展现出来,如通过可视化的方式,从简单到复杂、从单一到全面、从局部到系统,不断积累人们的热情,从会看到会用到会做,将大数据变成自觉自发的方法论;三要开放,政府要带头开放数据,同时鼓励各类企业挖掘信息资产,开展数据交易,引导各类人才加入大数据研发队伍,鼓励高校科研院所培养大数据人才。

5)智慧化:信息化的至高境界

智慧化是信息化的最高形态,是基于信息技术的一种高级综合协同能力,涵盖信息的全面采集、精准分析、创新应用。如果说物联网倚重采集,云计算偏于存储,移动互联网侧重传输,那么智慧化从内部看,需要上述能力的高度集成,使主体具备超强的信息把控能力;从外部看,需要开放交融,充分吸收各方资源;从整体看,需要不断创新,使结果符合或超出预期。智慧化创新是大众创新,是生态创新。总的来说,智慧化即人格化,就是使主体像人脑那样睿智。全球脑、国家脑的提法即来源于此。智慧城市无外乎是构建"城市脑",城市聪明了,运作协同了,城市病(如交通拥堵)自然就好了。

智慧化的推进包含几个重点:一是顶层设计,既要有一个总体规划,包括阶段目标(版本化)、框架结构、实现路径,还要给出结合实际的操作办法。二是理念把握,弄清楚什么才是智慧的。如有人认为智慧城市就是做一个巨大的信息管理系统,使政务、交通、治安等城市要素能够实时掌握。然而这样的结果只是多了几个视频而已,归结于某个机构或某个人的控制,那并不是智慧。智慧实际上是高效的虚拟协同,这个协同需要相当范围的元素共同来完成,每一元素都一视同仁。智慧化的核心是互联互通、融合共享,这是协同的根本。三是从单元做起。基本单元是可以呈现的比较完整而独立的那一部分:条状的,如智慧物流、智慧交通;块状的,如智慧家庭、智慧企业;当然还有混合的。智慧的基本单元在互联互通下不断成长,主体智慧就诞生了。

6.3.2 基于 5G 的物联网应用

1)物联网与通信技术简介

物联网技术是将互联网技术与物品进行关联,从而可以实现对物品的定位、追踪、监控、识别和管理,可以达到全自动化的网络技术。可以想象,物联网技术的核心和基础是互联网技术,所以其通信过程的交换和信息的交换也依赖于互联网技术。很多人以为物联网技术是"互联网+",但实际上物联网技术不单是"互联网+",还是一种包括智能化、物体和物体相连的全新的网络结构。

物联网在应用过程中主要分为感知层、网络层和结构层三大结构层次。感知层指直接和设备或直接和物体相连接的层次。感知层是物联网最基础的层次,主要通过感知层来采集设备和物体表面的相关数据信息。网络层是传递数据信息的通道,也是充分应用互联网传输技术的重要部分。要保证数据传输的准确性、有效性,必须有一个结构完善的结构网络层。结构层对物联网来说是关键的层次,可以根据客户的不同需要进行不同的调整,从而实现物联网的各种不同功能。

现在在人们工作和生活的各方面都会应用到物联网技术,且绝大部分行业都需要物联网技术。现在物联网技术主要受限于 4G 网络技术的容量、速率、智能设备、延时等方面的不足,所以不能在各行业广泛应用。通常情况下物联网技术的智能化对网络的要求比较高,4G 网络通信技术由于种种原因存在的不足还不能完全满足物联网的要求,在一定程度上限制了物联网的应用与发展。随着 5G 通信时代的到来,其高速率、大容量和低时延的网络特点将进一步推动社会信息化、网络化与智能化快速发展。

物联网是信息产业与无线网络技术相结合的产物,主要通过在物体中植入芯片,利用无线网络来获取物体的信息变化,将处于不同位置的物体有序连接在一起,然后通过终端设备对这些物体进行控制。结合 5G 技术的优势,将物联网与其融合,借助 5G 产业链迅猛发展的势头,深化物联网应用领域,牢牢抓住行业竞争的主动权。

2)5G 发展现状及技术特点

2012 年起,欧盟、英国、美国、日本和韩国等陆续开展 5G 技术专题研究,全面开启 5G 发展大门。在 5G 商用准备方面,表现活跃的国家集中在亚太、北美和欧洲。全球移动通信系统(global system for mobile communication,GSM)在 2018 年 6 月"世界移动大会·上海"期间发布的《5G 连接——亚太》进行了定量预测:预计到 2025 年,亚太有 21 个国家实现 5G 商用,全球所有 5G 连接(不含蜂窝物联网连接)中 54% 将集中于亚太地区。韩国计划 2019 年 3 月全国范围推出 5G 商用服务;日本、欧盟均计划于 2020 年正式推出 5G 商用服务;美国 AT&T 在 2018 年推出毫米波 5G 固定无线接入商用服务。我国自 2013 年 2 月工业和信息化部、国家发展和改革委员会、科学技术部成立 IMT-2020(5G)推进组以来,颁布了一系列相关的政策和规划路线,旨在大力推进 5G 关键技术研究,同时还制定了相关统一标准,促进 5G 产业链全面发展。目前国内在 5G 网络架构、基站系统和终端设备方面都有较为成熟的设备厂商,相关高校也在为 5G 技术的发展添砖加瓦,组建专业团队积极开展研究,这些都为 2020 年计划的 5G 大规模商用奠定了坚实基础。

5G 需满足增强型移动宽带(eMBB)、超高可靠低时延通信(uRLLC)和海量机器通信(mMTC)3 个场景的应用,因此在速率、流量密度、连接数、时延和可靠性方面均有较大的突破。5G 技术的创新主要源于无线接入技术和网络架构技术两方面。

5G 无线接入关键技术包括:

(1)大规模天线阵列。增加天线端口数,提升相频下的用户数,支持更多用户在同一时间内进行传输。3D-MIMO 技术可同时实现水平和垂直方向上的 MIMO(multiple-input multiple-output,多输入多输出系统)。

(2)超密级组网。通过增加单位面积内小基站密度形成超密集组网,满足大容量场景的网络需求,实现易部署、易维护、用户体验轻快的轻型网络。

(3)全频谱接入。增加 6 GHz 以上的高频段,形成高低频混合组网。将 6 GHz 以下低频段用于无缝覆盖,而 6 GHz 以上高频段用于热点区域速率提升。

(4)新型多址。新型多址技术可将下行吞吐量提升 86%,用户连接数提升 3 倍。目前主要有华为提出的基于多维调制和稀疏码扩频的稀疏码分多址技术、中兴提出的基于复数多元码及增强叠加编码的多用户共享接入技术和大唐提出的基于非正交特征图样的图样分割多址技术。

(5)新型多载波。新型多载波可灵活配置子载波长度,提高频谱效率。目前主要有华为提出的灵活自适应的空口波形技术、中兴提出的适合 5G 的新型多载波技术和上海贝尔提出的 5G 新型多载波技术。

(6)终端直连。终端间直接通信,减轻基站负担,减小通信时延。

5G 网络架构关键技术包括:

(1)网络切片。虚拟专用网络(virtualprivatenetwork,VPN)是网络切片的基本版本。软件定义网络(software defined network,SDN)通过对流量的顶层设计,实现 5G 复杂场景下的网络侧的整体接入性能,基于网络功能虚拟化(network function virtualization,NFV)按需编排网络资源,满足端到端的业务体验和高效的网络运营需求。

（2）边缘计算。通过本地计算及存储来快速响应和传输信息，降低业务时延，实现业务本地化，减轻远程传输压力。

（3）网络能力开放。开放调用菜单，方便第三方运营及发展大数据。

3）物联网发展现状及技术特点

全球物联网相关技术、标准、应用、服务还处于起步阶段，物联网核心技术正深入发展，标准体系加快构建，产业体系处于持续建立和完善过程中。世界各国纷纷出台政策进行战略布局，抢抓新一轮信息产业的发展先机。美国以物联网应用为核心的"智慧地球"计划、欧盟的十四点行动计划、日本的"U-Japan"计划、韩国的"IT839"战略和"U-Korea"战略、新加坡的"下一代 I-Hub"计划等都将物联网作为当前发展的重要战略目标。近年来，我国在国家政策的大力扶持和业内企业的不断努力下，物联网产业保持良好的发展势头，关键技术突破取得重大进展，标准体系构建不断完善，产业链全面发展，市场化应用稳步推进。

未来 10 年，全球物联网将实现大规模普及，年均复合增速将保持在 20％左右，到 2023 年全球物联网市场规模预计达到 2.8 万亿美元左右。《2018—2023 年中国物联网行业细分市场需求与投资机会分析报告》初步估算，2017 年全球物联网设备数量达到 84 亿台，比 2016 年的 64 亿台增长 31％，2020 年物联网设备数量将达到 204 亿台。

按照物联网对信息的感知、数据的传输、处理过程，可将其划分为感知层、网络层和应用层。三层结构相互合作、协同完成真正意义的"万物相联"。

物联网分层结构如下：

（1）感知层。作为物联网的基础，感知层由各种传感器和终端构成，主要实现信息的采集、捕获和识别。目前感知层的技术主要包括射频识别技术、微机电系统技术、全球定位系统技术、自组织网络技术、短距离通信技术等。

（2）网络层。物联网的信息传输和处理层包括通信与互联网的融合网络、网络管理中心、信息中心和智能处理中心等。信息由感知层获取后，网络层解决其在整个网络中的长距离传输问题。网络层的关键技术有长距离有线和无线通信技术、网络技术等。

（3）应用层。应用层用于支撑平台和应用服务，将物联网的优势与行业的生产经营、信息化管理、组织调度结合起来，形成各类物联网解决方案，构建智能化的行业应用。物联网在各行各业的应用不断深化，关键技术研究也日益成熟，其核心关键技术主要包括射频识别技术、传感器技术、网络通信技术、人工智能技术和云计算技术。

（4）射频识别技术。射频识别技术以射频信号为基础，自动识别目标对象并获取相应数据。识别过程不用人工干涉，能识别高速运动物体，能同时识别多个标签，操作方便快捷，在各种恶劣工作环境都能适用。射频识别技术涵盖无线通信技术、天线技术、信息安全技术、芯片技术等多种技术。

（5）传感器技术。利用光电、热电及电容电阻等相关原理，感知速度、加速度、压力、温度湿度等。随着材料科学的发展，各种多功能新材料应用于传感器制造，使该技术正朝着多功能化、智能化、耗能少、成本低及环境友好等方向发展。

（6）网络通信技术。网络通信技术给物联网数据传输提供途径，主要分为近距离通信技术与广域网络通信技术。就近距离通信技术而言，目前的主流技术以 IEEE 802.15.4 为代表；就广域网络通信技术而言，具有代表性的是卫星通信技术、IP 互联网、移动 2G/3G/4G/5G 技术等。迅速发展的 5G 网络能够解决物联网爆发式增长的井喷问题。

（7）人工智能技术。人工智能技术是用计算机模拟人的某些思维过程和智能行为（如学习、推理、思考和规划等）的技术。物联网的人工智能技术主要是对物品"讲话"的内容进行分析，实现计算机自动处理。

（8）云计算技术。物联网中终端的计算和存储能力有限，云计算平台可以作为物联网的大脑，实现对海量数据的存储和计算。物联网感知层获取的信息可通过网络层传输至一个标准的平台，利用云计算技术对这些数据信息进行分析和处理，将数据转化成终端用户需要的信息。

4）5G 与物联网的融合优势

5G 技术带来了更快的数据传输速率，将成为未来网络需求的主要技术。它拓展了物联网网络层数据传输的平台，在一定程度上加快了物联网业务发展的步伐。基于 5G 技术的物联网具有快速性、便捷性和经济性等特点。

（1）快速性。基于 5G 的物联网能够克服以前网络层在数据量庞大时处理能力不足的缺陷。由于 5G 网络大规模 MIMO 技术的优越性，所形成的天线阵列能够在很大程度上满足大量设备在其中应用，在这一阵列下，从出发地到目的地一站直通服务链（departure to destination one-stop service, D2D）技术可以在近距离下直接连接，使数据传输速率大大加快。由于受网络速率的限制，物联网很难在现有社会得到更深入、更广泛的应用。当前运用的 4G 网络，其速率很难达到物联网的应用要求，对于大量的数据信息没有办法进行有效的传输和处理。在现有 4G 网络状态下，物联网感知得到的数据信息不能及时有效地传递至应用层，所以物联网的应用存在一定的缺陷，容易引起安全隐患。与 4G 通信技术相比，5G 通信技术具有明显的优点，主要体现在速率、容量等方面，可以满足物联网对数据传输的要求。5G 通信技术使物联网的发展成为现实与可能。随着社会智能化的不断发展，网络速率成为限制物联网发展的主要因素，现有的 Wi-Fi 和 4G 网络很难达到物联网的应用标准，因此 5G 通信技术的发展与推广对物联网的应用与发展具有十分重要的意义。现有物联网主要基于 Wi-Fi 或 ZigBee 连接至网络。当连接或传输数据量过大时，由于带宽容量、设备的数据处理能力等的限制，易造成网络堵塞、增加网络延时，因此感知层数据无法及时传输到应用层或管理员终端。例如，车联网应用中高速行驶的汽车需对摄像头、雷达等采集的数据进行快速处理和研判，而现有网络的高延时较难实时满足车辆安全、快速通行的需求。5G 采用大规模 MIMO 技术，形成类似于 Wi-Fi 的天线阵列，其大容量特性使每个智能设备可以直接与 5G 基站连接，甚至在近距离下使用 D2D 技术直连。当智能终端设备产生感知数据时，可直接通过 5G 网络将数据传输到用户的手机，通知用户进行信息研判及下一步操作。

（2）便捷性。5G 网络的部署与优化可以利用现有的布线规划，不需要大规模拆毁改造，实施过程相对便捷。5G 通信网络通过毫米波进行通信，能够减小通信设备的体积，促进通信设备向小型化、便捷化发展，使设备间的信息交换更加方便快捷。基于 5G 的物联网更利于新网络的搭建、维护、监测。智能终端设备与用户随身携带的 5G 手机的直连不需要进行新的布线规划,可减少对现有建筑环境的破坏。例如,采用此技术对老旧建筑的现代化智能改造可以避免综合布线对既有建筑物和装潢的损坏。

（3）经济性。物联网设备可以借助 5G 网络直接与 5G 手机连接,通过 5G 基站提高信息的实时交互能力。5G 技术可以省去很多路由器、交换机等网络设备,极大减少网络层设备的成本。5G 网络大容量、高速率和低时延的优势解决了网络堵塞、网络延迟的问题,使物联网感知层的数据信息能及时传输到应用层。此外,5G 网络在安全架构方面沿用了 4G 的架构,同时增加了非 3GPP 接入、切片和虚拟网元等安全实体,再加上无线空口安全、网络域安全等一系列完善的安全防护架构与机制的应用,为物联网应用提供了良好的安全保护。因为 5G 网络对当前网络布局改造较小,所以物联网通过 5G 技术实现能够避免对现有建筑造成破坏。并且 5G 通信网络支持的智能设备数量及种类相比 4G 大幅增加,奠定了物联网应用良好的基础环境。物联网设备与 5G 手机的直连使感知层数据直接通过 5G 基站传输,减少了网络层设备的使用,如常用的 ZigBee、路由器、交换机等都不再需要,可以节省设备的购买、安装、维护、升级等费用。5G 与物联网的融合发展将大幅提高 5G 网络的接入设备数量规模,也为物联网提供新的互联网接入方式。基于 5G 的物联网结构更优、速度更快、安全性更高、经济效应更好。5G 技术成熟并正式商业运行后,可结合物联网产品为新的物联网搭建解决方案。在城市建成区的智能化升级、老旧楼层的现代化改造、偏远农村地区的技术普及等场景中,5G 与物联网的整套融合解决方案将具有巨大的优势。

（4）5G 通信技术具有网络安全优势。物联网可以实现物体与物体的直接相连,换句话说,物联网可将人们生活的每个部分相连,所以网络的安全性显得非常重要。5G 网络技术有很多优点,如速率快、容量大、延时短等优点,但在一定程度上也有更加严峻的安全问题。如果 5G 通信技术的网络安全不能得到保证,那么物联网的应用就不能得到实现。现在 5G 通信技术有比较好的防护架构和比较好的安全机制,可以为 5G 网络提供足够的安全防护。在架构方面,5G 通信技术绝大部分直接沿用 4G 网络的安全架构,在一定程度上可以保证 5G 网络的安全性。5G 网络在沿用 4G 网络安全架构的同时,还增加了一系列的安全实体,如 3GPP 的接入、虚拟网络的安全等。

6.3.3　工业互联网

工业互联网是新一代信息通信技术与工业经济深度融合的全新工业生态、关键基础设施和新型应用模式,通过人、机、物的全面互联,实现全要素、全产业链、全价值链的全面连接,将推动形成全新的工业生产制造和服务体系。工业互联网模式如图 6-3 所示。

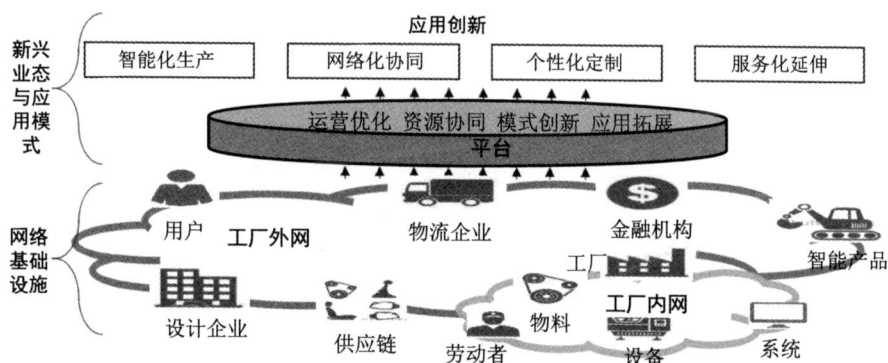

图 6-3　工业互联网模式

工业互联网联盟将工业互联网定义为满足工业智能化发展需求,具有低时延、高可靠、广覆盖特点的关键网络基础设施,是新一代信息通信技术与先进制造业深度融合所形成的新兴业态与应用模式。工业互联网作为新一代信息技术与制造业深度融合的产物,是数字化转型的实现途径,是实现新旧动能转换的关键力量。工业互联网为第四次工业革命提供了具体实现方式和推进抓手,通过人、机、物的全面互联,全要素、全产业链、全价值链的全面连接,对各类数据进行采集、传输、分析并形成智能反馈,正在推动形成全新的生产制造和服务体系,优化资源要素配置效率,充分发挥制造装备、工艺和材料的潜能,提高企业生产效率,创造差异化的产品并提供增值服务,加速推进第四次工业革命。

工业互联网是实体经济数字化转型的关键支撑。工业互联网通过与工业、能源、交通、农业等实体经济各领域的融合,为实体经济提供了网络连接和计算处理平台等新型通用基础设施支撑;促进了各类资源要素优化和产业链协同,帮助各实体行业创新研发模式、优化生产流程;推动传动工业制造体系和服务体系再造,带动共享经济、平台经济、大数据分析等以更快速度,在更大范围、更深层次拓展,加速实体经济数字化转型进程。

工业互联网业务视图包括产业层、商业层、应用层、能力层四个层次,如图 6-4 所示。其中,产业层主要定位于产业整体数字化转型的宏观视角,商业层、应用层和能力层则定位于企业数字化转型的微观视角。四个层次自上而下看,实质是在产业数字化转型大趋势下,企业如何把握发展机遇,实现自身业务的数字化发展并构建起关键数字化能力;自下而上来看,实际上反映了企业不断构建和强化的数字化能力将持续驱动其业务乃至整个企业的转型发展,并最终带来整个产业的数字化转型。

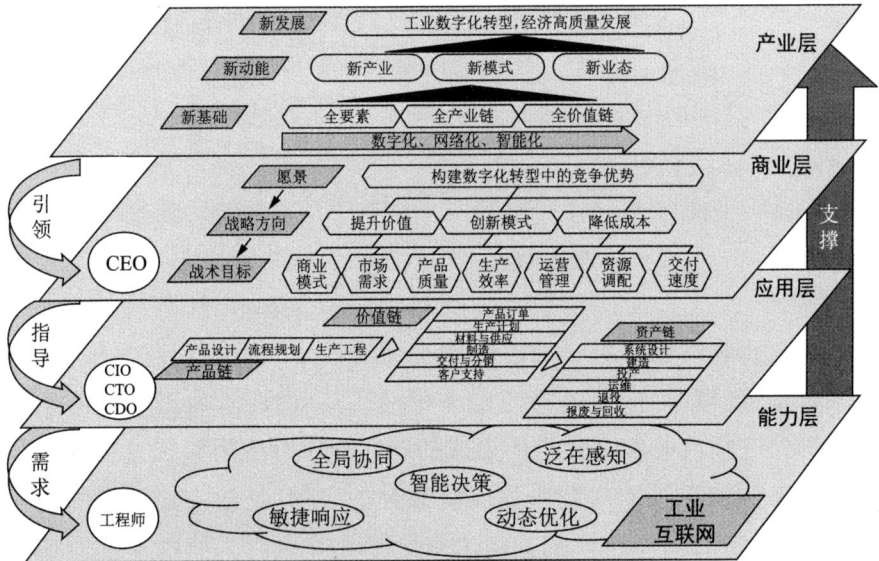

图 6-4 工业互联网业务视图

1)工业互联网产业层视图分析

产业层阐释了工业互联网在促进产业发展方面的主要目标、实现路径与支撑基础。从发展目标看,工业互联网通过将自身的创新活力深刻融入各行业、各领域,最终将有力推进工业数字化转型与经济高质量发展。为实现这一目标,构建全要素、全产业链、全价值链、全面连接的新基础是关键,也是工业数字化、网络化、智能化发展的核心。全面连接显著提升了数据采集、集成管理与建模分析的水平,使各类生产经营决策更加精准和智能,同时也使各类商业和生产活动的网络化组织成为可能,大幅提高资源配置效率。

新产业、新模式、新业态共同构成了产业高质量发展的新动能,同时也是工业互联网价值创造的关键路径。一批以数据为核心,提供数据采集、网络传输、数据管理、建模分析、应用开发与安全保障等相关产品和解决方案的企业快速成长兴起,形成一个工业数字技术的"新产业",并成为各行业数字化转型的关键支撑;各行业纷纷探索运用工业互联网提升现有业务,形成智能化生产、网络化协同、个性化定制、服务化延伸等一系列数字化转型的"新模式"。这之中既有数据智能对现有业务的优化提升,也有基于网络化组织带来的模式创新与重构,且伴随产业数字化转型的深入,将在诸如网络众包众创、制造能力交易、产融结合等领域涌现一批服务企业,形成数字化创新的"新业态"。

2)工业互联网数字化能力视图分析

工业互联网数字化能力视图如图 6-5 所示。数字化转型过程中需构建泛在感知、智能决策、敏捷响应、全局协同、动态优化的业务发展目标,从而构建的核心数字化能力。

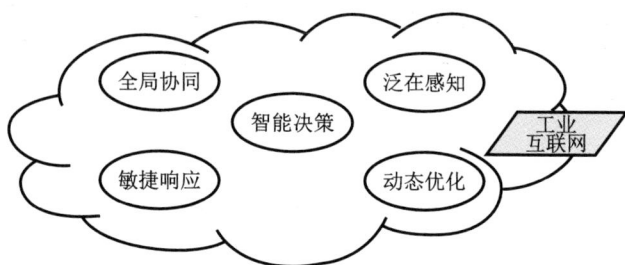

图 6-5　工业互联网数字化能力视图

通过广泛部署感知终端与数据采集设施,实现全要素、全产业链、全价值链状态信息的全面深度实时监测,打造企业泛在感知能力;基于泛在感知形成的海量工业数据,通过工业模型与数据科学的融合开展分析优化,并作用于设备、产线、企业等各领域,形成企业智能决策能力;基于信息数据的充分与高效集成,打通企业内、企业间以及企业与客户,提升企业对市场变化和需求的响应速度和交付速度,形成企业敏捷响应的能力;基于泛在感知、全面连接与深度集成,在企业内实现研发、生产、管理等不同业务的协同,探索企业运行效率最优,在企业外实现各类生产资源和社会资源的协同,探索产业配置效率最优,最终建立全局协同的能力;通过对物理系统的精准描述与虚实联动,建立数字孪生,在监控物理系统同时能够在线实时对物理系统的运行进行分析优化,使企业始终在最优状态运行,形成动态优化的能力。

3)工业互联网关键技术分析

工业互联网主要涉及工业大数据、数字化双胞胎、信息物理系统、人工智能四大关键技术。工业大数据技术架构如图 6-6 所示。

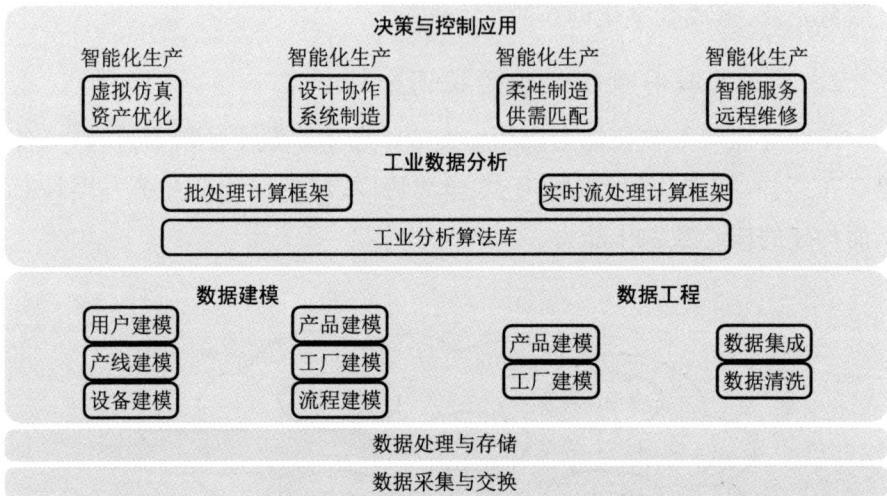

图 6-6　工业大数据技术架构

工业大数据基于工业云计算服务平台进行海量数据的存储、数据挖掘和可视化呈现。工业大数据推动互联网由以服务个人用户消费为主向服务生产性应用为主转变,由此导致产业模式、制造模式和商业模式的重塑。工业大数据与智能机床、机器人、3D 打印等技术结合,推动了柔性制造、智能制造和网络制造的发展。工业大数据与智能物流、电子商务的联动,进一步加速了工业企业销售模式的变革,如精准营销配送、精准广告推送等。

数字双胞胎具有模块化、自治性和连接性的特点。利用数字双胞胎模型，可以从测试、开发、工艺及运维等角度打破现实与虚拟之间的壁垒，实现产品全生命周期内生产、管理、连接的高度数字化及模块化。

信息物理系统本质上是在信息空间和物理空间之间构建的基于数据自动流动的状态感知、实时分析、科学决策、精准执行的闭环赋能体系。信息物理系统可以被定义为一个集计算系统、通信系统、感知系统和控制系统为一体的复杂系统，其目的是通过更广泛的互联互通，更透彻地认识物理世界、更有效地控制物理世界，使信息世界和物理世界紧密融合，实现对物理世界安全、可靠、高效、实时、协同的感知和控制。

人工智能通过 Spark，Hadoop 和 Storm 等大数据框架，广泛应用于海量数据的批处理和流处理。决策树、贝叶斯、支持向量机等各类机器学习算法，尤其是以深度学习、迁移学习、强化学习为代表的人工智能算法，正成为工业互联网平台解决各领域诊断、预测与优化问题的得力工具。

6.3.4　智能处理在油气领域的应用

传统的自动化和信息化是工业互联网的基础，同时工业互联网又是对传统自动化和信息化的升级拓展与变革创新。工业互联网将无数的机器连接起来，以提高生产效率和减少资源消耗。油田物联网技术及时准确地将油水井监控、地理信息等大数据集成展现在一个平台上。全球各大石油公司都积极将先进信息技术与传统产业深度融合，持续推动数字化、智能化发展，构建设备互联、动态感知的工业互联网平台，加快实现企业运营向以数字化主导的现代化运营新模式转变。石油行业作为典型的流程型制造行业，环节复杂、安全防护要求高、生产装置精密性强及管理难度大，在一系列油气加工移动过程中，涉及大量过程数据的实时采集与分析、生产现场设备与物料的监控、生产调度优化及能源合理供应等问题。物联网作为数字化体系架构的物理层，其快速发展意味着数字化体系架构的快速构建与完善，已成为物理世界通向数字世界的通道。

西南油气田油气生产物联网系统以站场自控系统为基础，结合物联网技术，利用传感器、RFID 标签、二维码及其他各种感知设备实时采集各种数据及动态对象,全面获取生产实体信息;利用以太网、无线网、移动网将各类数据信息进行实时的传输;实现对工艺生产仪表、设备数字化的控制和管理,提高每个生产操作单元的自动化程度,及时、准确、连续地掌握一线生产动态;实现生产重点现场自动连续监控,发生异常情况可快速反应、及时处理,提高应急响应能力;减少员工和车辆出行,降低高压、高温装置的巡检以及有毒有害环境下的操作风险;保证油气生产持续、稳定、高效运行,实现物联网数据智能应用。

6.3.5 基于物联网环境的智能机器人技术应用

1)基于物联网的机器人系统概述

目前国内外学者对于结合物联网技术的智能机器人并未清晰定义,但是其功能方向较为明确,即将智能机器人视为物联网环境中的个体参照,而物联网则可以视为环境平台。在环境平台提供外部数据信息后,才能在特定空间范围内由智能系统自主判断执行方案的可行性。将智能机器人的系统集成到物联网环境中,能够为智能机器人加载传感器系统,收集室内外的环境信息,包括该空间内的移动物体位移变量、形状变量、动作规律参量等,是智能机器人在自主决策环节中必不可少的信息对比要素。因此,智能机器人以服务为导向完成了诸多假定性的任务,而物联网提供了空间环境信息的对比数据,最终支持了系统自主决策的机制产生,为机器人智能化的发展提供了应用层面的辅助和支持,并完成诸如家居、医疗、巡检、救灾、配送等各类应用场景的智能化处理模式,形成自主作业和智能监控的便利条件。

人工智能行业作为高新技术产业,受到国家的大力支持。积极响应国家号召,通过借助物联网技术优化下一代智能机器人系统的功能性与核心技术,将促进多种自助服务的升级,为智能控制系统在众多领域的发展提供助力。在革新行业服务模式的过程中将发现,当服务行业引进人工智能机器人系统后,实际上创建了另一种全新的智能服务模式,将会支持服务行业变得更加智能化和简单化。同时,发展智能机器人系统还可以缓解人才紧缺状况。目前服务行业作为人才缺口主要领域,服务机器人的投放将会有效缓解服务行业人才紧缺的情况,能够促进各行各业的服务质量稳步提升。在加速推进产业智能化升级的过程中,基于物联网技术的机器人系统能够推动人工智能与各行业的创新性融合,在制造业、农业、物流产业、金融行业、商务领域、家居服务等重点行业中开启人工智能的试点示范,进而推动人工智能的规模化应用,全面提升产业发展的智能化水平。

2）物联网技术支持下的智能机器人系统框架结构

物联网技术在智能机器人中的应用是将智能化的逻辑思维注入其中,并通过物联网技术最终实现多种使用功能。最普遍的物联网技术层级可划分为应用层、网络层、系统层、功能层、感知层。

应用层主要由软件系统的功能导向为任务指派类型。应用层完成了主要的功能设定方向,如工业、家庭、医疗等不同方向的应用指标,决定了智能机器人的指令执行条件与方法。因此,在物联网技术的支持下,智能机器人系统的应用层并非单纯的软件系统功能定位,而是需要设置完整的执行条件与指令类型,进而完成诸多假定性的执行命令,为智能机器人自主决策执行条件提供相应的运行环境。

网络层是架构数据信息虚拟链接的系统层级。在网络层中,物联网技术的架构方案以蓝牙传输为主,在结合传感器技术与 RFID 标签技术后,完成指令信息的快速传输。物联网技术之所以能够完成信息传输,主要是借助传感器的信息导入,在系统内部分析指令需求后,借助 RFID 标签所得任务输出的具体方向,便能在网络层确定任务导向的最终结果。因此,网络层构建了智能机器人在物联网环境中的信息交互,且需要在传感器感应范围之列收集对比信息,最终完成指定任务。

系统层是智能机器人架构逻辑思维的系统层级。智能机器人自主完成各种任务类型取决于系统决策机制的完备度。当决策机制较为完整时,系统决策并不会出现逻辑次序的混乱,可以借助物联网信息的对比分析,明确具体任务类型的最佳推导方案。而在决策机制并不完整的情况下,逻辑次序极易出现混乱,系统层无法提供唯一解集或最优解集,这样相应的物联网技术优势也会有所限制。

功能层在物联网技术体系中属于信息交互的系统层级,需要以视频监控、自动充电、语音交互或视频信息的交互来完成预设功能的自主执行。在功能层自主完成新交互的过程中，物联网技术及虚拟空间的嵌入式技术或无线射频技术提供了信息交互的可能性。因此，交互信息在导入、分析、输出等多次流程中并未丧失对于外界信息的索取能力，保障智能机器人的基础功能始终存在。只要智能机器人未脱离物联网所假设的信息空间环境，其信息交互功能便始终存在，并能完成具体的指令需求。

感知层是智能机器人系统了解外部信息的必要环节，需要借助多种传感器类型完成对于音频、视频、温度、湿度等环境信息的考察。而这些信息也正是智能机器人独立完成任务指令的基础条件，需要依靠 RFID 自动识别外部环境信息，从而构建完整的信息获取渠道。因此，物联网技术能为智能机器人系统提供技术支持，也取决于感知层的设计效果，并最终完善智能机器人在空间信息获取时的便捷性。

3）物联网机器人技术的应用

物联网机器人应用安卓软件技术、网络通信技术、物联网技术等，结合现在比较提倡的环保能源理念进行设计构思，与传统机器人相比，在处理器选型、模块选样及通信协议等方面都有较大的更新。设计使用的处理器虽是最普通的，但可以完成大量的高要求操作，如可以进行全方位的拍摄，能在上位机上显示视频画面并根据实际情况进行控制，上位机可以对云台进行控制进而检验机器人运行的各项参数等。设计中，通信使用 TCP/IP 的协议，无线网可以直接控制机器人的动作，设置 IP 端口后就可以实现对机器人的控制，也可以在超远程控制。除此之外，上位机的软件中控制模式可以有多种选择，比较符合当下机器人发展的趋势并提供机器人发展的可行方案。物联网的智能机器人可在设定后具备一些特定的拓展功能，可使用信号灯来对运动方向进行预告指示，同时使用重力感应来控制机器人运行状态，在危急情况下可使用全球定位系统并发送警报信息，实现语音播放，甚至可通过其进行打电话和上网等。如要清晰显示机器人运动状态，可在机器人的上方设置数个表示方向的指示灯，将指示灯做成其方向的形状，向后时后方指示灯亮起，左右移动时左右指示灯亮起。要实现这一控制，可以对其控制模式进行更改，对命令代码进行预处理。

物联网机器人技术在设计过程中也有一些难点和重点。上位机的 PC 端操作机器人时对数据传输过程的速度有着非常高的要求,必要时可以使用表盘进行显示,同时数据传输的稳定性也至关重要,必须做到网络通信快速无间断的稳定传输,而这一点现在非常难以实现。手机端进行云台控制时难以对视频进行显示,而进一步的通过触摸屏幕来调整方位控制云台就更加困难。物联网机器人采集的视频输出格式是 M-JPEG,在规定的时间内传出一定张数的图片衔接成视屏画面,而如果设计过程中没有良好掌握 DirectShow 软件,可能会导致视频的处理过程十分困难。在这一过程中,关键技术包括下位机上位机的软件程序编写、通信协议的设定和机器人智能模式的建设等。

4)物联网技术在智能机器人系统中的多种应用途径

普适机器人系统是从普适计算的角度出发,将感知、智能、行为等功能导向分别设置在嵌入式机器人、软件机器人、移动机器人的系统架构中,并借助物联网技术完成室内环境信息的交互。其应用场合更加适应医院、商场、家庭等室内空间的物联网技术应用。目前在物联网技术的支持下,普适机器人的学术研究方向更侧重于运用感知设备提高智能化服务质量。

普适机器人能够完成物联网技术的合并运用,主要依靠设备输入输出、电机控制、语音与图像识别、任务执行管理以及软件包管理等多种技术的综合运用。其中的技术应用模式见表 6-2。

表 6-2　物联网技术在普适机器人系统运行方案中的功能导向分类

功　能	应用模式
设备输入输出	控制程序,用以生成信号来控制电机
电机控制	用于输入输出传感器和电机 API 信号
语音识别	将语音转化为文本的功能
图像识别	用于从图像提取面部和特殊信息的功能
任务执行管理	从传感器信息和识别结果出发,执行事先注册好的任务
软件包管理	解决中间件模块依赖性的功能

网络机器人系统借助物联网传感器网络,构建全局感知的机构扩展,

能够为智能机器人系统扩增相应的感知范围。在增强传感器网络的可操作性和移动性功能后，网络机器人系统更侧重于全网络环境中的定位、导航、环境感知、节点间移动、路径规划、目标跟踪、多机器人组合队形控制等，并逐步完成空洞填补、节点替换、数据收集、自主部署、故障恢复等重要功能。简言之，以往机器人系统在完成商品挑选时需要配合人工指令甄别可选择商品的具体类型，通常情况下以 SCADA 集中控制系统为核心，其自动控制效果并不完备。而借助物联网技术后，可以通过物联网技术来强化任务指令的自动化水平，从而具备端侧自行控制的运行效果。以 Google 公司设计的无人车智能机器人系统为例，其基础运行条件便借助了物联网技术，架构了车体在城市间运行条件的基础定位信息。借助控制驾驶原理，通过在车体四周安装的诸多传感器持续不断地收集车辆本身以及四周的各种精确数据，由车内的处理器进行分析和运算，再根据计算结果控制车辆行驶，并将所收集到的数据传送到中央数据库，提供给所有无人车智能机器人系统。这样在物联网技术的应用下，每台无人车能不断从云端更新数据库，学习各种突发状况，进而保持车行安全距离并快速反应转向动作。同时，也可实现借助网络协调的互助模式支持多台智能机器人系统的距离控制，完成无人驾驶技术的升级与实现。因此，物联网技术相当于补充了网络机器人的组织协同作业模式，并为不同终端提供基础数据信息，有助于加强多台智能终端的系统协调性与覆盖面。

智能空间机器人系统是从异构数据收集与融合进行研究的物联网技术应用方向，侧重于关注特定环境下信息交互的服务效果。诸如远程看护、娱乐、行为监控等方面的功能开发，其应用场景为结构化的室内环境。日本东京大学 Hashimoto 等是最早开发智能空间机器人系统的科学团队。利用物联网技术能够强化智能空间机器人的环境识别能力，针对事件需求完成特定任务类型的指定动作，如辅助老人行动或完成物品传递等功能。之后的相关研究主要倾向于智能空间机器人的物理识别精准度。相关研究提出了解决机器人调用网络化资源的关键技术，包括 Jini, UPNP 和 Web 服务等。由于物联网技术对网络信号强度的依赖性较为明显，因此后续开发的智能空间机器人也注重解决单目摄像头在智能家居空间内的信号传递问题。采用视觉技术与 RFID 技术是智能机器人系统应对室内复杂环境的主要方式,能够借助布式传感器加强空间环境的甄别效果,进而完成物品操作或搜寻命令的执行。此外,云计算借助物联网技术应用于智能机器人系统后,能够开发出全新的云端机器人系统,对智能生产线的发展同样具有更高的应用价值。以往生产线中所使用的常规设备由 PLC 类型的控制器在编程后进行小范围控制,而应用物联网技术后可以实现虚拟网络空间的智能控制。例如,借助高速无线通信或光通信的信息传递方式,通过 Hadoop Spark, Storm 和 Deep Learning 等大数据处理方案,开放 RT 中间件或 ROS 开源平台,从而支持物联网智能机器人完成更复杂的任务类型。

物联网智能机器人充分结合了 PC 软件技术、通信技术、单片机技术及传感器等技术,将多种技术的核心思想结合在一起,符合现在电子行业市场发展的趋势,并进一步拓宽了物联网应用的范围。物联网智能机器人设计有着非常大的应用领域和市场范围,能够同时进行 GPS 定位、无线上网和语音通话等多项功能,有着比较好的市场前景。

综上所述,物联网技术在智能机器人系统中的应用路径较为广阔。从开发效果看,借助网络环境加强智能机器人系统的识别能力、决策条件、信息交互是极为重要的发展方向。从普适机器人单独作业的运行方案到网络机器人组织协同作业模式,再到智能空间机器人的功能开发,物联网技术的不断升级与革新必将支持智能机器人逐步优化其使用功能,并达到更智能化的服务功能输出,为机器人系统的智能化发展提供助力与支持。

第 7 章　油气田物联网网络安全

7.1　物联网网络安全的重要性

物联网的发展与应用在近年取得了显著成果,大量机器设备与互联网相结合,实现了智能化的管理与操作。国内外普遍认为物联网一词是麻省理工学院自动识别中心 Ashton 教授于 1999 年在研究射频识别时最早提出来的。其发展至今,已被广泛应用到石油化工、交通运输、智能制造、健康医疗、商业金融等国家基础设施行业^[9]。

在飞速发展的同时,物联网也面临着严峻的安全挑战。物联网安全问题不仅会给用户带来财产损失,甚至会威胁用户的生命安全。2016 年美国 FBI 前信息安全专家发现,现阶段市场上的心脏起搏器和胰岛素泵等无线嵌入式医疗设备普遍存在可利用的安全漏洞。物联网安全也是国家安全和社会稳定的基石。2010 年曝光的“震网”病毒对多国核电站、水坝、国家电网等工业与公共基础设施造成了大规模的破坏。2016 年 Mirar 僵尸网络通过控制大量物联网设备对美国域名解析服务提供商 Dyn 公司发动 DDOS 攻击,造成美国东部大面积断网,许多热门网站停止服务。可见,物联网网络安全和隐私问题关乎国计民生,物联网网络安全防护技术的研究迫在眉睫。

7.1.1　面临的风险

1)终端层安全防护能力差异化较大

终端设备在物联网中主要负责感知外界信息,包括采集、捕获数据或识别物体等。其种类繁多,包括 RFID 芯片、读写扫描器、温度压力传感器、网络摄像头、智能可穿戴设备、无人机、智能空调冰箱、智能汽车……体积从小到大,功能从简单到丰富,状态或联网或断开,且都处于白盒攻击环境中。由于应用场景简单,许多终端的存储、计算能力有限,在其上部署安全软件或高复杂度的加解密算法会增加运行负担,甚至可能导致无法正常运行。而移动化作为物联网终端的另一大特点,更使得传统网络边界"消失",依托网络边界的安全产品无法正常发挥作用。加之许多物联网设备部署在无人监控场景中,攻击者更容易对其实施攻击。

2）网络层结构复杂,通信协议安全性差

物联网采用多种异构网络,通信传输模型与互联网相比更为复杂,算法破解、协议破解、中间人攻击等诸多攻击方式以及 Key、协议、核心算法、证书等暴力破解情况时有发生。物联网数据传输管道自身与传输流量内容安全问题也不容忽视。目前已经有黑客通过分析和破解智能平衡车、无人机等物联网设备的通信传输协议,实现对物联网终端的入侵、劫持。在一些特殊物联网环境里,传输的信息数据仅采用简单加密甚至明文传输,黑客通过破解通信传输协议,即可读取传输的数据,并进行篡改、屏蔽等操作。

3）平台层安全风险危及整个网络生态

物联网应用通常是将智能设备通过网络连接到云端,然后借助 App 与云端进行信息交互,从而实现对设备的远程管理。云平台能够对物联网终端所收集的数据信息进行分析与管理,以及进行对网络的安全管理,如对设备终端的认证、对攻击的应急响应和监测预警、对数据信息的保护和安全利用等。物联网平台未来多承载在云端,目前云安全技术水平已经日趋成熟,而更多的安全威胁往往来自内部管理或外部渗透。如果企业内部管理机制不完善、系统安全防护不配套,则一个小小的逻辑漏洞就可能让平台或整个生态彻底沦陷。而外部利用社会工程学的非传统网络攻击始终存在,一旦系统成为目标,那么再完善的防护措施都有可能由外至内功亏一篑。

4）社会领域的风险

物联网的发展要面对社会难以接受的可能。物联网将极大地挑战传统的公共领域与私人领域的界限,因此物联网大规模推进尤其是在私人领域的应用可能招致公众的反对。实际上,对物联网大规模推进的质疑在欧洲和美国都已经出现。如果公众不能接受物联网，它就不可能很好地发展。物联网增加了社会安全方面的风险。物联网存在与互联网相同的问题，如黑客攻击、隐私滥用和网络犯罪等。物联网还会加剧这些问题，如黑客利用互联网可以远程控制他人的电脑，而利用物联网则可以控制所有接入设备，如门、家用电器、汽车等。国家安全直接牵涉物联网安全，如输油管道、煤气管道、电力网络、大坝桥梁等基础设施的信息被敌对国家掌握是极其危险的。物联网犯罪则更危险，更难以防范，如犯罪分子可以利用物与物之间的互动来实施犯罪，让追查罪犯变得更困难。

5) 生态环境领域的风险

物联网增加了生态环境方面的风险。物联网需要在环境中布置海量的电子标签和传感元件等，其中很多是一次性使用的。物联网大规模应用后会产生大量电子垃圾，必须预先考虑回收和处理问题，建立一整套完善的应对制度，否则将严重威胁环境。物联网可以用于节能降耗，但它庞大的系统以及持续不断运转需要消耗大量能源，因此存在物联网能耗和节能问题。

另外，由于 Wi-Fi、ZigBee、WiMAX、蓝牙等无线网络技术大规模用于物联网通信，因此物联网将增加持续性的电磁污染，尤其对老人、儿童和孕妇的危害较大（因为他们对电磁辐射的抵抗力较弱）。

7.1.2　国家相关法律

1) 当前我国物联网网络安全保护立法情况

我国一直在积极推进网络安全立法。物联网时代，网络安全涉及个人隐私、企业商业秘密以及国家和社会的重大利益，亟待立法保护。我国多部法律均对这一问题进行了规定。《中华人民共和国宪法》第四十条规定："中华人民共和国公民的通信自由和通信秘密受法律的保护。除因国家安全或者追查刑事犯罪的需要，由公安机关或者检察机关依照法律规定的程序对通信进行检查外，任何组织或者个人不得以任何理由侵犯公民的通信自由和通信秘密。"这一规定为物联网时代网络安全保护提供了根本依据。此外，《中华人民共和国国家安全法》《中华人民共和国保守国家秘密法》《中华人民共和国电子签名法》和《中华人民共和国著作权法》等法律对网络安全问题均有涉及。在刑法领域,《中华人民共和国刑法》也规定了五种网络犯罪,将网络安全问题纳入了刑法保护范畴。

2016 年 11 月 7 日,我国针对网络安全问题颁布《中华人民共和国网络安全法》,并于 2017 年 6 月 1 日起施行。该法律规定了网络空间主权、网络安全与信息化发展并重、共同治理三项基本原则,并提出制定网络安全战略,明确网络空间治理目标,提高了我国网络安全政策的透明度;明确了政府各部门的职责权限,完善了网络安全监管体制;强化了网络运行安全,重点保护关键信息基础设施;完善了网络安全义务和责任,加大了违法惩处力度;将监测预警与应急处置措施制度化、法制化,明确国家建立网络安全监测预警和信息通报制度,建立网络安全风险评估和应急工作机制,制定网络安全事件应急预案并定期演练。该法律的颁布成为互联网在法治轨道上健康运行的重要保障。

2)国际上物联网网络安全保护法律保障有关经验

"9•11 事件"是美国网络安全立法的转折点,此后美国的网络安全立法主要侧重于"国家安全层面"。例如,2001 年美国通过了《2001 年爱国者法案》,其第 215 条允许美国国安局收集反恐调查涉及的包括民众在内的任何电话通信和数据记录以保护"国家安全"。2002 年通过《2002 年国土安全法》第 225 条"网络安全加强法",旨在扩大警方监视互联网的职权,以及从互联网服务提供商调查用户数据资料的权力,从而保护"国家安全"。2010 年后,美国开始关注"社会安全层面"的网络安全立法。例如,2010 年美国审议了《2010 年网络安全法案》,该法案是为确保美国国内及其与国际贸易伙伴通过安全网络交流进行自由贸易,从而对网络安全的人才发展、计划和职权、网络安全知识培养、公私合作进行规定。2010 年美国还审议了《2010 年网络安全加强法案》,该法案的目的是加强网络安全的研究与发展,推进网络安全技术标准制定。此外,美国还高度重视关键基础设施的安全保护。例如,《国家网络基础设施保护法案2010》规定,国会应在网络基础设施保护领域设置"安全线",以保障美国的网络基础设施安全,并在政府和私营部门之间建立起网络防御联盟的伙伴关系,促进私营部门和政府之间关于网络威胁和最新技术信息的信息共享。《网络空间作为国有资产保护法案 2010》则授权国土安全部对国家机构的 IT 系统进行维护监管,规定总统可宣布进入紧急网络状态,并强制私营业主对关键 IT 系统采取补救措施,以保护国家的利益。

　　欧盟在网络安全体系建设方面成效显著。欧盟网络安全体系主要包含立法、战略、实践三大部分。立法体系包含决议、指令、建议、条例等,战略体系包含长期战略与短期战略,实践则包含机构建设、培训、合作演练等多项内容。在立法方面,2006 年 3 月马德里和伦敦公交系统遭遇恐怖袭击后,欧盟颁布了《数据保留指令》,该指令要求电信公司将欧盟公民的通信数据保留 6 个月到 2 年。但 2014 年 4 月 8 日,欧洲法院裁定《数据保留指令》无效,理由是该项指令允许电信公司对使用者日常生活习惯进行跟踪,侵犯了公民人权。在战略方面,2012 年 3 月 28 日,欧盟委员会发布欧洲网络安全策略报告,确立了部分具体目标,如促进公私部门合作和早期预警,刺激网络、服务和产品安全性的改善,促进全球响应、加强国际合作等,旨在为全体欧洲公民、企业和公共机构营造一个安全的、有保障的和弹性的网络环境。2012 年 5 月,欧洲网络与信息安全局发布《国家网络安全策略——为加强网络空间安全的国家努力设定线路》,提出了欧盟成员国国家网络安全战略应该包含的内容和要素。2013 年 2 月 7 日,欧盟委员会和欧盟外交安全事务高级代表宣布欧盟的网络安全战略,对当前面临的网络安全挑战进行评估,确立了网络安全指导原则,明确了各利益相关方的权利和责任,确定了未来优先战略任务和行动方案。这被认为是对 2012 年欧洲网络与信息安全局发布策略的积极响应。该战略着力加强网络监管的体制、机制建设;加快建立国家网络犯罪应对机构,明确工作任务;制定网络防御对策,从领导、组织、教育、训练、后勤等方面增强欧盟网络防御能力,并创造更多的网络防御演习机会;发展行业技术资源;推动双边多边合作,等等。在实践方面,2013 年 1 月,欧盟委员会在荷兰海牙正式成立欧洲网络犯罪中心,以应对欧洲日益增加的网络犯罪案件。网络犯罪中心连通所有欧盟警务部门的网络,整合欧盟各国的资源和信息,支持犯罪调查,从而在欧盟层面找到解决方案,维护一个自由、开放和安全的互联网,保护欧洲民众和企业不受网络犯罪的威胁。2013 年 4 月,欧洲部分私人网络安全公司联合成立了欧洲网络安全小组,通过联合 600 多名网络安全专家针对问题作出快速有效的反应,建立伙伴关系。同时,利用"一线经验"优势,在网络防御政策、风险预防、缓和实践、跨境信息共享等问题上向政府、企业和监管机构提供更有效和实用的建议。

7.1.3　企业相关标准

物联网虽然从提出至今只有 20 多年的时间,但却因其能够利用各种通信感知技术,在网络融合中被广泛应用,渗透到现有大多数产业当中,所以在现今社会中得到越来越多的关注。标准化作为一种提高生产效率,促进产业发展的新兴管理方式,在众多领域中均具有普适效应。标准体系是在一定范围内,将标准按照其内在联系,通过一定的逻辑组合形成的结构性有机整体,更是对所有标准的梳理、归类和空白填补,具有高屋建瓴的作用。在物联网标准体系的构建原则方面,首先要遵循相关法律法规,并要具备全面性、灵活性、层次性、协调性和先进性,能够覆盖物联网所涉及的各要素,对先进的国际标准能够吸收和转化,对国内优秀的行业标准能够升级和采纳,对未来可能出现的相关标准留有余地。在物联网标准体系的体系结构方面,应该采用更合理的层状结构。物联网标准可根据模块化的理论分为物联网基础标准、物联网技术标准、物联网管理标准、物联网服务标准、物联网应用标准五大模块,同时,每个模块均可以进行再拓展,由更小、更细化、更专业的子系统组成。现有的物联网标准化相关工作在物联网基础标准、物联网标识体系、传感器、RFID 等核心技术标准统一以及物联网服务标准等方面还有很大的欠缺,今后物联网标准化工作的重点可适当向这几个方向倾斜。建立物联网标准体系,有利于改善物联网领域在某些方面的标准存在交叉和重叠,而某些又存在欠缺以及不够丰富和完善的现状。

下面简要介绍国内相关标准化组织及其标准化领域。

(1)中国通信标准化协会(China Communications Standards Association,CCSA)。CCSA 于 2002 年 12 月 18 日成立,是国内企事业单位自愿联合组织起来,经业务主管部门批准,国家社团登记管理机关登记,开展通信技术领域标准化活动的非营利性法人社会团体。CCSA 采用单位会员制,吸收科研、技术开发、设计单位、产品制造企业、通信运营企业、高等院校、社团组织等参加。协会的主要任务是开展通信标准工作,将我国标准推向世界。CCSA 开展的物联网相关工作包括:网络与业务能力技术工作委员会(TC3)开展泛在网的需求和架构、M2M 业务相关标准工作;无线通信技术工作委员会(TC5)开展 WSN 与电信网结合的总体技术要求、TD 网关设备要求相关的标准工作;网络与信息安全技术工作委员会(TC8)开展机器类通信安全相关的标准工作;泛在网技术工作委员会(TC10)专门研究泛在网相关标准工作。

(2)传感器网络标准工作组。传感器网络标准工作组于 2009 年 9 月 11 日成立,是从事传感器网络标准化工作的全国性技术组织。传感器网络标准工作组由国家标准化管理委员会批准筹建,由全国信息技术标准化技术委员会批准成立并领导。传感器网络标准工作组的主要任务是根据国家标准化工作的方针政策,研究并提出有关传感网标准化工作方针、政策和技术措施的建议;按照国家标准制定和修订原则以及积极采用国际标准和国外先进标准的方针,制定和完善传感网的标准体系表,提出制定和修订传感网国家标准的长远规划和年度计划的建议;根据批准的计划,组织传感网国家标准的制定和修订工作及其他标准化有关工作。

根据国家质量监督检验检疫总局、国家标准化管理委员会发布的中华人民共和国国家标准公告(2017 年第 32 号),物联网领域 5 项国家标准正式发布。这些标准进一步完善了我国物联网标准体系建设,对指导和促进全国物联网技术、产业和应用的发展具有重要意义。这 5 项标准是:

(1)GB/T 30269.502—2017《信息技术 传感器网络 第 502 部分:标识:传感节点标识符解析》,实施日期为 2018 年 7 月 1 日。该标准规定了传感器网络中传感节点标识符的解析,包括节点身份属性信息、应用属性信息、配置信息和感知信息的解析,适用于传感器网络节点标识符解析系统的设计、开发、管理和维护。

(2)GB/T 30269.602—2017《信息技术 传感器网络 第 602 部分:信息安全:低速率无线传感器网络网络层和应用支持子层安全规范》,实施日期为 2017 年 12 月 29 日。该标准规定了低速率无线传感器网络网络层和应用支持子层的原语、命令帧格式以及安全交互规程,适用于低速率传感器网络传输安全的开发设计。

（3）GB/T 30269.801—2017《信息技术　传感器网络　第 801 部分：测试：通用要求》，实施日期为 2017 年 12 月 29 日。该标准规定了传感器网络测试的基本分类、测试规范的组成、测试例的结构、被测设备的声明文件以及测试日志和测试报告的通用要求，适用于传感器网络设备和系统测试。

（4）GB/T 30269.803—2017《信息技术　传感器网络　第 803 部分：测试：低速无线传感器网络网络层和应用支持子层》，实施日期为 2018 年 7 月 1 日。该标准根据 GB/T 30269.301—2014《信息技术　传感器网络　第 301 部分：通信与信息交换：低速无线传感器网络网络层和应用支持子层规范》的要求规定了低速无线传感器网络网络层和应用支持子层的测试例，包括测试目的、初始配置、测试过程、测试判决和说明等，适用于对符合 GB/T 30269.301—2014 的产品进行一致性测试。

（5）GB/T 35319—2017《物联网系统接口要求》，实施日期为 2017 年 12 月 29 日。该标准规定了物联网系统实体间接口的具体功能要求，适用于物联网系统实体间接口的设计、开发和应用。

为统一推进中国石油油气生产物联网建设，保证建设质量，提高油气生产管理水平，实现数字化与工业化融合，中国石油天然气股份有限公司勘探与生产分公司于 2013 年 8 月发布了《油气生产物联网系统建设规定（试行）》。该规定对数据采集与监控、数据传输、生产管理、数据管理、信息安全、建设施工等方面提出了明确要求，界定了油气生产物联网建设在数字化油气田地面工程油气生产各环节所对应的相关业务内容，适用于中国石油陆上油气田和滩海油气田陆岸的油气生产物联网系统建设，包括新建产能和改扩建项目。

7.2　油气田物联网网络安全的实施

7.2.1　感知层的安全

1）现状需求

感知层作为物联网三层体系中最基础的一层，主要包括数据采集和数据短距离传输两部分。感知层首先通过传感器装置(红外、超声、温湿度等)、图像及视频捕捉设备等采集外部物理世界的数据,然后通过RFID、二维码、蓝牙、ZigBee 等短距离传输技术传递数据。有研究称可将物联网感知层安全分为 RFID 系统安全和无线传感器网络安全。

对于 RFID 系统所面临的非法复制、非法跟踪等安全问题,相关安全人员提出了信息加密、身份隐私保护等安全技术。无线传感器网络存在更多的安全威胁,相应的安全技术有节点认证、数据签名、密钥管理和抗拒绝服务攻击等。

由于各油气田建设油气生产物联网的需求及解决方案各有不同,因此标准建立不统一,互通互联性差。为实现各物联网技术厂商设备的互通互联,方便后续升级改造,避免重复投资,降低维护成本,需要建立统一、安全并可认证的传感器通讯协议标准[10]。

2)风险分析

感知层是通过传感技术和射频识别技术来完成的。在物联网的世界,传感器无处不在。传感器网络的应用主要涵盖数据采集、传输、处理和应用 4 个过程,传感器节点特别容易被攻击者物理俘获、破解甚至篡改,导致个人及被监测对象的身份、行踪、私密数据等信息完全暴露。传感器种类复杂多样,因此被录入的信息种类也多种多样。在互联网中,个人信息主要通过网络和数据库渠道被泄露。而在物联网中,RFID 射频识别器、GPS 定位、摄像头以及各种各样的传感器等设备不断记录人的生活日常变得越来越容易,信息泄露的方式也越多。

我国目前在进行油气生产操作的过程中,应用的单井数量较多,且分布范围广,这导致实际运作过程中的投资成本较高,实施难度也很大。在应用无线数据信息传输方式时,由于信道是开放的,因此往往会存在一定的安全隐患。同时,终端设备的运行往往会受到自身信息储存能力及计算能力的限制,这也是现阶段我国油气生产操作中网络安全技术应用时所面临的一项挑战。

油田企业单位之间需要频繁交换数据,这样才可以了解彼此的工作状况,进行高效沟通。在使用信息化系统进行信息交换的过程中可能会暴露信息,其中甚至包含涉及商业秘密的文件,影响油田的正常内部办公,同时还可能造成巨大的损失。油田企业具备内网运行系统,涉及机密文件,但是内部运行网络缺乏计算能力,在处理信息数据时容易出现错误,影响运算结果的准确性,可能会造成巨大的损失。此外,油田企业在信息数据处理过程中会利用云计算方式,这种技术的计算能力比较大,存储量也非常巨大,但是利用这种计算需要花费巨大的成本。利用 TB 级别数据排序时,宽带消耗量非常大,会阻碍数据传输的效率和质量。

3)方案设计

目前 ZigBee 的现状是协议栈的实现一般由半导体厂商完成,模块生产商在半导体厂商提供的协议栈基础上增加自己定义的接口和一些自有功能,进行二次开发,生产出模块,仪表厂商再使用模块进行三次开发,生产出仪表,这样到使用者处搭建起来的传感器网络实际上已经是模块厂商定义的网络了。基于上述问题,提出在目前硬件基础资源丰富的 IEEE 802.15.4 底层协议的基础上,规划建立一个开放的真正充分适用于工业智能传感器感知网络的传输协议,智能传感器产品的生产者、使用者、管理者都参与进来,形成一个协议管理者协会,进行协议的制定、发布、改进、认证、推广等一系列工作,实现开源且严格的管理。

这套协议应该规划适应从小规模传感器网络到大规模网状网络的网络互联、路由等机制。专门针对工业传感器网络的需求进行优化,针对实时性、大数据量传输进行优化,最大限度满足工业传感器网络的需求。这套协议应该建立在开放高效的嵌入式操作系统基础上,有效利用资源,借以促成智能传感器产品使用单芯片方案解决。

协议的建立应与现有 TCP/IP 网络保持有效互联的机制,最大限度利用现有的网络资源。在规划制定的网络协议中加入高强度的有效加密机制,保证协议虽然开放,但使用很安全,将安全管理的钥匙交到使用者手中,不被任何无关者介入。网络协议制定后,协议的制定者和管理者应该向使用其协议的产品制造商和用户提供完善的协议验证工具,并向产品的制造商提供开源的协议实现样例。同时,建立认证体系,保证产品的入网联通性能,保证数据及网络的安全性,在此基础上实现国家利益和安全的保障。

7.2.2 传输层的安全

物联网中网络层介于感知层与应用层之间,负责两个层次之间的数据交互。

物联网对网络层的要求不只是互联网功能,其要求网络层能将感知层采集到的数据无障碍、高可靠、高安全地传输。为实现这一目的,要求传统的互联技术与传感器网络、移动通信技术等相互融合。随着这些技术的融合,物联网网络层所面临的安全威胁也随之增长。要保证网络层传输数据的隐私性与完整性,往往采用相关密码学技术对数据进行加密处理后再进行传输。

1)需求分析

在油田物联网应用中,常利用放置于油井周边的大量传感器节点,对油井采油信息进行协作化的信息感知和采集。传感器节点以有线或无线方式将现场信息传输到作为网络数据中心的基站,由基站进行数据分析和处理,以得到准确的决策信息,并最终驱动特定的执行机构作业,从而实现对油田的精确化和智能化测控。将诸多参数传送到油田监控中心,需要构建一个效率高、响应快、费用低的数据传输网络。

2)风险分析

传感器与节点之间若采用无线数据传输方式,比较常用的是 433 MHz 和 ZigBee 无线技术。它们都属于近距离无线通讯技术,且都使用 ISM 免执照频段,但各具特点。

ZigBee 的特点是低功耗、高可靠性、强抗干扰性、布网容易,通过无线中继器可以非常方便地将网络覆盖范围扩展至数十倍,因此从小空间到大空间、从简单空间环境到复杂空间环境的场合都可以使用。但 ZigBee 是定位于低传输速率的应用,因此 ZigBee 显然不适合高速上网、大文件下载等场合。对于油田传感器数据传输应用,由于其数据传输量一般来说都不是很大,因此 ZigBee 技术是非常适合该应用的。

各油气田所包含的单井数量较多,受施工成本、井场野外环境影响,目前大多生产数据采用无线远传的方式。但是由于在无线数据传输过程中信道是开放的,信元数据在空中传输,数据通信链路存在一定的安全问题,采取有效的加密机制是保障信元数据不被窃听或破坏的关键,因此在系统设计时应提高信元数据的安全处理机制,采用高安全等级的编码方式来确保信道的安全,避免数据被恶意破坏和窃听。

3)方案设计

针对传感节点的资源现状和 WSN 的应用领域,虽然国内外存在众多不同的网络组织管理方案及路由算法,但基站普遍被作为数据中心和控制中心。在确定网络的组织方式和路由算法后,网络运作的成功很大程度上依赖于具有丰富的能量、存储和计算能力等资源的基站。SPN 网络是现行 5G 网络的主要承载网,为用户提供优质廉价的数据业务。mMTC 应用场景主要以节点多、分布范围广及低数据业务为主。如何结合 SPN 网络满足面向大带宽、低延时、网络切片、灵活连接等需求是当前面临的难题。在现有基础上,可动态调整上述内容,优化网络性能。

7.2.3　应用层的安全

1)现状需求

物联网应用层提供了丰富多彩的业务体验,具体到行业应用,包括智能家居、智能制造、智慧城市、智能电网、智能物流等。应用层主要解决的是信息处理与人机交互的问题。应用层提供什么样的业务支撑平台决定了物联网能应用到什么领域。

2)风险分析

在物联网时代,应用层需要处理的信息是海量且多种多样的,在海量数据的处理过程中可能出现一些数据安全问题。例如,可能出现数据一致性不足、可靠性不足等系统自身问题,也可能遭受网络攻击、恶意指令等不法分子的恶意攻击,最终导致隐私泄露、数据丢失、数据被篡改等一系列问题,严重影响物联网网络的正常使用并阻碍物联网的发展及其应用领域的拓展。物联网应用层的信息安全防护技术相对成熟,无论是在系统自身安全上还是在抵御非法入侵的手段上都有一定的成果。比较著名且常用的有数据冗余备份、可靠的消息认证机制及密钥管理方案、安全审计、抗网络攻击、入侵检测和病毒检测等安全技术。

物联网应用层最主要的任务是对数据的管理和处理,并将数据和应用相互结合。物联网中间件和物联网应用组成了物联网的应用层。云计算这一平台存储了大量数据和信息分析,所以物联网应用层十分关键的组成部分中也包含云计算。物联网的应用部署中,大量的数据涉及个人隐私问题,如个人定位、出行路线、健康情况、消费喜好等,因此隐私泄露是不容忽视的方面。

3)方案设计

总体来看,物联网要求其信息安全技术具有去中心化、去信任化的特点,同时应降低成本,尽可能不引入额外的安全防护设备,而是从物理网网络节点本身富余算力着手,利用这些算力提升物联网网络本身的健壮性和抗攻击能力。

7.2.4 安全实施具体案例

西南油气田在两化融合的形势下加速发展,生产网普遍采用高度自动化的生产技术装备和高度信息化的运营管理手段,极大地提升了生产效率。与此同时,严峻的网络信息安全风险也如影随形。面对严峻的内、外部工业控制系统安全环境,依据自身生产网安全现状,迫切需要对生产网进行信息安全建设。西南油气田油气生产物联网安全防护体系建设工程基于公司生产网信息安全现状,以国家及行业相关信息安全建设规范为指导,构建全面、完整、高效的生产网信息安全保障体系,从而提升公司生产网的整体安全等级,为公司生产网提供坚实的信息安全保障。

1)项目建设目标

本项目的整体目标为构建全面、完整、高效的信息安全防护体系。

依据中国石油天然气集团公司已发布的企业标准 Q/SY 1722—2014《油气生产物联网系统建设规范》的要求,中国石油油气生产物联网系统应遵循《工业控制系统信息安全防护指南》和信息安全等级保护二级的要求,主要满足以下两个目标:

一是依据国家等级保护要求及安全防护指南对全网进行风险评估,了解物理环境、网络环境、主机及数据、业务及应用、安全管理层面等存在的安全风险,并为后期的安全改造和建设规划提供有力依据。

二是针对已发现安全风险,结合现有成熟技术进行工控网络安全整改与建设,重点从网络安全域划分及访问控制、网络安全监测及审计、集中安全管理等方面提升生产网络的安全防范能力,同时满足监管部门的合规性要求。

2）项目技术目标

依据国家等级保护要求及安全防护指南,在项目前期调研阶段进行全网风险评估,了解各种环境、数据、业务管理层面存在着的安全风险,为后期的安全改造和建设规划提供有力依据;针对已发现安全风险,结合现有成熟技术进行工控网络安全整改与建设,重点提升生产网络的安全防范能力,同时满足监管部门的合规性要求。

3）建设主要内容及实现效果

本项目主要是对原有系统和设备的加固和建立新的安全域模型,以及构建新的防火墙和异常检测系统。内容包含整体网络安全风险分析、安全域划分建议、生产网统一安全管理平台建设、身份认证体系建设、漏洞识别及修补等内容。分为监控、防护、认证三个层面,覆盖了安全防护的全功能,实现了到场站级的安全建设。同时,重点选取安全域建设、现有安全设备加固、入侵防范、病毒防范、集中管理、堡垒机、漏洞管理、工业防火墙几个方面进行建设。

通过项目的实施,完成 GMC、BGMC、气矿以及作业区生产网中现有各网络单元(服务器、安全设备、网络设备、上位机)的安全加固,进一步提升各网络单元的自身安全防护能力;重点从入侵检测、各网络单元日志汇总分析两方面构建公司生产网的信息安全多级风险监测系统,建立一套能够快速发现、分析、定位安全事件的信息安全基础防护体系。

第8章　数字化转型理论研究

2017 年 12 月 8 日的中共中央政治局第二次集体学习中,习近平总书记强调要审时度势、精心谋划、超前布局、力争主动,实施国家大数据战略,加快建设数字中国。习近平总书记指出,要构建以数据为关键要素的数字经济,坚持以供给侧结构性改革为主线,加快发展数字经济,推动实体经济和数字经济融合发展,推动互联网、大数据、人工智能同实体经济深度融合,继续做好信息化和工业化深度融合这篇大文章,推动制造业加速向数字化、网络化、智能化发展[11]。2018 年 4 月召开的全国网络安全和信息化工作会议上,习近平总书记强调,要发展数字经济,加快推动数字产业化,依靠信息技术创新驱动,不断催生新产业、新业态、新模式,用新动能推动新发展。要推动产业数字化,利用互联网新技术和新应用对传统产业进行全方位、全角度、全链条的改造,提高全要素生产率,释放数字对经济发展的放大、叠加、倍增作用。数字化转型已成为企业升级转型,生存发展的重要选择。通过对基础数据化转型基础理论的分析,建立数字化转型基本概念,透析企业数字化转型本质,建立架构数字化转型体系,为基于物联网的数字化转型模式研究与构建奠定基础。

8.1　信息理论基础

信息论奠基人克劳德·艾尔伍德·香农在他的著名论文《通信的数学理论》提出了信息及计算信息量熵的公式。在信息管理、信息系统和知识管理学科中,最基本的模型是 DIKW（data, information, knowledge, wisdom）层次模型,如图 8-1 所示。可以看出,数据是知识阶层中最底层的概念,是形成信息、知识和智慧的源泉。企业不同角色对信息需求是不一样的,需要满足各级主管的信息需求。

数据（data）是对客观事物的数量、属性、位置及其相互关系的抽象表

示，以适合在该领域中用人工或自然的方式进行保存、传递和处理。国际
数据管理协会认为数据是以文本、数字、图形、图像、声音和视频等格式对
事实进行表现。美国质量学会定义数据是对真实世界的对象、事件和概
念等被选择的属性的抽象表示，通过可明确定义的约定，对其含义、采集
和存储进行表达和理解。国际标准化组织将数据定义为以适合于通信、
解释或处理的正规方式来表示的可重新解释的信息。

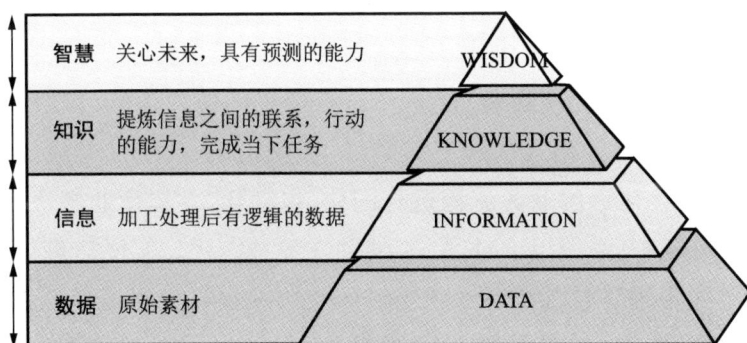

图 8-1　DIKW 数据价值体系

信息（information）是具有时效性的、有一定含义的、有逻辑的、经过
加工处理的、对决策有价值的数据流。信息化是以业务流程的优化和重
构为基础，通过信息技术与实际业务的有效融合，在 IT 系统内将现实世
界的业务对象、业务流程进行重构和固化，并记录业务事件，实现企业信
息的高效共享和业务的高效协同，形成对业务的监控和洞察能力，以提高
工作效率、优化资源配置、支撑高效分析决策，进而提升企业竞争力和经
济效益的过程。

知识（knowledge）是通过人们的参与，对信息采用归纳、演绎、比较等
手段进行挖掘，使其有价值的部分沉淀下来，并与已存在的人类知识体系
相结合，所形成的有价值的信息。

智慧（wisdom）是人类基于已有的知识，针对物质世界运动过程中产
生的问题，根据获得的信息进行分析、对比、演绎，找出解决方案的能力。
它将信息的有价值部分挖掘出来，并使之成为知识架构的一部分。

8.2　基本认识

通过对 DIKW 数据价值体系基本术语的理解,可建立初步认识框架,再通过进一步的理解,加深对基本概念的认识。信息化、数字化和智能化之间的界限并不是泾渭分明的,而是存在一定的重叠。并且,随着技术的持续进步、管理理念的创新、竞争的加剧,由信息化到数字化、由数字化到智能化将成为企业发展的必然的要求,技术进步则是核心驱动力。

8.2.1　信息化

信息化并未改变现实业务的逻辑,企业思维模式依然以现实世界为主,只是将传统业务模式从线下搬到线上,交由 IT 系统来完成。通过信息化手段,将优化后的业务流程进行固化、自动化,并提供业务决策支持,如 OA 系统、ERP 系统、CRM 系统,辅助决策系统等。实现信息化是企业管理理念和管理手段的创新。在这个过程中,业务流程是核心,IT 系统是工具,数据是业务在线协同处理的副产品。

信息化通过碎片化供给的方式对企业业务进行支撑。企业信息化发展和建设之初,囿于技术和认知能力,企业信息化缺乏统筹,业务系统建设分散开展,主要满足某一业务领域业务处理和统计分析需要,"重功能、轻数据"现象普遍存在,可以说信息化是通过碎片化的方式对企业业务进行不均衡的支撑。时至今日,由此造成的数据重复生成、不一致,以及"数据孤岛""数据烟囱"等问题依然困扰着很多企业。

信息化的过程也是对数据重视程度逐步提高的过程。随着技术和认知水平的提升,信息化支撑企业业务的深度和广度越来越高,企业需要数据的范围越来越大,数据融合共享的诉求越来越多。因此,企业信息化发展的过程是对数据重视程度持续提升的过程,也是对信息系统集成度持续提升的过程,但这依然不足以从根本上解决信息的碎片化供给造成的问题。

8.2.2　数字化

数据是对客观事件进行记录并可以鉴别的符号,是对客观事物的性质、状态以及相互关系等进行记载的物理符号或这些物理符号的组合。数字化数据(digtal data)利用数字化技术和设备,将模拟信号、业务信息、表单、流程等转变为计算机能够识别、存储、处理的数字信号,强调计算机处理的是数字化信息。简单的数字化存储并没有达到数据化的阶段,信息只有通过内在的指标化(亦称为模型化),达到业务数据可利用、可分析、可改进,进入运营环节才能称为业务数据化。

数字化(digitization)将传统业务中的流程和数据通过信息系统来处理,通过将技术应用于个别资源或流程来提高效率。Gartner 定义的数字化是:将物理系统在计算机系统中仿真虚拟出来,在计算机系统中体现物理世界,利用数字技术驱动组织商业模式创新,驱动商业生态系统重构,驱动企业服务大变革。业务数字化是利用数字技术改变商业模式并提供创造收入和价值的新机会,它是转向数字业务的过程。

数字化是利用云计算、大数据、物联网、人工智能等新一代数字技术,构建一个全感知、全联接、全场景、全智能的数字世界,在实现数字世界对物理世界精准映射的基础上,优化再造物理世界的业务,对传统管理模式、业务模式、商业模式进行创新和重塑,实现业务价值提升。

数字化的本质是在信息技术驱动下的业务模式升级,根本目的是提升企业竞争力。一方面,经济新常态和竞争的加剧要求企业优化或转变现有管理、业务或商业模式;另一方面,移动终端和网络的普及令企业能够直接接触最终消费者,更加便捷、准确地了解消费者的需求,加上新一代信息技术的成熟和实用化,让基于数据以较低的成本快速满足客户个性需求,并改善用户体验的新的管理、业务或商业模式成为可能。

数字化不是 IT 职能,需要认识到大数据时代数据是企业的核心竞争力。数字化重新定义了企业价值和发展战略,并将数据转化为企业的洞察力及竞争优势。

数字化要求构建一个全局最优的技术体系和数据体系。企业需要依托新一代信息技术和最新数据管理理念,构建一个全局最优的开放的技术体系和数据管理体系,提供全局数据融合共享和应用增值服务,满足全局业务需求,在解决信息化碎片化供给带来的问题的同时,支撑管理、运营或商业模式变革。

数字化是一个长期系统工程。《2019 华为行业数字化转型方法论白皮书》认为,对大多数企业而言,数字化面临的挑战来自方方面面,从技术驾驭到业务创新、从组织变革到文化重塑、从数字化能力建设到人才培养,因此数字化的成功不可能一蹴而就。数字化是一项长期艰巨的任务,只有跨越了某一个临界拐点后,数字化的收益才会呈现指数化的增长,多数企业需要 3 ~ 5 年甚至更长时间才能取得显著成效。

8.2.3　智能化

徐宗本院士对智能化的定义为:事物在网络、大数据、物联网和人工智能等技术的支持下,具备灵敏准确的感知功能、正确的思维与判断功能、自适应的学习功能、行之有效的执行功能等,能够对外部变化做出及时响应,代替人进行决策。判断是否具备智能的重要标志是对外部环境变化响应的能力有多高。企业内部的智能程度,需要看在数据、信息传递的每个环节需要的人是不是越来越少。智能化解决的核心问题是人与机器的协作关系。未来业务决策会越来越多地依赖机器学习、依赖人工智能。机器在很多商业决策上将扮演非常重要的角色,它能取得的效果将超过今天人工运作带来的效果,从而降低管理人员决策的工作难度,提高决策效率和准确性。

智能化可以为企业带来多重价值。一是更敏捷的运营,通过感知、认知等技术提高多数常规流程的效率,降低成本,同时改善用户体验;二是更充分的定制化,允许企业提供真正的一对一互动以充分满足客户独立的需求,提供更优质的服务;三是更智能的决策,使用先进的数据科学来提升企业的经营表现,利用大数据挖掘实现更有价值的商业洞察;四是全新的价值主张,新的运营模式和工作方式使产品 / 服务脱颖而出,构建以智能化技术为核心的全新产品、服务和商业模式。

智能化的基础是大数据、算法和云计算。云计算能用较低的成本存储和计算海量的数据。正因为有了处理大数据的需求,对云计算的要求才越来越高。云计算和大数据要真正创造价值,需要算法"大脑"的支撑。

8.2.4　信息化、数字化与智能化的对比

信息化通常将传统业务模式从线下搬到线上,交由信息系统来完成,通过信息化手段将优化后的业务流程进行固化、自动化,并提供业务决策

支持。数字化是信息化的基础。

　　数字化是以业务流程的优化和重构为基础,在深度和广度上利用计算机技术、网络技术和数据库技术,控制和集成化管理企业生产经营活动中的各种信息,实现企业内外部信息的共享和有效利用,以此提高企业的经济效益和市场竞争力。这涉及对企业管理理念的创新、管理流程的优化、管理团队的重组和管理手段的创新。由信息化到数字化是一个由量变到质变的过程。

　　业务数据化带来的好处是实现更为精细的运营。在业务数据化过程中,元数据扮演核心驱动的角色。数据业务化是数据转变为业务领域信息,强调数据转变为带有建议性的信息来实现商业目的,更加聚焦结合企业业务发展让数据产生价值,实现精细化运营。

　　智能化是数字化的高级阶段,也是数字化发展到一定阶段的自然延伸。智能化是实现数字化目标的关键手段。由信息化到数字化、由数字化到智能化均不是简单的替代关系,而是继承和发展的关系,引入新技术、新模式,解决关键问题与瓶颈,提升业务价值。

　　信息化、数字化和智能化的对比分析见表 8-1。

表 8-1　对比分析

类别	核心内涵	关注重点	业务逻辑	对技术的要求	主要载体
信息化	业务线上运行	侧重业务信息的搭建与管理	将企业已形成的相关信息,通过记录的各种信息资源,涉及各环节业务的结果与管控,优化现有业务流程,实现业务数据化,提高信息共享和工作效率,优化资源配置,支撑分析决策	数据库、通信、网络等技术	业务信息系统、数据仓库等
数字化	数据是核心	利用数字技术创新模式,致力于业务与技术双轮驱动	将物理世界全面映射到数字世界,利用数字世界沟通、信息共享、诊断、预测、模拟等固有优势,与物理世界形成交互和反馈,推进企业发展和运营,基于信息化技术所提供的支持和能力,让业务和技术真正产生交互和双轮驱动	云计算、大数据、物联网、移动互联网等新一代信息技术广泛应用	业务信息系统、数据湖、中台等

类　别	核心内涵	关注重点	业务逻辑	对技术的要求	主要载体
智能化	决策支撑	侧重工作过程的应用，打造新的智能化、数字化的产品或服务，重塑企业的商业模式或运营模式	在一些业务场景，利用人工智能技术，基于云计算、大数据、算法，让机器代替人决策，将人从繁重的体力或脑力劳动中解放出来	人工智能技术广泛应用	

8.3　数字化转型定义

不同国家和不同行业对数字化转型有不同的定义。美国2003年提出了"数字化双胞胎"的概念；德国的数字化转型以德国"工业4.0"为代表；英国也提出了"数字化战略"，主要包括连接性、数字化治理、数字经济等7个方面；中国提出了"中国制造2025"战略等。数字经济是将数据作为生产的基本要素，数据的生产、加工、处理、交易和消费成为社会经济活动的主要要素，在整个经济活动链条中产生决定性或基础性的作用。总的来看，虽然各国在战略上确立了数字化转型的方向，但是似乎都没给出明确的定义。

国务院发展研究中心课题组认为数字化转型的核心是利用新一代信息技术，构建数据的采集、传输、存储、处理和反馈的闭环，打通不同层级与不同行业间的数据壁垒，提高行业整体的运行效率，构建全新的数字经济体系。数字化不仅能扩展新的经济发展空间，促进经济可持续发展，而且能推动传统产业转型升级，促进整个社会转型发展。

维基百科将数字化转型定义为数字化的总体和整体社会效应。数字化转型促进了数字化进程，从而为转变和改变现有商业模式、消费模式、社会经济结构、法律和政策措施、组织模式等提供了更强大的机会。

IDC将数字化转型定义为利用数字化技术（云计算、移动化、大数据分析、社交和物联网）能力来驱动组织商业模式创新和商业生态系统重构的途径或方法。商业生态系统包括客户、合作伙伴、竞争对手、公司以及商业运用和监管环境，主要涉及领导力转型（文化）、全方位体验转型（客户)、信息与数据转型(智能)、运营模式转型(运营)、工作资源转型(工作)。

华为将数字化转型定义为通过数字技术的深入运用,构建一个全感知、全联接、全场景、全智能的数字世界,进而优化再造物理世界的业务,对传统管理模式、业务模式、商业模式进行创新和重塑,实现业务成功。

微软将数字化转型定义为密切客户沟通、予力赋能员工、优化业务运营和产品服务转型 4 个方面。

浪潮集团将数字化转型定义为全渠道多接触点的客户体验、运营数字化和智能化以及颠覆性创新 3 个方向。企业数字化转型路径包括:在生产制造中应用精益管理原则,补基础;实现运营数字化,加强智能制造、智能决策、预测性分析管理会计的深度应用;技术、商业模式的突破,采用新技术、互联网思维创新商业模式。

埃森哲认为数字化转型并非是简单的技术革新,不是靠简单搭载一个大数据平台就可以做到的。技术与公司业务转型的契合、公司文化和心态的转变、组织架构的调整、相应制度的建立等,都需要有一套完整的解决方案,使转型一步步落到实处。同时,企业决策者应该对数字化有深刻的理解,能够使整个企业转变思路,建立数据驱动的思维,以满足客户需求为使命。

8.4　数字化转型本质分析

上述研究机构、信息与通信技术领域知名企业、领域专家给出的定义中,最有代表性的关键词主要包含数字化技术、数字化能力、商业模式、数字化组织、创新型服务、数据驱动增长等。国务院发展研究中心《传统产业数字化转型的模式与路径》研究报告指出,"数字经济"中的"数字"根据数字化程度的不同,可以分为信息数字化、业务数字化和数字化转型 3 个阶段。

Gartner 认为信息数字化是模拟形式变成数字形式的过程。也就是将模拟信息转化成 0 和 1 表示的二进制代码,以便计算机可以存储、处理和传输这类信息。业务数字化指利用数字技术改变商业模式,并提供创造收入和价值的新机会,它是转向数字业务的过程。数字化转型本质上是业务转型,是信息技术驱动下的一场业务、管理和商业模式的深度变革重构。其中,技术是支点,业务是内核。

数字化转型是目前数字化发展的新阶段,是迈向数字经济社会的重要手段。数字化转型过程中,新技术运用并不是目的,转型的根本目的是提升产品和服务的竞争力,让企业获得更大的竞争优势。真正的数字企业并非只是依靠新技术取得成功,企业文化、战略和运营方式才是令数字化企业脱颖而出、拥有竞争优势的关键所在。数字企业不断努力,通过更敏捷的业务流程、互联平台、分析工具和协作能力来提高生产效率,从而实现新的、更加精干敏捷的运营模式。

数字化转型是行业领域与数字技术的深度融合,构建以"数据+算法"为核心的数字孪生体,以智能工作流驱动数据的自动流动,化解复杂系统的不确定性,对外部的环境变化做出敏捷科学的响应,最终的目的是提高资源配置的效率。数字化转型并不是技术转型,而是驱动的战略性业务转型,不仅需要实施数字技术,还需要组织模式变革。

8.5 数字化转型核心技术

前已述及,数字化转型的核心是利用新一代信息技术,构建数据的采集、传输、存储、处理和反馈的闭环,打通不同层级与不同行业间的数据壁垒,提高行业整体的运行效率。

8.5.1 物联网

物联网是一种通过射频识别、红外感应器、全球定位系统、激光扫描器等信息传感设备,按约定的协议,将任何物品与互联网连接起来,进行信息交换和通信,以实现智能化识别、定位、跟踪、监控和管理的一种网络。

2005 年,国际电信联盟(ITU)发布《ITU 互联网报告 2005:物联网》。报告指出,无所不在的"物联网"通信时代即将来临,射频识别技术、传感器技术、纳米技术、智能嵌入技术将得到更加广泛的应用。物联网是新一代信息技术的重要组成部分,也是信息化时代的重要发展阶段。

物联网作为数字化体系架构的物理层,其快速发展意味着数字化体系架构的快速构建与完善。数以亿计的传感器成为物理世界数字化的基础,物联网成为物理世界通向数字世界的通道。面对众多的物联网传感器,如何经济、安全地实现物联网传感器、设备和终端的连接,对用户而言至关重要。这需要具有强大处理能力的网关对不同协议的数据实现标准化。物联网的协议标准化、安全性在数字化转型中尤为重要。只有协议互通,才能够保证数据的融合;只有保证安全,企业才会有动力推动数字化进程。

物联网的本质概括起来主要有 3 个特点:一是互联网特征,即需要联网的物在网络中能够实现互联互通;二是识别与通信特征,即纳入物联网的物一定要具备自动识别并与之通信的功能;三是智能化特征,即网络系统应具有自动化、自我反馈与智能控制的特点。

随着物联网技术的快速发展与成熟应用,数字气田建设将物联网技术广泛应用于气田天然气生产数据采集、仪表无线抄表、天然气管道输送监测、资产跟踪管理、设备装置物流及应急维护管理等方面。在气田基础设施建设中,物联网逐步与站场自动化融为一体,结合物联网关、HART协议采集器等物联网设备,实现气田井区、计量间、集输站、联合站、处理厂等生产单元的各类生产数据、设备状态信息的实时采集与传输,支撑生产指挥中心及生产控制中心对气田生产的集中管理和控制。

8.5.2　数字孪生技术

数字孪生(digital twin)是充分利用物理模型、传感器更新、运行历史等数据,集成多学科、多物理量、多尺度、多概率的仿真过程,在虚拟空间中完成映射,从而反映相对应的实体装备的全生命周期过程。数字孪生以数字化的形式对某一物理实体过去和目前的行为或流程进行动态呈现。

构建数字孪生需要 3 个要素:根据物理实体创建足够精确的数字模型,能够对物理实体的结构、行为等进行准确描述和展现;对物理实体的状态、行为数据进行采集,并映射到数字孪生体的对应部位,包括其部件或子系统,通过多次迭代不断优化数字模型;结合物理实体的实时数据和数字模型,对物理实体的结构变化、行为走向、故障产生等进行仿真预测,并在数字孪生体上进行可视化显示。

8.5.3　信息物理系统

信息物理系统（cyber-physical systems，CPS）主要产生于嵌入式系统在工业领域的深度应用。美国国家科学基金会提出了 CPS 这个全新的概念。CPS 系统是一个综合计算、网络和物理环境的多维复杂系统，能够通过 3C（computation，communication，control）技术的有机融合与深度协作，实现大型工程系统的实时感知、动态控制和信息服务。2013 年，德国提出的"工业 4.0"的核心技术就是信息物理生产系统（cyber-physical production system）。

数字孪生创立之初就明确了以数据（data）和模型（models）为主要元素构建的 MBSE（model-based systems engineering）。数字孪生显然更适合采用人工智能（artificial intelligence，AI）和大数据（big data）等新的计算能力，而 CPS 是主要以传感器（sensor）和控制器（actuator）为主要模块构建的系统。

CPS 通过构筑信息空间与物理空间数据交互的闭环通道，能够实现信息虚体与物理实体之间的交互联动。数字孪生体的出现为实现 CPS 提供了清晰的思路、方法及实施途径。以物理实体建模产生的静态模型为基础，通过实时数据采集、数据集成和监控，动态跟踪物理实体的工作状态和工作进展（如采集测量结果、追溯信息等），将物理空间中的物理实体在信息空间进行全要素重建，形成具有感知、分析、决策、执行能力的数字孪生体。从这个角度看，数字孪生体是 CPS 的核心关键技术。

8.5.4　云计算

云计算（cloud computing）是一种分布式计算技术，通过网络连接大量廉价计算节点，将计算处理程序自动分拆，分布式计算后将处理结果回传。这项技术实现了计算服务提供者达到与"超级计算机"同样强大效能的网络服务。云计算的本质是一种服务提供模型，通过这种模型可以随时、随地、按需地通过网络访问共享资源池中的资源。资源池的内容包括计算资源、网络资源、存储资源等，这些资源能够被动态地分配和调整，在不同用户之间灵活地分配。

"互联网＋"加速了中国云计算市场的发展。中桥调研咨询的数据显示,过去 3 年中国云计算得到了快速普及与发展,目前约有 80% 的企业用户将 IT 运行在混合云环境中。云计算的目标用户已由最初的新兴初创企业发展到囊括不同规模和不同行业的众多企业用户,并且这些企业用户将云作为 IT 的核心支撑,逐步用云计算替代传统的数据中心,实现"IT 云化"。

从传统数据中心向云计算转化,可以节约大量 IT 基础设施建设,节约成本,快速搭建需要的应用,及时应对业务变革。最重要的是,"IT 云化"可以大幅度提升 IT 基础设施的灵活性和可扩展性,这对数字化转型的作用尤为重要。数字化体系中对数据处理和存储能力有较高要求,但同时具有不确定性和突发性。弹性的云计算架构可以既满足弹性计算的需求,又满足低成本的需求。

云化不仅是基础设施和平台的升级,也需要改变传统软件工程设计方法,从架构设计、开发方式到部署维护整个软件生命周期都基于云的特点设计,从而构建原生为云而设计的应用。云原生(cloudnative)是一种基于云计算的用来构建和运行应用程序的方法,它是一套软件研发的技术和方法论。

如图 8-2 所示,云原生可理解为:云原生 = 微服务＋ DevOps ＋持续交付＋容器化。

(1)微服务。随着大量开源技术的成熟和云计算的发展,服务化的改造应运而生,不同的架构设计风格随之涌现。微服务是一种架构风格,将软件、业务系统拆分为一系列独立的服务,这些服务仅用于某一个特定的业务功能。根据业务的需求,不同的服务可以根据业务特性进行不同的技术选型。微服务首先实现了面向服务的架构(SOA)目标。然而,两种架构之间仍然存在差异。SOA 适用于部署一体化架构应用,并更倾向于平台驱动,而微服务必须是可独立部署的,因此在各维度上提供了更多的灵活性。

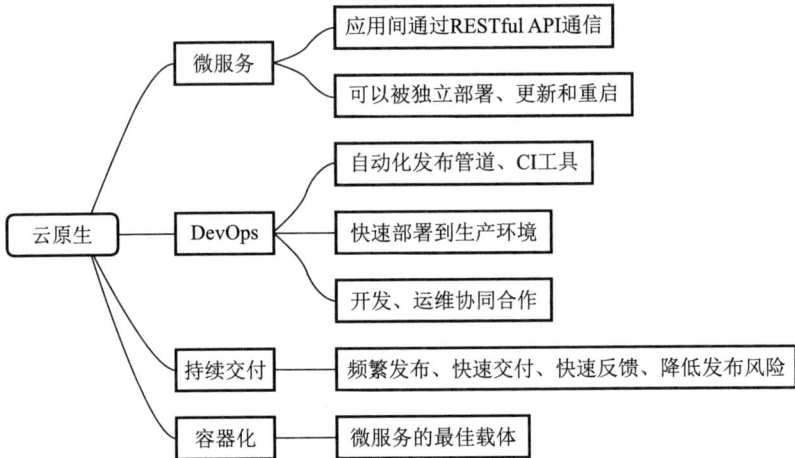

图 8-2　云原生

（2）DevOps。从字面上看，DevOps 由 development（开发）和 operation（运维）组合而成，实际上是一组过程、方法与系统的统称，包括组织文化、自动化、精益、反馈和分享等不同方面。首先，组织架构、企业文化与理念等需要自上而下设计，用于促进开发部门、运维部门和质量保障部门之间的沟通、协作与整合。简单而言，组织形式类似系统分层设计。其次，自动化指所有的操作都不需要人工参与，全部依赖系统自动完成，如持续交付过程必须自动化才有可能完成快速迭代。最后，DevOps 的出现是由于软件行业日益清晰地认识到，为按时交付软件产品和服务，开发部门和运维部门必须紧密合作。

（3）持续交付。持续交付指为满足业务需求的频繁变动，通过快速迭代，产品能做到随时都能发布的能力。它包括一系列的开发实践方法。持续交付分为持续集成、持续部署、持续发布等阶段，用来确保从需求提出到设计开发和测试，再到让代码快速、安全地部署到产品环境中的高效完成。持续集成指每当开发人员提交了一次改动就立刻进行构建、自动化测试，确保业务应用和服务能符合预期，从而可以确定新代码和原有代码能否正确地集成在一起。持续发布指软件发布的能力，在持续集成完成后能够提供到预发布之类的系统上，达到生产环境的条件。持续部署指使用完全的自动化过程将每个变更自动提交到测试环境，然后将应用安全地部署到产品环境,打通开发、测试、生产的各环节,自动持续、增量地交付产品,这也是大量产品追求的最终目的。当然,在实际运行的过程中,有些产品会增加灰度发布等环境。

（4）容器化。容器化的好处在于运维时不需要再关心每个服务所使用的技术栈,每个服务都被无差别地封装在容器中,可以被无差别地管理和维护。现在比较流行的容器化工具是 Docker 和 K8S。

虽然云计算拥有"无限"的计算和存储资源池,但是云数据中心往往是集中化的且距离终端设备较远,当面对大量分布广泛的终端设备及所采集的海量数据时,云不可避免地会遇到三大难题:一是网络拥塞,海量的原始数据不间断地涌入核心网络,造成核心网络拥塞;二是高延迟,终端设备与云数据中心的较远距离将导致较高的网络延迟;三是可靠性无法保证,由于从终端到云平台的距离远,通信通路长,因而风险大。

作为云计算的延伸扩展,雾计算(fog computing)的概念应运而生。雾计算是一种分布式的计算模型,作为云数据中心和物联网设备／传感器之间的中间层,它提供计算、网络和存储设备,让基于云的服务离物联网设备和传感器更近。雾计算主要使用边缘网络中的设备,可以是传统网络设备,如网络中的路由器、交换机、网关等,也可以是专门部署的本地服务器。在物联网中,雾可以过滤、聚合用户消息,处理用户数据以保证隐秘性,初步处理数据以实时决策,提供临时存储以提升用户体验,而云则可以负责大运算量或长期存储任务,与雾计算优势互补。

8.5.5　大数据

随着移动互联网、移动终端和数据传感器的出现,数据正以超出想象的速度快速增长。据专业机构推测,到 2020 年,全球的数据总量将达到 40 ZB。在巨大的市场需求下,大数据以爆炸式的发展速度蔓延至各行各业,全球大数据市场规模保持着高速增长态势。数据量的爆发式增长为行业的发展提供了更多的机会,但如何从海量数据挖掘更多的价值也成为一个难题。大数据技术的发展能够解决这一难题,充分利用数据的价值。大数据的发展具有行业特性,与行业的数字化转型密不可分,因而大数据的发展可以反映行业的数字化程度。

大数据具有 4V 特性, 即 volume (大量)、velocity (高速)、variety (多样) 和 value (价值)。

(1) 数据体量够大。大数据的数据量巨大, 数据集合规模不断扩大, 已从 GB 级发展到 TB 级再到 PB 级, 甚至开始以 EB 和 ZB 来计数。例如, 一个中型城市的视频监控头每天就能产生几十 TB 的数据。

(2) 实效性。数据产生、处理和分析的速度在持续加快。数据流量大, 充分说明了大数据的处理能力, 体现出它与传统的数据挖掘技术有着本质区别。

(3) 数据类型够多。大数据的类型复杂, 结构化数据、半结构化、非结构化数据需要整合并分析来自复杂的传统和非传统信息源的数据。随着传感器、智能设备和互联网的爆炸性增长, 还将包括文本、传感器数据、音频、视频、点击流、日志文件等。

(4) 数据价值密度低。由于大数据体量不断加大, 单位数据的价值密度也在不断降低, 但数据的整体价值在提高。通过对大数据进行处理, 找出其中潜在的商业价值, 将会产生巨大的商业利润。

大数据带来的不仅是机遇, 同时也是挑战。传统数据处理手段已无法满足大数据的海量实时需求, 需要采用新一代信息技术来应对大数据的爆发。大数据产业可以划分为六大类商业模式。

(1) 大数据基础设施类, 如 Hadoop 生态产品、NoSQL 数据库、NewSQL 数据库、MPP 并库、管理监控等。

(2) 大数据分析类, 如分析解决方案、数据可视化、统计分析、社交媒体、舆情、电商、广告、推荐等。

(3) 大数据应用类, 如广告优化、电子出版、市场营销、行业应用、大数据应用服务提供商。

(4) 大数据数据资源类, 如数据市场、数据源、数据即服务 (DaaS)。

(5) 跨基础设施分析, 主要为传统 IT 巨头的向外业务延伸。

(6) 开放组织项目 (具备商业产品的功能和性能), 如分布式存储与计算框架、数据流、查询、数据访问、工作流、实时分析处理、统计机器学习、数据挖掘系统、云平台部署等。

8.5.6　人工智能

人工智能(AI)是研究、开发用于模拟、延伸和扩展人的智能的理论、方法、技术及应用系统的一门新的技术科学。弱人工智能是擅长单个方面的人工智能,如战胜世界围棋冠军的 AlphaGo 专注于围棋。当前的人工智能几乎全都是弱人工智能。强人工智能类似人类级别的人工智能,在各方面都能与人类比肩。2012 年深度学习在计算机视觉和智能语音上产生重大突破,打开了人工智能应用的热潮,进入了产业化发展的上升通道。

人工智能包括数据、算法和算力三要素,如图 8-3 所示。

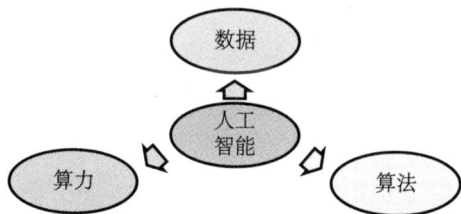

图 8-3　人工智能三要素

(1)数据。AI 算法模型只有经过大量的数据训练才能总结出规律,数据量要大并要覆盖各种场景,这样才能得到一个表现良好的模型。

(2)算法。主流 AI 算法主要分为传统机器学习算法和深度学习算法。近年来深度学习算法的快速发展和应用推动了人工智能的发展。

(3)算力。AI 算法模型的训练和运行需要硬件进行计算,用到的芯片包括 CPU, GPU, FPGA 和 ASIC。目前 GPU 使用最广泛。算法对数据的强需求决定了人工智能在行业中应用必然是场景化的,算法只适用于特定场景。

人工智能可以分为感知智能、认知智能和行为智能。感知智能即视觉、听觉、触觉等感知能力,人和动物都具备,能够通过各种智能感知能力与自然界进行交互。自动驾驶汽车就是通过激光雷达等感知设备和人工智能算法实现这样的感知智能的。机器在感知世界方面比人类还有优势。人类都是被动感知的,但是机器可以主动感知,如激光雷达、微波雷达和红外雷达。认知智能是能理解,会思考。人类有语言,才有概念,也才有推理,所以概念、意识、观念等都是人类认知智能的表现。

8.5.7 知识图谱

知识图谱(knowledge graph)又称为科学知识图谱,是挖掘、分析、构建、绘制和显示知识发展进程与结构关系的重要工具。知识图谱是一种描绘实体之间关系的语义网络,是发展认知智能的基础,是人工智能重要研究领域——知识工程的主要表现形式之一。

知识图谱通过 RDF(三元组),即"实体 × 关系 × 另一实体"或"实体 × 属性 × 属性值"集合的形式,从人类对世界认知的角度,阐述实体之间的关系。原始数据通过知识抽取或数据整合的方式转换为三元组形式。三元组数据经过实体对齐,加入数据模型,形成标准的知识表示。过程中如产生新的关系组合,通过知识推理形成新的知识形态,与原有知识共同经过质量评估,完成知识融合,最终形成完整形态上的知识图谱。

知识图谱从逻辑上可以分为概念层和数据层。数据层指以三元组为表现形式的客观事实集合,而概念层是它的"上层建筑",是经过积累沉淀的知识集合。知识图谱建设中以本体模型和实体数据库为核心。根据二者的建设顺序,知识图谱又分为先定义本体和数据规范再抽取数据的"自顶向下型"、先抽取实体数据再逐层构建本体的"自底向上型"两种模式。前者适用于场景较为固定、存在可量化行业逻辑的领域,如金融、医疗、法律等;后者适用于新拓展的、有大量数据积累、行业逻辑难以直接展现的领域。总体而言,搭建知识图谱从数据源开始,经历知识抽取、知识融合、知识加工等步骤。

在油气勘探开发领域,可以利用知识图谱来表示"油气田-包含-气藏""气藏-包含-气井""储层物性-属于-储层""圈闭类型-属于-油气田"等互为"本体-关系-属性"的三元结构和递进关系。

8.5.8 自然语言处理

自然语言处理(natural language processing, NLP)是一门涉及语言学、数学和计算机科学的综合学科,主要研究人与计算机之间使用人类自然语言进行有效沟通的理论和方法。自然语言处理涉及的内容非常广泛,最常应用于知识图谱的是对自然语言中信息的抽取,基本能力包括分词、词性标注和句法分析。通过词典法或统计法将文章中的词语进行分割,采用最大熵、HMM 或 CRF 等算法训练模型,对名词、动词、形容词、标点符号等词性类别进行识别和标注,再根据规则法或统计法对语句的主谓宾等句法结构进行分析,得到完整句式,最终产出一个计算机可识别的语料库,供后续需求调取。

自然语言处理的分析步骤主要包括 3 步:第一,构造词向量;第二,创建语言模型;第三,利用机器学习技术训练模型。

自然语言处理技术是人工智能领域最具挑战性的任务之一。2018 年 10 月,谷歌公布的 BERT 模型在 11 项自然语言处理任务中表现卓越,将下游具体自然语言处理任务进一步推向预训练产生词向量环节,增强了自然语言处理的泛化能力和自动化能力,为业界带来了新的思考方向。随着训练模型的不断探索与开源,类似深度神经网络于识别类任务的里程碑型训练算法终将出现,届时自然语言处理训练成本将大大降低,从而真正走向产业化,开启认知智能的大门。

油气勘探开发领域涉及大量的非结构化文本,其中蕴含的大量信息和知识有待利用。西南油气田针对多源异构的油气勘探开发生产知识进行有效管理和组织,对存储为 ppt/word/pdf 等格式的专业文档、半结构化文档和结构化数据库,借助自然语言处理、语义分析、文本分类等机器学习技术,挖掘数据价值,构建推荐系统来针对性推送有效信息,形成西南油气田的认知智能基础,将知识融合到勘探开发知识图谱中,建立川渝地区全探区范围内的勘探开发知识图谱库,探索基于知识图谱的知识管理技术在油气勘探开发领域的应用场景,提高勘探研究资料收集及数据分析效率,形成上游勘探开发领域的权威信息来源,支撑油气智能搜索、多维分析、知识类比、指标预测和自动报告生成等应用。

第9章 油气田数字化转型模式构建

西南油气田以"油公司"模式下的信息化与主营业务深度融合为指导思想,按"职能定位明晰化、组织机构扁平化、甲方主导高效化、要素保障市场化"的基本思路,从价值链入手,围绕公司"三步走"的战略目标,基于数字化转型理论构建油气田数字化转型模式。

9.1 思路原则

9.1.1 构建思路

以"四化"为基本思路,大力提升增储增产增效能力,以业务归核化发展为主导,以组织结构扁平化为支撑,以数字化建设为手段,突出主营业务,精简组织机构,压缩管理层级,优化资源配置,配套管理机制,强化激励约束,稳步推进"油公司"体制机制改革各项工作任务有效落实,为西南油气田全面决胜 300 亿、加快推进 500 亿战略大气区建设,实现高质量稳健发展提供有力支撑。

9.1.2 基本原则

战略主导:以企业战略发展为主导,并为企业战略的实现和持续改进提供可管控的手段;企业战略目标、战略重点应充分考虑信息化条件下企业可持续竞争优势的保持,确保数字化建设工作与企业战略的一致性。

创新驱动:实施创新驱动发展战略,对企业提高经济增长的质量和效益、加快转变发展方式具有现实意义。以两化融合创新引领公司全面创新,以数字气田建设应用促进两化深度融合,全面提升公司核心竞争力。

智能高效:充分发挥现代信息技术在生产要素配置中的优化集成作用,促进信息化与生产建设、经营管理的深度融合,革命性地转变生产组织方式,不断提效率、降成本、增效益,确保实现创新发展、智能发展和绿色发展。

协同共享：以开阔的视野、开放的思维建立协同开放共享机制，促进跨企业多领域的业务协同和融合，激活各类主体内在发展动力。

持续改进：持续评测，调整战略，识别与企业战略匹配的可持续竞争优势，打造信息化环境下的新型能力，持续提升公司总体效能效益，实现战略落地和持续改进。

9.2　天然气产业价值链分析

天然气产业与其他很多产业价值链的构成有所不同，它是集上游、中游乃至下游为一整体的价值活动。从天然气的勘探开发、集输净化到将天然气及其产成品移交给用户（如销售公司和经销商等），再到将天然气与一系列化工产品销售给最终客户并为其提供一些售后服务，这些生产经营环节构成了一个完整的、相互衔接的纵向一体化产业链条。

中国的石油天然气改革旨在推动贯穿价值链的市场化改革。中国石油天然气改革势在必行，但也存在诸多挑战。地缘政治与经济、多变的国际国内市场动态以及国有制与私人投资者之间的不同利益，互相之间均存在着密切关系。

中国石油天然气行业面临的主要问题包括：上游，勘查开采是石油天然气行业的基础，是资本最密集、利润最丰厚的垄断领域；中游，管网拆分是关键问题；下游，下游领域改革面临巨大压力，但定价机制的完善以及混合所有制的引入可能带来突破性成果。

1）勘查开采

油气资源富饶省份的省级国有油气企业、拥有海外资产以及海外勘查经验的民营油气公司以及拥有国内油田服务经验的石油服务公司三类石油天然气公司有望获得陆上常规油气勘查开采机会。随着市场竞争日趋激烈，国有石油企业获取勘查权的成本将会增加。随着改革的深入，其股东架构也会发生变化，对生产、运营及管理造成冲击，企业需要就此做好应对准备。外资油气企业可以通过与国内企业成立合资公司，参与常规资源的勘查开采。然而，鉴于中国复杂的地质条件以及有限的石油天然气资源，外国油气企业进入上游领域的可能性仍然有限。

2）进出口管理

进出口改革对炼油公司产生的影响最大。政府计划制定相关制度，更积极地监督国有油气公司和独立炼油公司等配额持有者的原油进口。目前进口管制已经开始放松。自2015年起，独立炼油公司可以获得一定的进口配额，并且能进口原油。这些公司进入市场对国有炼油公司产生了一定压力，推动国有企业提升自身效率。然而在新的制度下，独立炼油公司可能面临更严格的监督审查，包括是否遵守所有税法规定。

政府还计划完善出口政策。目前的成品油出口配额仅发放给中石油、中石化、中海油以及中化四家国有企业。去年年底未能获得出口配额的独立炼油公司期盼重启石油产品出口。中国石油企业有加工贸易与一般贸易两种出口方式。通过加工贸易方式出口的石油产品能够免税，但严格限制于特定炼油公司进口原油炼制而成的成品油。2017年1月重启的一般贸易出口方式有利于国有贸易公司自由地出口自己和其他炼油公司使用国内或进口原油炼制而成的成品油，还能享有营改增及消费税的一定税额减免。进出口改革将推动贸易与销售市场开展更多市场化变革，有助于形成一个能够更准确反映石油价格的市场。

3）管网改革

中国计划逐步推进大型国有油气企业的管网业务拆分，进一步向第三方市场主体开放石油天然气管道网络。管网拆分打破垄断是中游领域改革中最热门的话题。大型油企成立管道公司进行业务拆分，意味着管网改革逐步启动。2016年11月，中石油拆分其天然气销售业务与管道业务，而中石化也计划与民营成品油销售公司开展合作。石油天然气管道、油码头、液化天然气接收站以及省内与省际网络均处于分散状态，导致竞争不足和资源浪费。尽管面临诸多挑战且改革步伐缓慢，但向第三方市场主体公平开放将有助于新资本进入石油天然气领域。同时，扩大基础设施接入将降低运营商成本。例如，允许第三方市场主体接入国有石油公司的液化天然气接收站以及放开管道网络，能够推动天然气运营商以较低价格实现供应渠道多元化，从而积极推动需求。总之，促进竞争能够提高效率。

4）下游竞争

中国将深化下游竞争性环节改革,提升优质油气产品的生产供应能力。政府计划制定更加严格的炼油产品质量、安全、环保和能耗等方面的标准,还计划更好地管理新进入炼油领域的企业,加快淘汰落后产能,减少过剩产能。现有的城市天然气输送公司需要做好应对日趋激烈的竞争的准备,并在必要时调整商业模式。

5）定价机制

中国计划完善成品油价格形成机制,充分发挥市场决定价格的作用,同时保留政府在价格异常波动时的调控权。这是一项艰巨的任务。中国决心推进非居民用气价格市场化,进一步完善居民用气定价机制,同时鼓励发展油气交易平台,最终实现市场化价格。价格是限制中国天然气发展的主要因素。在不考虑环境成本的情况下,天然气的价格远高于煤炭。针对天然气市场,政府采取的下一步措施将是降低管输价格,取消终端用户的交叉补贴。搭建交易平台会加剧天然气供应商之间的竞争,逐步减少国际气价与中国较高国内用气价格之间的差距。

6）国企改革

中国将持续推进大型国有石油公司改革,引入混合所有制,完善企业法人治理结构,并通过并购等方式精简运营。大型石油企业盘踞上游和中游市场,因此尽管混合所有制改革已经开始,但对油气市场的影响仍较为有限。

7）安全与环保

提升全产业的安全清洁运营能力,加强油气开发使用的全过程安全监管,完善风险应对和防范机制。炼油领域将受到严格监管,尤其是中小型炼油公司。作为独立炼油公司最多的省份,山东已经开始迎来政府派遣的环境部门官员与专家小组,接受常规但不定期的环保安全检查。自 7 月中旬起,山东约有 30 家独立炼油公司以及无确切数量的多家化工厂被关闭。其中部分未能恢复运营,因为升级成本使其无力与进口产品竞争。

8）低油价环境

油价反弹的时间很难预测，但低油价有可能成为新现实，并通过以下方式推进中国油气改革：允许独立炼油公司进行原油进口；提供燃料价格改革机会；为天然气同时带来机遇和挑战；推动中国油气公司变得更加强大。

9.2.1 天然气行业价值活动分析

根据天然气产业的特点，天然气产业的价值链模型分为基础活动和辅助活动两个价值活动。

1）基础活动

勘探是天然气产业价值链的开始。勘探能力反映产业为获取自然资源而进行的一系列活动，最终转化为产业竞争力，可以用天然气储量这一指标体现。天然气开发在产业链中处于非常重要的一环，天然气产量指标参数体现天然气开发能力。天然气处理与化工是针对开采出的天然气进行脱硫脱碳、脱水等净化处理以便可以使用，在销售前需使开采出的天然气达到商品天然气的质量标准。天然气储运是将开采的天然气通过输气管道输送到天然气加工厂，再将加工厂净化的天然气运输给销售商的过程。天然气储运与管网建设对一个地区天然气产业的发展至关重要。销售和服务是价值链基础增值活动的最后环节，决定了一个产业能否在市场上长期生存和发展，同时也是天然气产业获取利润的关键环节。

2）辅助活动

辅助活动主要包括制度基础、人力资源、技术开发等，它们对天然气产业竞争力的影响是持续性的。天然气产业受到政策的影响。例如，2013 年四川省出台的《四川省石油天然气发展"十二五"规划》提出，鼓励民间资本和省外资本进入我省天然气勘探开发领域，并将天然气勘探、天然气产能建设、油气管建设、天然气利用及加油站布局规划纳入全省天然气发展的重点任务，延伸天然气管网并采用 CNG 和 LNG 等措施来扩大天然气供应范围，创新页岩气开发模式、资源管理方式、政策体制。油气田企业通过加强战略和规划管理、加强投资项目和造价管理、加强生产运行和工程技术监督管理、加强物资采购管理等来保障天然气作业和管理的规范化、系统化、安全化。合理的人力资源配置是四川天然气产业稳定发展的重要保障。

9.2.2　西南油气田价值链分析

西南油气田历经 60 余载的探索实践,建立了我国第一个完整的天然气工业体系。近年来,西南油气田勘探开发获得重大进展,储量产量快速增长,规模实力显著增强,创效盈利能力不断提升,天然气进入了快速发展时期,在"油公司"模式下突出勘探、开发、管道、销售核心业务一体化优势。

西南油气田核心价值链如图 9-1 所示。

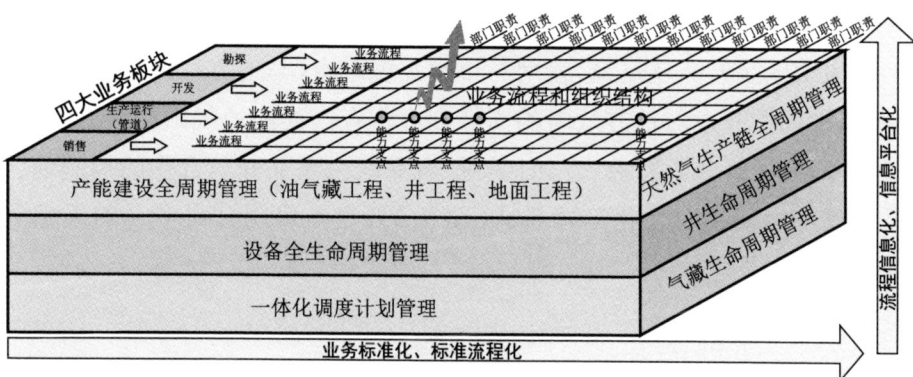

图 9-1　西南油气田核心价值链

勘探上形成了海相碳酸盐岩、海相页岩气、火山岩、致密气四大领域以及三大储量规模超万亿方的大气田。四川盆地横跨川渝两省市,面积 $18 \times 10^4 \ \mathrm{km}^2$,是我国陆上第三大含油气盆地,天然气资源量 $39.94 \times 10^{12} \ \mathrm{m}^3$,常规气和页岩气资源量均居全国之首(图 9-2)。

开发上建成了安岳特大型气田、川南页岩气和老区三个百亿方大气区。页岩气累积探明储量超万亿方,年产气 $80 \times 10^8 \ \mathrm{m}^3$,实现了国内页岩气储量、产量双"领跑"。

所属管网是我国能源战略通道西南枢纽,形成了完整的天然气输配系统,建成了"三横、三纵、三环、一库"天然气采集、净化、输配、销售系统。拥有管道 4.2×10^4 km,覆盖川渝,连通全国,年输配能力 350×10^8 m³,形成了"川气自用、外气补充、内外互供、战略储备"的产运储销格局。

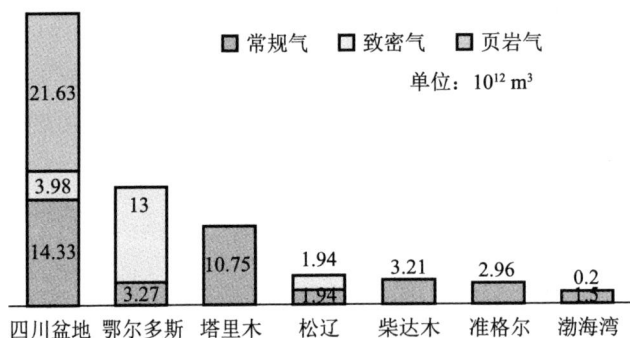

图 9-2 我国主要盆地天然气资源量

川渝地区天然气资源、管网与市场高度融合,与地方经济发展高度关联,油气勘探开发对地方政府的支持高度依存。西南油气田历经 60 余年发展,形成了既独具特色又与时俱进、既系统完整又开放合作的川渝地区天然气产运储销一体化运营模式(图 9-3),也是集团公司唯一的天然气全产业链公司。

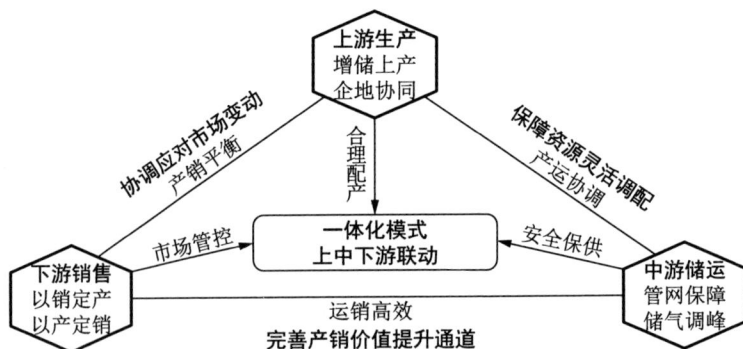

图 9-3 一体化运营管理

从以上分析可以看出,在天然气勘探环节,西南油气田公司天然气资源丰富,尤其是页岩气资源明显优于新疆、大庆、陕西等地区,较大的勘探潜力为天然气产业的发展打下了坚实的基础。在天然气开发环节,页岩气钻完井及压裂技术和天然气地下储气库的缺乏在一定程度上制约着天然气产业的发展。在天然气处理与化工环节,公司建立了一系列高效能天然气净化厂,为天然气产业的稳定发展提供了强有力的支撑。在天然气储运与管网建设环节,形成了灵活性较强的环形区域性管网,对实现稳定供气起到了很大作用,使四川天然气产业在此环节处于优势地位。在天然气销售与服务环节,巨大的市场需求与较强的营销能力为天然气产业提供了广阔的发展空间。在辅助活动环节,天然气产业受到政府政策支持,并拥有良好的人才储备库以及处于全国领先水平的勘探开发技术,具有一定的竞争优势。

9.3　目标及实施路径

9.3.1　目　标

按照西南油气田"持续构建全面集成的数字气田、持续支撑核心竞争力打造"的信息化总体目标,围绕西南油气田"创新、资源、市场、低成本"的发展战略,制定数字气田建设与实施"战略主导、创新驱动、智能高效、协同共享、持续改进"的指导方针,以公司天然气精益生产、卓越营运为目标,坚持"智能+油气开采"技术路线,有效利用云大物移智、区块链、工业机器人等技术,建立覆盖全产业链的智能生态系统,赋能天然气勘探开发生产运营模式创新,提升公司天然气产业价值链竞争能力,全面建成国际领先的智能油气田(图9-4)。

同时,基于西南油气田业务战略发展和智能油气田建设,提出SMART 数字转型方法路径(图9-5)。

S 即 Strategy,代表西南油气田业务发展战略。国家能源局正组织研究四川盆地天然气上产 $1\,000 \times 10^8\,m^3$ 发展规划。西南油气田落实中国石油战略部署,抓住四川盆地天然气发展历史机遇,实施三步走发展战略,建设国内最大的现代化天然气工业基地。

M 即 Merge,代表两化融合。西南油气田两化融合处于综合集成阶段,已经从"单点突破""多面开花"发展到"体系制胜"的阶段。在两化融合方法上,初步建立数据、技术、业务流程、组织结构四要素的互动循环,正在开展突破两化融合瓶颈,推动"油公司"模式下的数字化转型。

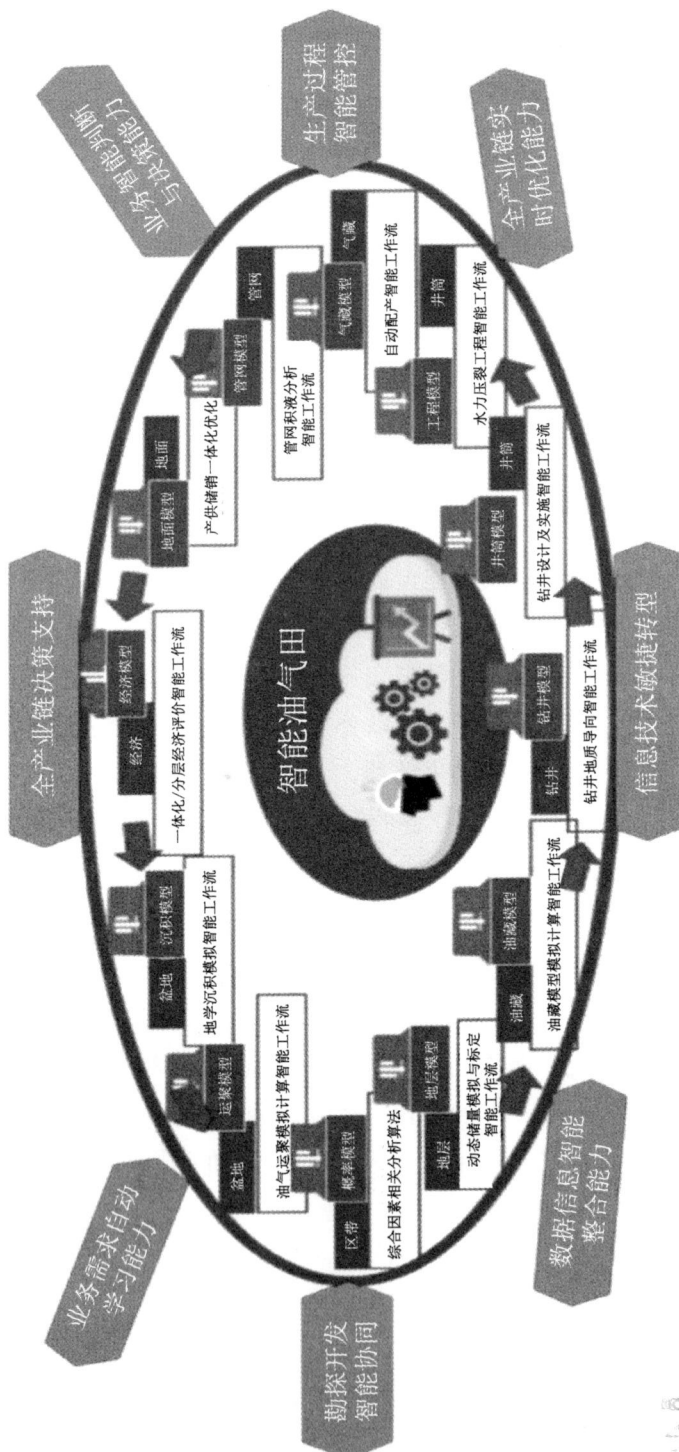

图 9-4 智能油气田目标

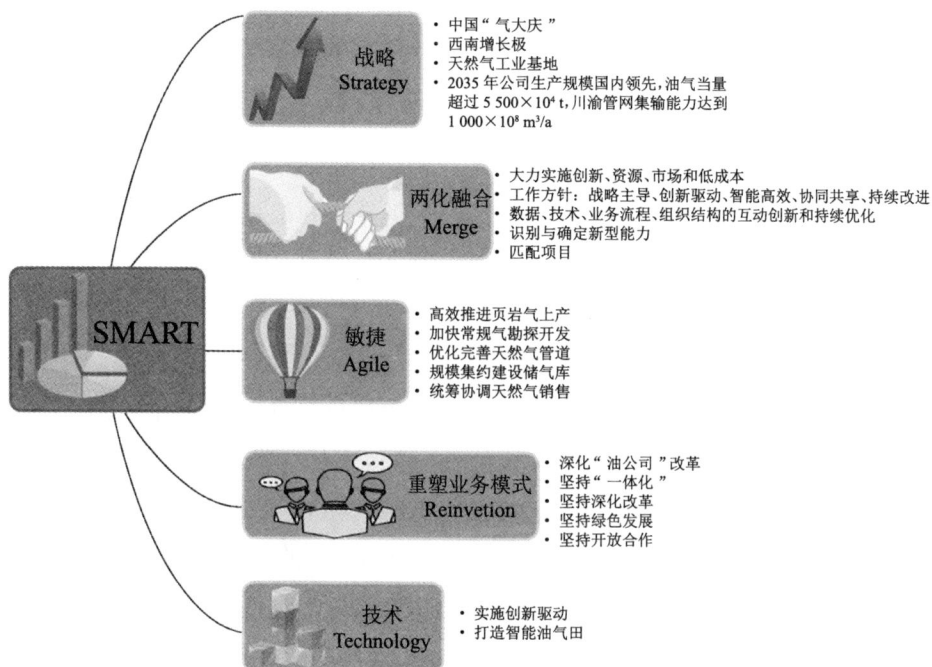

图 9-5　SMART 数字转型方法路径

A 即 Agile，代表敏捷。三步走战略要求高效推进页岩气上产，加快常规气勘探开发，优化完善天然气管道，规模集约建设储气库，统筹协调天然气销售等。天然业务面临行业内外巨大挑战，应对 VUCA 带来的价值旋涡、数字化颠覆挑战，使用快速迭代、敏捷创新的方式，以数据为决策准则，以最小成本找到问题的最优解。

R 即 Reinvetion，代表重塑业务模式。在"油公司"模式下，以数字化建设为手段，突出主营业务，精简组织机构，压缩管理层级，优化资源配置，配套管理机制，强化激励约束，稳步推进油公司体制机制改革各项工作任务有效落实，为实现高质量稳健发展提供有力支撑。

T 即 Technology，代表技术。推进智能油气田建设，深化人工智能、大数据、区块链、云计算等技术应用，构建具有"全面感知、自动操控、智能预测、持续优化"特征的油气智能生态应用，建成世界一流智能油气田。

9.3.2　实施路径

第一阶段（2015—2020）：全面完成数字化气田模式下企业数字化转

型。

产量规模 300 亿,全面完成数字气田建设,持续创新应用生产操作层面和生产管理层面的两个"三化"模式,以两化融合为抓手,建成物联网系统和数据集成应用平台,建立覆盖勘探、开发、生产运行、管道、项目协同研究、经营管理以及综合移动办公等全业务链的信息支撑平台,持续开展龙王庙、页岩气两个智能油气田示范工程,打造国内两化融合示范企业,实现自动化生产和数字化办公,推进"油公司"模式下公司数字化转型。

第二阶段(2021—2025):由数字化向数智化转变的数字化转型。

产量规模 500 亿,初步建成智能油气田,完成"油公司"模式下生产组织与管理创新,提升企业价值。在完成第一阶段基于云架构的数字化IT 基础设施建设后,落地总部"两统一、一通用"的建设原则,围绕智能油气田四大特征,以初步建成智能油气田和以两化深度融合为指导,敏捷迭代"油公司"模式下生产组织与生产管理创新模式,持续打造以智能工作流为特色的一体化协同能力,打造国内两化融合标杆企业。通过开放API 的方式取代传统 IT 架构,逐步将企业业务功能与云平台整合,通过PaaS 和 SaaS 的方式实现业务功能。对中小企业来说,甚至可以直接购买 PaaS 云平台和 SaaS 云应用,通过购买服务的方式降低前期硬件投入成本。从技术层面,根据业务安全需求,选择技术成熟的服务方案和服务能力强、技术实力雄厚的服务商,选取敏捷开发架构,不断提升产品安全性。从管理层面,制定规范管理制度,加强内部服务管理,制定完善的管理流程并严格执行,杜绝重大事故。

第三阶段(2026—2035):构建"气大庆"天然气工业基地生态。

油气生产工业互联网平台基本建成,并成为天然气工业基地产业链的支撑环境。在此生态系统中,整个产业的发展通过数字化基础架构向全社会开放,不再是产业体系内的闭环,大量第三方的资源利用自身优势进入产业发展环节,带来大量创新机会,从而推动整个产业的快速发展。

根据图 9-6 所示西南油气田 800 亿数字化保障实施路线图,2020 年已完成云网端基础设施和完整的工业控制系统建设,完成物联网改造,全部上线作业区数字化管理平台,已在全部 38 个作业区建成数字化气田,建立起"互联网＋油气开采"新模式,实现开发生产的转型升级。

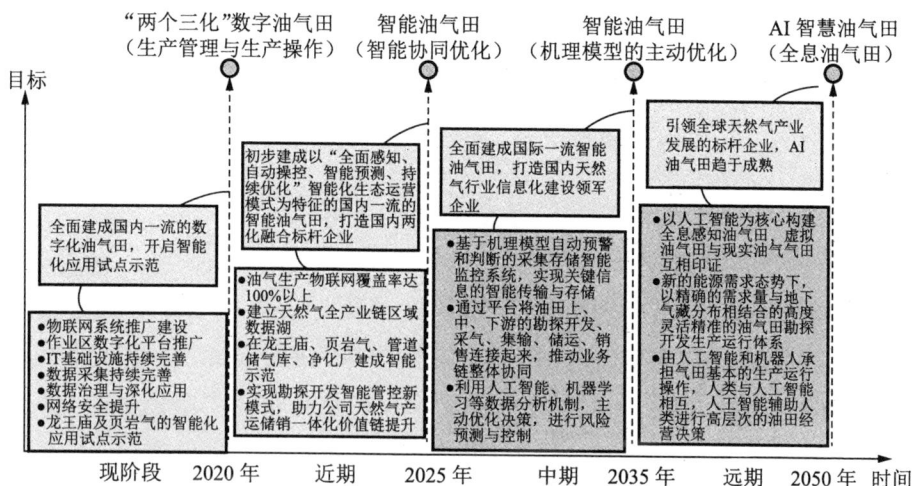

目标

"两个三化"数字油气田
(生产管理与生产操作)

智能油气田
(智能协同优化)

智能油气田
(机理模型的主动优化)

AI 智慧油气田
(全息油气田)

引领全球天然气产业发展的标杆企业,AI油气田趋于成熟

初步建成以"全面感知、自动操控、智能预测、持续优化"智能化生态运营模式为特征的国内一流的智能油气田,打造国内两化融合标杆企业

全面建成国际一流智能油气田,打造国内天然气行业信息化建设领军企业

全面建成国内一流的数字化油气田,开启智能化应用试点示范

● 以人工智能为核心构建全息感知油气田与现实油气田互相印证
● 新的能源需求态势下,虚拟油气田与地下气藏分布相结合的高度灵活精准的勘探开发生产运行体系
● 由人工智能和机器人承担气田基本的生产运行操作,人类与人工智能辅助相互,人类进行高层次的油田经营决策

● 油气生产物联网覆盖率达100%以上
● 建立天然气全产业链区域数据湖
● 在龙王庙、页岩气、管道储气库、净化厂建成智能示范
● 实现勘探开发智能管控新模式,助力公司天然气运储销一体化价值链提升

● 基于机理模型自动预警和判断的采集存储智能监控系统,实现关键信息的智能传输与存储
● 通过平台将油田上、中、下游的勘探开发、采气、集输、储运、销售连接起来,推动业务链整体协同
● 利用人工智能、机器学习等数据分析机制,主动优化决策,进行风险预测与控制

● 物联网系统推广建设
● 作业区数字化平台推广
● IT基础设施持续完善
● 数据采集持续完善
● 数据治理与深化应用
● 网络安全提升
● 龙王庙及页岩气的智能化应用试点示范

现阶段 2020 年 近期 2025 年 中期 2035 年 远期 2050 年 时间

图 9-6 西南油气田 800 亿数字化保障实施路线图

生产操作实现了"单井无人值守、气田分区连锁控制、远程支撑协作",生产系统实现了万物互联、深度感知和自动化生产,由"人防"转变为"技防",传统的"一井一站一套人马"转为"中心站＋单井无人值守"。生产操作"三化"全部工种岗位实现了"工作清单＋工作质量标准"的管理方式,建立了所有现场管控标准和形象规范,已规范站场 4 043 座、设备 98 750 台(套),实现"工作质量标准、管理规范要求"的"网络化运行、数字化管理",线上已运行工单 300 余万条。

生产组织实现了"大数据分析、自适应调节和数字化管理"。数字化管理平台"用数字说话、用数字指挥",成为生产组织的智能调度员,专家系统集成专家智慧,改变生产管理"靠经验、拼人力"的传统模式,智能工作流实现一体化管控思想理念。

生产管理实现了线上协同,正走向两化深度融合。场站数字化监控覆盖率达 92%,气田开发整体实现"自动化生产",开发上线了一批管理平台,主营核心业务实现了"数字化办公",启动了一批智能油气田试点示范工程建设,形成了生产管理新模式,生产操作、开发管理实现了线上运行,转变了传统的生产管理模式,机关部门转向"大部制",院所转向远程支持研发中心,管理层级向扁平化发展,并打造了气田管控八种新型能力,获得工业和信息化部两化融合管理认证。

9.3.3 关键要素

结合信息化发展规划,在战略规划、架构设计、建设实施方面形成了一批理论、方法、实践与模型工具,形成了具有通用性、普适性的关键点与要素。

1)坚持一个企业级转型战略

将数字化转型定位为企业级战略,全局谋划。数字化战略是筹划和指导数字化转型的方略,在高层次上面向未来,在方向性、全局性的重大决策问题上选择做什么、不做什么。数字化转型是企业层级的战略,是企业总体战略的重要组成部分。以战略为指引开展数字化转型,将大大提升转型成功的概率。

2)创造两个保障条件

通过组织转型激励组织活力,通过文化转型创造转型氛围。

a. 组织机制保障

数字化转型需要强有力的组织来支撑,需要明确转型的责任主体,制定合理的组织业务目标,配套考核和激励机制,优化组织间协作流程。在适合的条件下,还应成立专门的数字化转型组织,协调业务和技术部门,建立数字世界和物理世界间的协同运作机制,统筹推进数字化转型落地。

b. 创造文化氛围

企业文化是数字化转型能否成功的关键因素,要不断培育包括数字文化(积极拥抱数字化,通过数据来改变传统的管理思路和模式,习惯用数据说话、用数据决策、用数据管理和用数据创新)、变革文化(勇于探索、拥抱变化、自我颠覆、持续变革)和创新文化(崇尚创新、宽容失败、支持冒险,在数字化转型过程中更加积极和主动)在内的转型文化理念,激发个体活力,为员工营造好的转型环境,形成数字化转型的动力源泉。

3)贯彻三个核心原则

将核心原则贯穿转型全过程,保证转型始终在正确的轨道上。

a. 战略与执行统筹

在数字化转型过程中,应将战略与执行并重。战略强调自上而下,重视顶层设计,从企业战略逐层解码,找到行动的目标、路径,指导具体的执行。执行强调自下而上,在大致正确的方向的指引下,积极进行基层探索和创新,将新技术和具体的业务场景结合起来,找到价值兑现点。从成功的基层创新归纳和总结经验,反过来影响和修订上层的战略和解码。应注意对战略与执行的统筹,处理好远期与近期、总体与局部、宏观与微观等方面的关系。

b. 业务与技术双轮驱动

数字化转型的驱动力来自业务和技术两个方面。数字化转型实际是业务的转型升级,要从业务视角主动思考转型的目标和路径,将转型落到具体的业务运作中。可以借鉴外部的实践经验,找到技术对业务变化的支撑点。新技术可以给业务带来巨大的提升潜力,企业应该在新技术的探索上进行适度超前的投入,通过持续的探索和学习,将新技术的威力变现为实际的业务价值,推动业务持续转变。

c. 自主与合作并重

转型成功的关键在企业自身,企业要实现转型的自我驱动。要识别和聚焦核心能力,自我提升,实现核心能力内化。对于非核心能力,要以开放的心态,充分利用外部力量,快速补齐能力短板,为自身发展构建互利共赢的生态系统。

4)推进四个关键行动

应通过四个关键行动控制转型关键过程。

a. 顶层设计

数字化转型的顶层设计是制定转型的总体框架与发展路径,是全局最有效协同的必要基础。顶层设计可以明确长期目标,实现战略解码,在组织内统一思想、统一目标、统一语言、统一行动,解决数字化转型的整体性、协作性和可持续性问题。从过程上看,数字化顶层设计主要包括价值发现、蓝图制定、路径规划三大主要阶段。

(1)价值发现。快速实现业务价值是数字化转型顶层设计的难点。

价值发现通过综合评估企业现状、分析业务需求、对标业界实践等任务，发现转型的业务价值，找准转型突破口。其主要工作包括现状与问题调研、业务需求理解、业界最佳实践对标、技术发展趋势分析以及转型价值发现等。

（2）蓝图制定。蓝图制定为数字化转型制定总目标，指引转型的总方向，使转型成为全局性共识。其主要工作包括愿景描绘、转型目标设定、转型蓝图制定、架构设计、技术路线选择、转型举措制定和组织与文化变革等。制定转型蓝图是该阶段的核心工作。一方面，要保证转型目标的有效落地，具备可实施性；另一方面，要保证转型未来可演进，可持续发展。因此，良好的企业架构设计是其中的关键点。

（3）路径规划。路径规划的主要任务是识别转型约束性条件与资源需求，制定切实可行的实施规则，确保目标达成。其主要工作包括约束性条件分析、资源需求分析、实施路径规划以及实施任务分解等。

b. 平台赋能

数字化时代下，外部的快速变化与企业内在的稳健经营要求形成了强烈矛盾，带来了巨大挑战。反映在企业数字化转型上，业务需求快速多变，新技术层出不穷，而数字化系统需要稳定扩展与平滑演进，频繁的颠覆重构不仅造成重复投资建设，更带来经营业务与企业运营方面的额外风险。

企业需要不断强化和提升数字化能力来应对这种挑战。主要包括：

（1）业务与技术深入结合能力。将业务经营、企业经营的新功能、新需求不断在技术系统中落地实现并反哺业务，包括产品／服务数字化、精准营销、全要素在线、实时决策支持等。

（2）数据智能和价值再造能力。面向全量数据和数据全生命周期的治理和价值挖掘能力，包括外部数据融合、分析、建模、治理和数据安全。

（3）技术管理和技术融合能力。对企业纳入的数字技术进行高效管理的能力，包括弹性基础设施、组件解耦服务化、服务运营管理、新技术纳入、API 管理、技术安全以及开发运营等。

因此，企业需要构建一个支撑数字化转型的平台，该平台的特征具体表现为：

（1）应用场景化。根据不同业务场景提供个性化应用功能,满足不同角色对象在企业经营活动中所需的随时随地接入使用数字化系统的需要,丰富业务场景,提升用户体验。

（2）能力服务化。提取业务能力共性,形成数字化服务接口,灵活编排业务流程,支持业务敏捷与创新。

（3）数据融合化。全量数据采集汇聚、全域数据融合、全维数据智能分析,洞察业务内在规律,提供决策支持。

（4）技术组件化。以组件化框架承载,按需引入大数据、物联网、视频智能分析、AR/VR 等新技术,技术架构易扩展、技术元素易集成、技术能力易调用。

（5）资源共享化。智能终端、网络连接、计算存储资源云化,共享复用,资源弹性高效管理。

c. 生态落地

数字化时代下,基于上下游"服务提供、服务采购"的简单合作模式正逐渐失效,"链式串接"向"网状互联"的合作方式演化成为行业共识。在数字化系统建设上,企业自主完成全部系统建设越来越不可行,而以生态方式构建数字化系统可以吸引多种类型厂商协同联动、优势互补。

在平台架构下,基于数字化系统建设所需的能力分层和角色分工,企业能够低成本、高效率发现合作资源,建立合作关系,推动合作落地,保持合作发展,实现关键技术自主、能力短板补齐、服务良心竞争,构建起良性生态体系,为数字化系统的长期持续健康发展提供保障。

数字化系统建设所需的生态合作资源通常包括咨询设计服务、应用服务、技术水平服务、系统集成服务、运营安全服务和投融资服务等。

d. 持续迭代

数字时代下,业务变化快,技术更新快,需要敏捷迭代。但是迭代不代表全盘颠覆,数字化转型的能力需要不断积累和传承,信息化建设需要支撑物理世界业务的可持续发展,因此数字化建设的迭代应该是分层的,不同的分层以不同的周期进行迭代和演进。

一是功能级的短周期迭代。业务需求快速变化,ICT 技术的发展快速变化,新技术和业务的结合快速变化,这些都需要敏捷迭代。短周期迭代可使转型紧贴业务价值的实现,降低转型风险。

二是平台能力级的中周期迭代。平台承载了转型的能力,如快速引入新技术、以服务化来应对业务的敏捷变化,大数据快速建模等,因此架构和平台都需要相对稳定,而非快速的颠覆。要将短周期迭代中的成功经验不断沉淀到平台中,因为失败的短周期迭代中往往也会有闪光点,不能错失每个有价值的积累。平台能力级的中周期迭代有助于将转型的能力持续做厚。

三是规划设计级的长周期迭代。在规划设计的指引下,在多次的业务功能和平台能力迭代后,数字化转型逐步逼近战略目标。在阶段性目标基本达成时,需要进行方向性的审视并进行调整。但是,战略目标的挑战应该是相对长周期的。规划设计的过快变化不利于转型的资源投入和行动的持续有效。

通过上述 3 个层次的持续迭代,企业数字化转型将不断完善,数字化能力将不断提升。

9.4 数字化转型模式逻辑

参照集团公司数字化转型指导思想和重点方向,建立西南油气田数字转型模式逻辑,如图 9-7 所示。

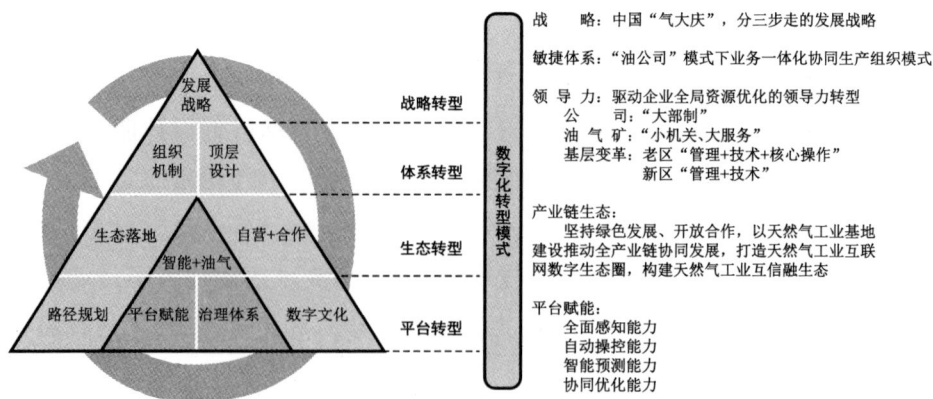

图 9-7 西南油气田数字化转型模式逻辑

从全局定义天然气产业链数字化新业态,重塑业务敏捷响应模式,实现油气生产运营敏感参数驱动、动态约束自动化运行、全产业价值链协同优化,推动"油公司"模式下的数字化转型[12]。

9.5　数字化转型模式构建

集团公司 2020 年工作会议明确提出:要加快数字化转型步伐,"十三五"末基本建成"共享中国石油";"十四五"持续提升信息技术核心能力和服务水平,全面推进数字化转型和智能化发展,努力提高油气及服务业务的数字化、可视化、自动化、智能化水平,促进组织架构变革、商业模式创新、流程优化和降本增效。集团公司提出的着力于数字化转型、智能化创新,是以场景为主,引导或推动业务发展,利用新兴的数字技术重塑管理模式、业务模式。重点应关注战略转型、领导能力转型、体系转型、平台转型与生态转型五大要务。

9.5.1　战略转型模式构建

战略转型指企业长期经营方向、运营模式及其相应的核心业务与资源配置方式的整体性转变,是企业重新塑造竞争优势、提升社会价值、达到新的企业形态的过程。目前国家能源改革为天然气产业发展带来巨大的机遇。四川盆地天然气资源丰富,勘探开发潜力巨大,天然气工业体系完整,加上西南油气田上中游业务链齐全等特点,为战略实施带来了巨大的优势。

在战略发展中,西南油气田将抓住四川盆地天然气发展历史机遇,建设国内最大的现代化天然气工业基地,建成国内最大的天然气生产基地和最大的页岩气田并长期稳产。

1)总体思路

在业务战略重点上,实现以常规天然气资源自营开发为主,向常规天然气、非常规天然气资源并举转变,突出基础理论和工艺技术创新,加强科技成果转化应用,构建协同高效的科研体系,全面提升自主创新能力和天然气行业核心竞争力,实现天然气技术整体行业领先,支撑公司发展质量效益全面提升,为公司带来业务价值跨越式增长。由此,形成"123456"

的实施思路。

一个目标：建成中国"气大庆"。

二阶段：2025年，建成国内最大的天然气生产企业；2035年，建成国内最大的现代化天然气工业基地。

三个突出：突出加快、突出创新、突出高质量。

四个坚持：坚持"一体化"、坚持深化改革、坚持绿色发展、坚持开放合作。

五大任务：高效推进页岩气上产、加快常规气勘探开发、优化完善天然气管道、规模集约建设储气库、统筹协调天然气销售。

六项举措：实施创新驱动、打造智能油气田、深化"油公司"改革、突出要素保障、强化安全环保、加强党的建设。

从图9-8可以看出，以页岩气为核心的非常规天然气将成为公司上产的重要支点。由于页岩气开采具有与常规天然气不同的特点，对工艺水平要求更高，从技术要求、规模化开发、协同效率提升以及其他负面不利影响等方面均对公司战略实施带来了不确定风险。因此，要发挥"一体化"专业优势，坚持绿色发展、开放合作发展思路，通过数字化技术带动产业链协同发展，推动天然气工业基地生态建设。

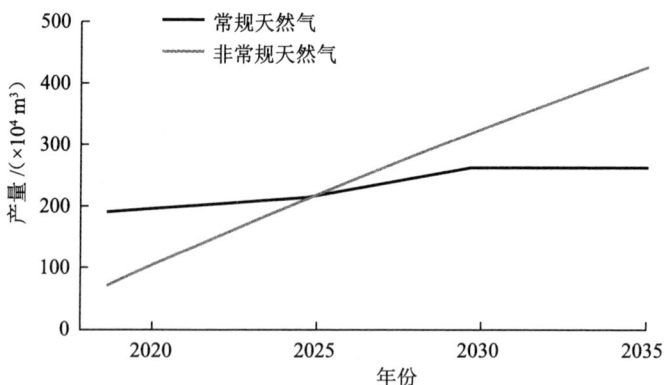

图9-8　西南油气田2020—2035年规划天然气产量示意图

2）"油公司"业务布局

西南油气田业务结构布局如图9-9所示。主营业务做强做优，辅助业务做精做专,低端低效业务关停并转并取得有效突破,业务布局更加清晰、业务结构更趋合理,基本构建符合"油公司"特点的上中下游一体化业务运行体系,西南油气田整体盈利能力和核心竞争力显著增强。

加快推进业务结构调整,突出"油公司"业务归核化发展,集中资源发展勘探、开发、管道和销售四大主营业务,持续提升勘探开发、管网运营和营销创效能力。依托社会资源,有序退出油(气、水)井和管线巡护、数字化信息系统和通信网络维护、终端燃气抄表收费和管网监测维修业务,以及驾驶服务、离退休管理和社会保险等非主营和低端低效业务,不断提升西南油气田整体规模实力,促进西南油气田提质增效发展。

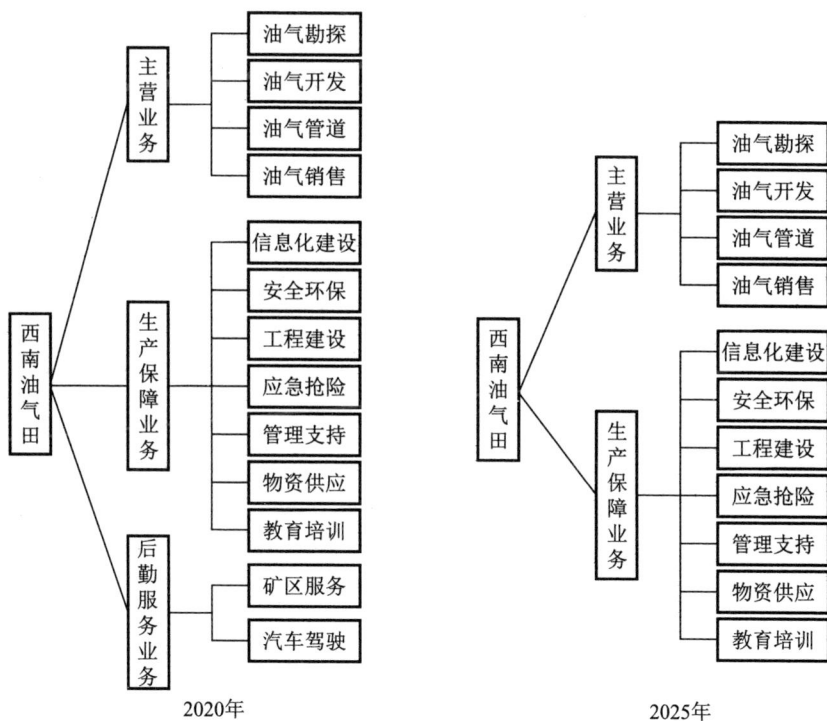

图 9-9　西南油气田业务结构布局图

9.5.2　体系转型模式构建

体系泛指一定范围内或同类事物按照一定的秩序和内部联系组合而成的整体,是不同系统组成的系统。体系转型定义为数字化条件下"油公司"业务归核化发展的生产组织体系与生产运行管理体系的转变,夯实天然气上中下游一体化业务运行机制。一体化管理指 2 个或 3 个管理体系并存,将公共要素整合在一起,2 个或 3 个体系在统一的管理构架下运行的模式。

9.5.2.1　组织职能模式

强化"油公司"经营决策、技术研发和运行管理等职能,确立与质量进度效益目标密切相关的责任主体,大力发展主营业务,优化重组辅助业务。

公司是地区利润中心和生产运营中心,是油气勘探开发、生产经营管理的责任主体,负责矿权管理、投资管理、企业管理、技术创新、质量节能、HSE 管理、工程技术组织与监督、党的建设等,完成集团公司下达的生产、经营、QHSE、稳定等业绩指标。

油气矿是油气田利润模拟分中心,是油气生产、成本控制的责任主体,负责油气开发、工程建设、生产经营、安全环保的过程管理,完成公司下达的 KPI 目标任务。按照优化协调高效和职能综合化的"大部制"方向,调整优化二级单位机关机构设置;在产能建设上集中西南油气田技术优势,实行"西南油气田＋事业部"两级管理模式,重点推进井工程项目管理由属地管理转变为集中统一管理,实现建管分离,提升组织实施效率和专业化管理水平。

作业区是最基本的独立核算单元,是油气开发生产、安全环保的直接管理单元和责任主体,负责油气生产过程控制和相关业务管理,完成生产目标和管理指标。完善"西南油气田—油(气)矿—采输气作业区"的组织架构,新区新建产能试点"油气田企业—采油(气)作业区"新型管理模式。新型作业区列入西南油气田上市二级单位机构序列,不设置基层单位,直接管理到井站。作业区机关按照管理需要和"大部制"原则设置,并据此明确各部门职责范围,业务上接受西南油气田机关相关处(部)室的指导。

9.5.2.2　生产组织模式

在生产管理上,采用"无人值守、远程监控、定期巡检"方式,作业区气田调控中心直接管理到单井、阀室和集气站,取消中心站,减少数据传输控制环节。生产现场管控模式由现有的"气矿—作业区—中心站—井站及阀室"管理模式简化为"作业区—井站及阀室"管理模式,作业区生产管理从劳动密集型向自动化、数字化和智能化转变。

在运行模式上,坚持业务主导、以用促建理念,推行具有全面感知、自动操控、智能预测、持续优化的智能化生态运营模式,油气生产实施"中心站＋无人值守井站"组织模式,推动单井无人值守中心站管理的生产组织变革,提高人均劳动效率。探索机器人、增强现实、无人机等新一代信息技术在生产现场的应用,推动地质、钻井、压裂等智能工作流在业务管理上的上线运行,逐步实现"自动化操作、智能化决策、精细化管理"的一体化协同工作模式,促进油气田开发生产向"智能化管理"转型升级。

9.5.2.3　天然气业务一体化发展模式构建

根据产业经济发展的相关理论,产业一体化发展是一个极其复杂的综合性问题,也是产业链各环节及期间多要素协同作用,促使产业整体功能价值提升的系统性问题。天然气产业整体价值提升需要产业链上中下游所有环节按照业务要素组合、协同发展(图 9-10)才能真正实现。因此,产业链一体化协同是四川盆地天然气产业一体化发展的核心组成部分,是以天然气勘探、开发、输送、储存、销售、利用等产输销主要环节为对象进行的多环节要素组合协调,通过多方面的互动、协调与优化,实现产业链整体价值的最大化和功能的最优化。

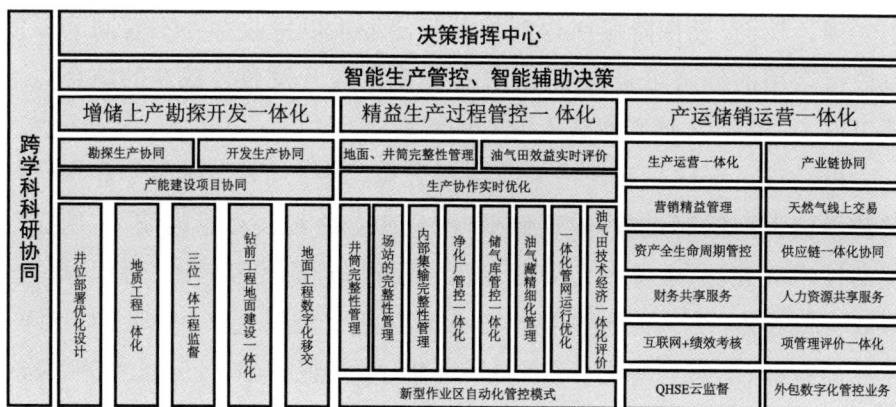

图 9-10　全业务链一体化协同

　　勘探开发一体化管理是世界石油天然气公司管理的一个重要特征。具体做法是按探区组成勘探开发项目部,当勘探进入工业勘探评价阶段,即圈闭预探成功获得工业油气流后,采用勘探开发联合评价,直接进行探明储量的生产。这一生产活动的评价标准是商业储量或经济可采储量、发现成本和开发成本,一切以储量能否转换为油气产量为准则。四川盆地天然气产业一体化发展是中石油在该区域60多年天然气产业发展的基础上逐渐形成的发展方式,是适应区域天然气产业发展特征与发展环境的一种独特经济发展战略与管理模式,包含产业链一体化协同创新发展、一体化技术创新支撑、一体化管理创新保障等重要实践内容。实践结果表明,四川盆地天然气产业一体化发展模式实施成效显著。体系转型重点利用数字技术,建立一体化工作环境,通过流程优化和管理转型,推进天然气勘探开发一体化协同、天然气生产一体化智能管控、天然气产供储销一体化运行,重塑业务体系模式。

1) 增储上产勘探开发一体化协同

　　勘探开发一体化业务链如图9-11所示。勘探开发一体化强调勘探开发两个程序在时间上紧密衔接,将已见油气的探井直接转为开发井,但更为关键的是,存在越来越多的探明可采储量长期被搁置而未能投入开发的现实,反映出勘探与开发两个环节上仍存在较严重的脱节。勘探评价的业绩主要通过提交探明储量、完成探明储量计划和控制探明储量成本来实现;开发评价的业绩主要通过完成油气产量计划和控制开发成本来实现。然而,勘探阶段所得到的探明储量乘以采收率并不等同于开发阶段可运用的经济可采储量,这样在提高勘探开发整体效益的结合点上就出现了"空档",势必造成人财物的浪费。

　　以经济可采储量和经济采收率最大化为中心,多学科多专业联合攻关和增储上产同时进行,实现储量、产量和最终经济目标的统一,勘探开发的技术研究流、业务和作业管理流、经济评价流相互渗透、协调、配合,形成有机整体,统一实施综合研究、工作部署及资料录取,使地上与地下、速度与效益、动态与静态、近期与长远相结合,整体部署、分批实施、及时调整、迭代推进,实现油气勘探工作向后延伸、油气开发工作提前介入,将勘探评价和开发评价有机地结合起来,缩短勘探开发周期,提高油气田开发整体经济效益。

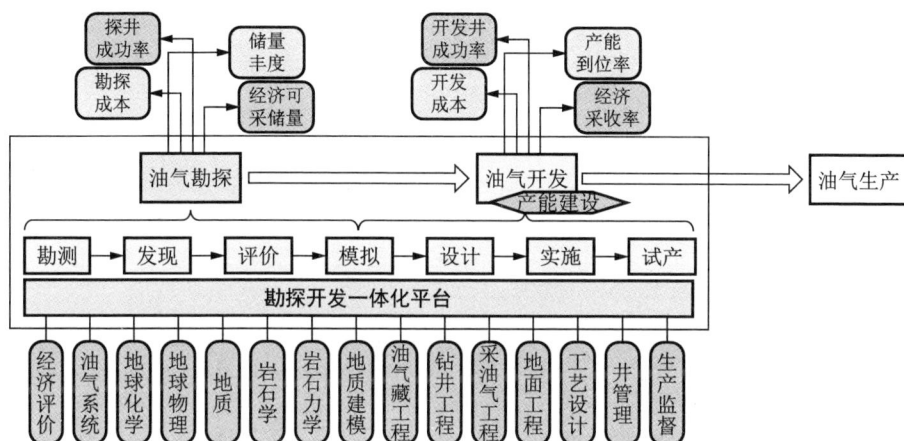

图 9-11　勘探开发一体化业务链

油气勘探通过多种地质技术及手段,研究油气的生、储、运、圈、聚、保等,从而认识、掌握油气藏的分布规律,落实油气藏的位置及储量的规模。油气开发则针对已探明的油气藏,研究和刻画其在三维域的各种属性特征,从而确定最优化的开发井网、开采方式、采油气工艺、地面流程和开发及生产组织策略,获得最大化商业价值的油气产量。

西南油气田正在探索建立油气田勘探开发整体效益的运行机制。勘探评价的业绩主要通过提交探明储量、完成探明储量计划和控制探明储量成本来实现;开发评价的业绩主要通过完成油气产量计划和控制开发成本来实现。然而,勘探阶段所得到的探明储量乘以采收率并不等同于开发阶段可运用的经济可采储量,这样在提高勘探开发整体效益的结合点上就出现了"空档",势必造成人财物等的浪费。而对于能产生效益的经济可采储量,缺乏一致合理的技术经济评价标准、共同制定并遵守的保证体系及可形成效益的合力机制,从而影响油气田勘探开发经济效益的提高。要解决这些问题,就需要实施勘探开发一体化。

如图 9-12 所示,基于梦想云和区域湖建立勘探开发协同云环境,打通各类研究与设计软件和区域湖之间的共享通道,提供统一的数据检索、查询及下载、推送等服务,实现从地球物理与地质模型到油气藏模型、目标井工程模型的一体化协同研究流程,为勘研院、工程院、天研院以及各矿级研究单位提供多学科一体化工作机制。

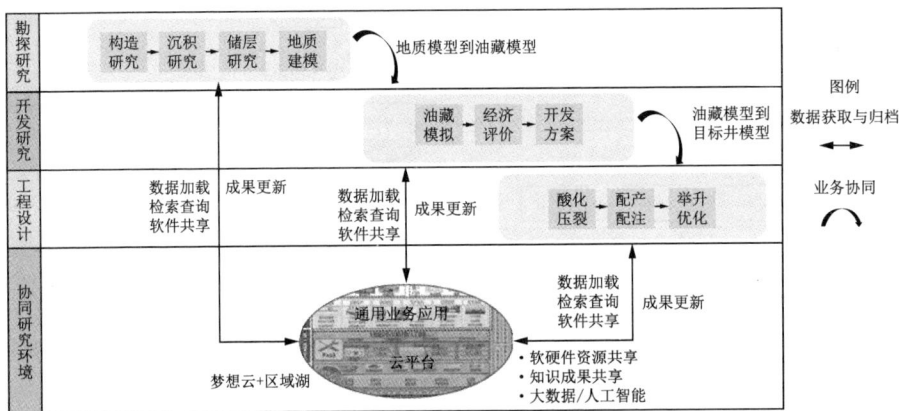

图 9-12 勘探开发工程技术一体化协同

2)生产过程管控一体化协同

生产阶段是油气田生命周期中专业涉及最广、业务最庞杂的环节,专业上涵盖地质、油藏、钻井、采油/采气、集输、财务等。生产阶段常面临各种问题,如油藏认识是否清楚、配产配注是否合理、生产制度是否最优、油田现场管理是否精细、各类实时监测数据利用是否充分、财务成本与油气产能是否协调。通过将先进的生产分析方法与油气田实际生产流程相结合,实现一体化、协同化油气生产动态分析,从而实现最大化生产和提高采收率,保障生产安全运行。生产管理人员、技术工程师可以更快地发现问题井和找到潜力井,及时解决生产故障,降低躺井风险,从而提高生产效率,维持稳定高效运行。

基于数字孪生技术的一体化模型建立扁平化智能工作流,降低气井人工干预,实现"单井 - 集气(增压)站 - 净化厂 - 长输管道 - 分输(配气)站 - 用户门站"全业务链生产运行的分级实时智能管控,实现油气藏开发生产过程的全局优化,实现天然气开发科研与生产从气藏工程、采气工艺、方案配产、净化内输、管网监控等全过程协同管控与优化,形成科学研究和生产管控的一体化协同的智能管理新模式。生产过程管控一体化协同如图 9-13 所示。

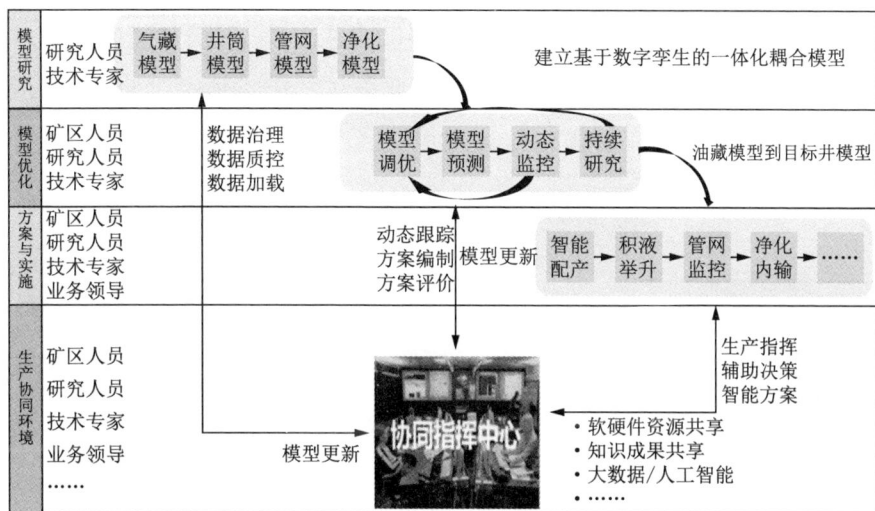

图 9-13　生产过程管控一体化协同

通过一体化协同,将完井设计模型纳入生产周期进行效果评估,指导形成更合理的完井设计方案,构建复杂井筒水力学模型,计算相应的生产指标、举升类型等对生产的影响,预测单井产能、井筒内各种风险及不合理参数,综合压裂改善体积、压裂储层体积和裂缝内的流动,快速计算生产动态指标,结合储层压力、渗透率、岩石各向异性和表皮系数等因素,降低生产阶段不确定性。

利用物联网技术、自动化技术、数据集成技术建立油气生产全过程多单元远程监控、多业务协同、井筒完整性评价与预警等功能的一体化管控系统,实现"单井无人值守、中心井站集中控制、远程协作支持"生产管理新模式,实现从单井生产-处理净化-管道输送-终端销售的全业务链实时生产动态的分级、实时管控,提升油气生产全过程安全管控水平,提高生产效率,降低运营成本,形成以"生产自动化、管理协同化"为核心的油气生产过程一体化智能管控能力。

3)天然气产运储销一体化协同

通过构建宏观环境研判、市场需求预测、价格承压分析、销售结构优化、价格方案设计等天然气业务链产运储销一体化优化模型,对天然气及石化产品销售计划、天然气终端购销计划、天然气产运储销平衡情况进行综合分析,优选天然气目标市场,优化资源供应方案、天然气流向、规划管道建设时序等,实现天然气产运储销全业务过程的价值链分析和实时效益评估,为天然气产业链优化营运提供决策支持。天然气产运储销一体化协同如图 9-14 所示。

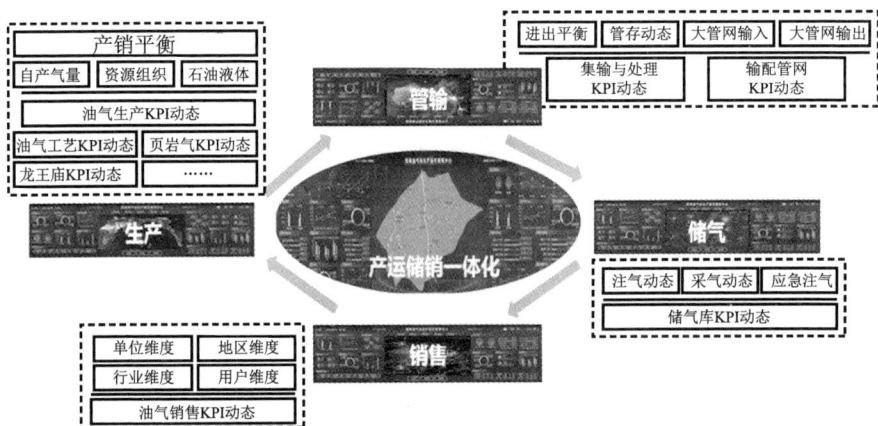

图 9-14　天然气产运储销一体化协同

9.5.3　平台转型模式构建

数字平台是融合技术、聚合数据、赋能应用的机构数字服务中枢,以智能数字技术为部件、以数据为生产资源、以标准数字服务为产出物。数字平台能够使机构业务创新和高效运营,助力机构数据管理和价值挖掘,降低机构技术运营和技术管理复杂度。数字平台能够对外提供可调用、松耦合、弹性的标准化数字服务,通过数字服务横向链接产业链上下游,纵向链接企业各机构部门,为其提供快速、灵活的数字化服务。

数字平台具备融合、智能、可传承三大特性。

(1)融合。融合机构传统技术架构,保护既有投资;融合未来创新技术,保障持续创新;融合外部数字服务,从"自力更生"转向"开放共享"。

(2)智能。包括平台智能化和智能化能力输出。平台智能化指平台所有组件具备智能化特征,可以实现自动治理、智能运维、系统自愈、智能安全等功能。智能化能力输出指平台能够对外提供智能化能力,包括 AI 计算能力、AI 分析能力和 AI 数字服务。

（3）可传承。基于解耦、功能复用、可配置等理念打造的架构能够面向未来的"万变"保持"不变"。

数字平台通过云、网络、应用、终端和边缘的一体化协同(图 9-15),联接企业所有应用、数据,构建数据联接和价值挖掘能力,消除数据孤岛,形成企业全量数据、实现数据分享和价值挖掘,为企业业务和决策提供智能支撑,支撑企业的数字化能力建设。

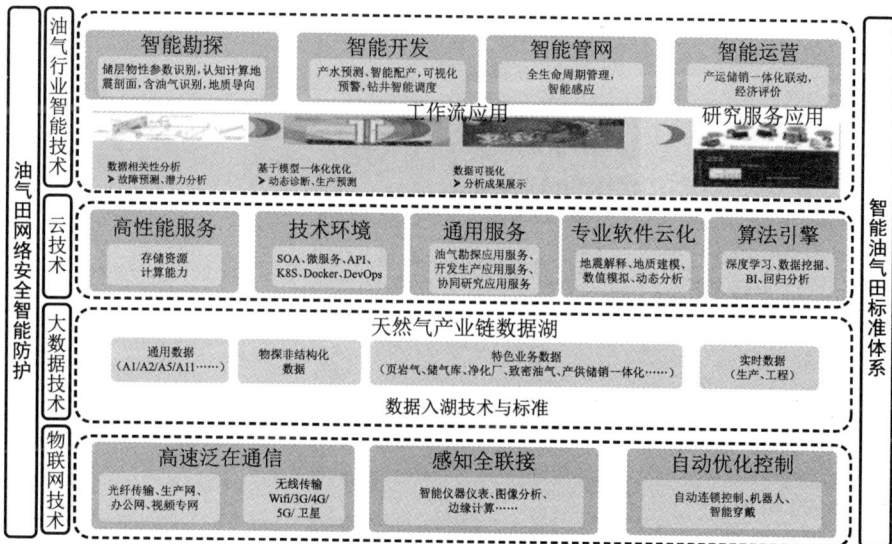

图 9-15　数字化平台

数字平台核心为基于中国石油梦想云架构的西南区域云(图 9-16),主要包含统一技术平台、统一数据平台,打造油气勘探开发等业务链通用应用,为中国石油所属各单位提出赋能支撑。

以总部梦想云架构为基础,按"平台化、模块化、敏捷迭代开发"模式大力开展通用业务应用建设,提供敏捷开发、云化支撑、GIS 服务、人工智能服务、大数据分析服务、AR/VR/MR 服务的软硬件环境,支撑上层专业应用,促进信息化建设和运行模式变革。

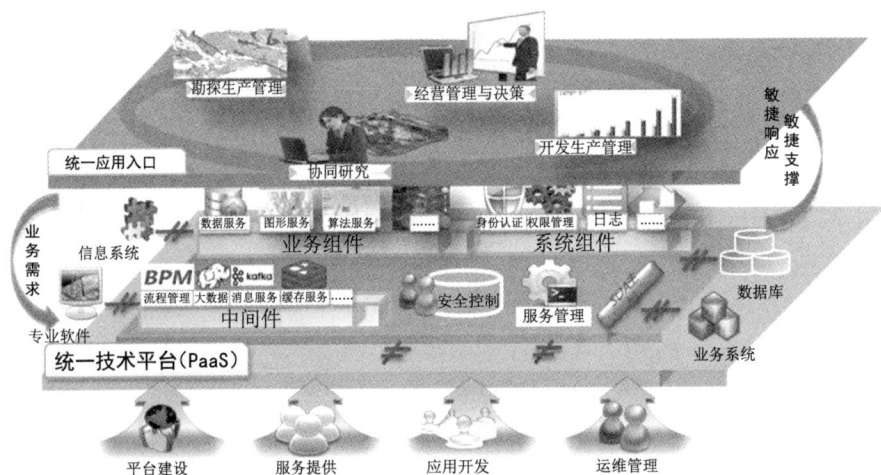

图 9-16　梦想云架构

1）构建数字化能力

数字化能力建设是现阶段数字化转型的核心。数字化转型的成功立足于数字化转型项目和项目群的成功实施，而具备相应的数字化能力是真正将这些项目落地的前提条件。只有具备适应自身发展阶段的数字化能力，机构的数字化转型愿景才能落地、目标才能实现、组织架构调整和KPI设置才有价值。围绕战略发展和持续竞争优势打造，在两化融合贯标成果打造新型能力的基础上，持续开展两化深度融合，打造基于统一数字平台的新型能力体系。

（1）智能勘探（图9-17）。围绕提高有效储量的中心任务，高度融合专家知识，打造智能地震解释、目标区块智能选取、井位智能论证、智能油气层识别、智能油藏类比分析、智能储层描述等能力，实现勘探生产业务全面感知、精细管控、协同共享、预警优化，提升勘探决策实效性、科学性。

（2）智能开发（图9-18）。以全面建成500亿战略大气区为目标，实现基于统一云平台的开发生产业务管理系统、协同研究环境、现场标准化工作等信息平台的建立，同时建成龙王庙、页岩气、储气库、工厂等开发生产重点业务领域的智能化示范区，实现开发实时数据采集全覆盖、现场工作标准化管理、业务全过程数字化管理和智能化应用、研究决策智能协同。继续推行重点项目专职项目管理，实现对地面建设工程从项目设计、工程施工的全过程信息化、流程化管理，促进地面工程建设管理方式的转变和组织管理效率的提高。

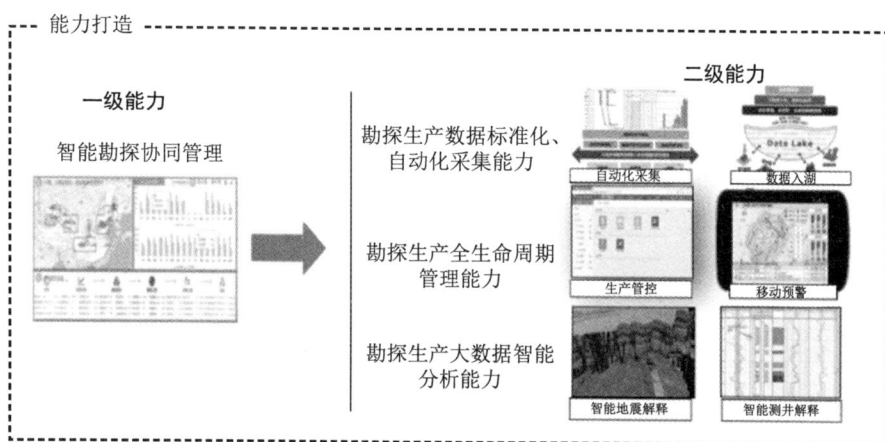

图 9-17　智能勘探能力打造

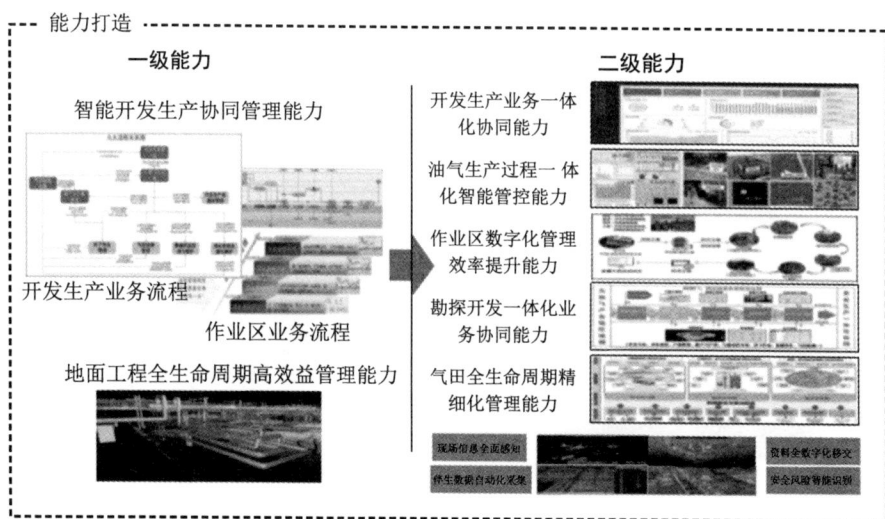

图 9-18　智能开发能力打造

（3）智能管道（图 9-19）。匹配公司天然气上产发展目标,提升配套管网集输能力,通过在役管道数字化恢复,新建管道地面工程数字化移交,打造管网数字孪生,并通过站场自控系统和管网 SCADA 调控中心的升级改造,结合管网在线模拟仿真,实现管道智能调度控制;建设管道决策中心,实现管道远程决策指挥;开展智能管道建设,实现管道安全感知、管道智能化;持续推进管道管理平台建设,实现管道全生命周期管理。

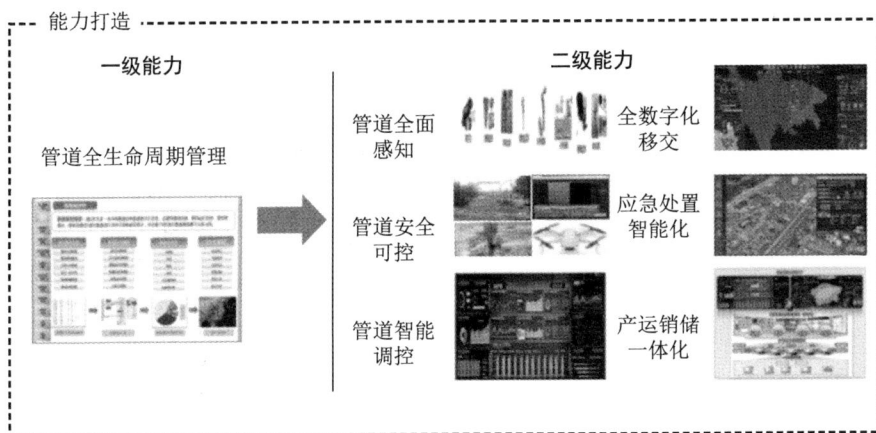

图 9-19　智能管道能力打造

（4）智能营销(图 9-20)。建成国内油气行业一流营销信息化平台,覆盖公司营销业务资源、市场、销量、价格、竞合及客户等全业务链的智能化生态应用,形成具有精准感知、风险管控、智能分析、持续优化的信息化系统。

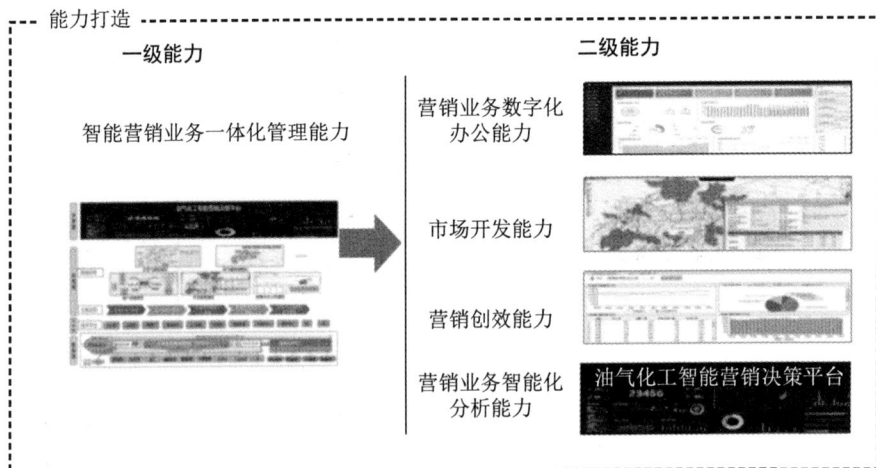

图 9-20　智能营销能力打造

2）平台化赋能

围绕公司核心业务和生产保障业务,借助统一技术平台和统一数据湖,建立天然气产业链勘探、开发、管道等八大业务领域的专业应用平台（图 9-21）,并对通用功能进行云化改造部署,全面支撑公司各领域业务平台转型升级,助力"油公司"模式改革。

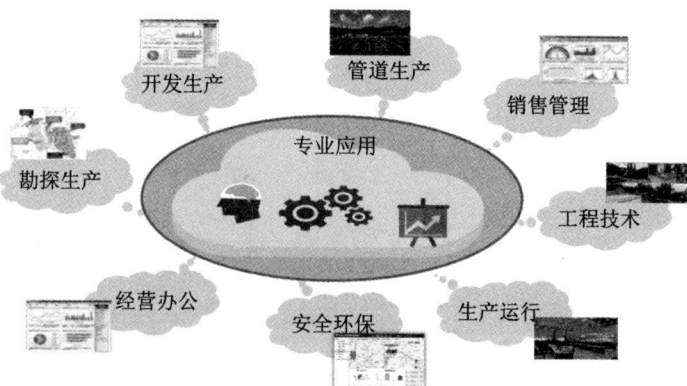

图 9-21　平台化赋能

a. 赋能智能勘探生产

四川盆地是典型的叠合盆地,勘探开发层系多、资源分布地域广、待发现资源量大,具有天然气资源丰富但勘探开发技术难度大的特点。随着天然气勘探难度不断加大,勘探领域不断扩展,勘探方法不断创新,勘探历史不断延长,勘探研究和决策过程中的勘探数据信息的收集、处理以及有效利用的难度也越来越大。

针对勘探业务流程复杂、关联学科领域多样、生产施工单位众多、数据信息体量大且类型复杂、数据源管理分散等情况,勘探生产管理需要以信息化手段整合业务数据、集成系统应用,建立跨专业、跨部门的一体化业务协同工作平台,围绕提高有效储量的中心任务,高度融合专家知识,打造智能地震解释、目标区块智能选取、井位智能论证、智能油气层识别、智能油藏类比分析、智能储层描述等能力,实现勘探生产业务全面感知、精细管控、协同共享、预警优化,提升勘探决策实效性、科学性,助推现有工作模式与管理流程的转型升级。

智能勘探协同场景如图 9-22 所示。通过勘探生产平台实现油气勘探全业务链流程信息化覆盖率,确保油气勘探数据及时率、准确性、完整性、规范性,并完善油气勘探数据入湖率。

b. 赋能智能开发

油气开发生产的核心业务包括油气开发建设与油气生产两部分。油气开发建设的主要内容是油气产能建设。油气生产包括油气藏管理、油气水井日常管理、采油气工艺管理、措施管理、凝析油开发和地面集输净化处理管理。

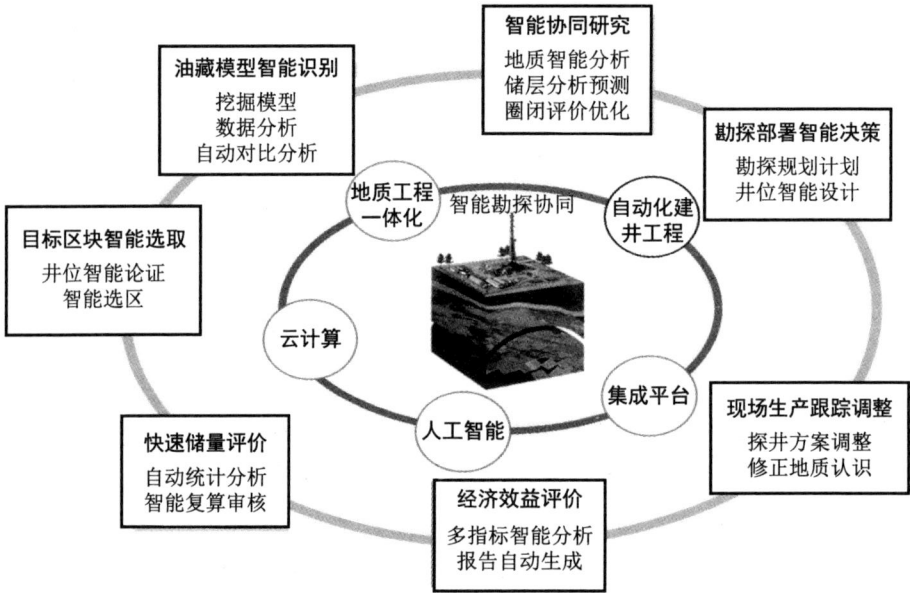

图 9-22　智能勘探协同场景

针对开发生产管理覆盖专业面广和流程复杂等问题,西南油气田建立了信息化条件下的"三化"管理模式。整体依托作业区数字化管理平台、开发生产管理平台建设,纵向上涵盖"油气生产、开发管理"两个层级,横向上按照"业务标准化、标准流程化、流程信息化、信息平台化"的思路,构建数据整合、应用集成、服务共享的统一平台(图 9-23),整合现有的勘探、开发、管道、销售业务板块和计划、财务、内控、安全等管理环节,全面实现生产经营网络化管理,实现勘探开发业务一体化运行。

在操作层面,围绕开发生产领域核心流程和作业区基础工作管理流程,通过油气生产物联网系统的建设与应用,固化操作层面"三化"成果(图 9-24),持续提升两个"现场"管控水平,进一步推动信息化条件下生产现场的规范化操作和生产组织模式优化。

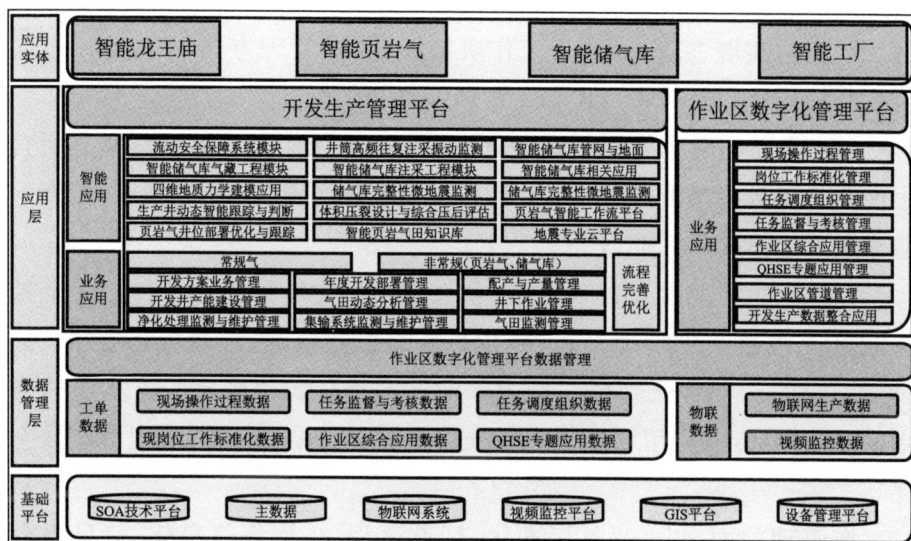

图 9-23　智能开发管理

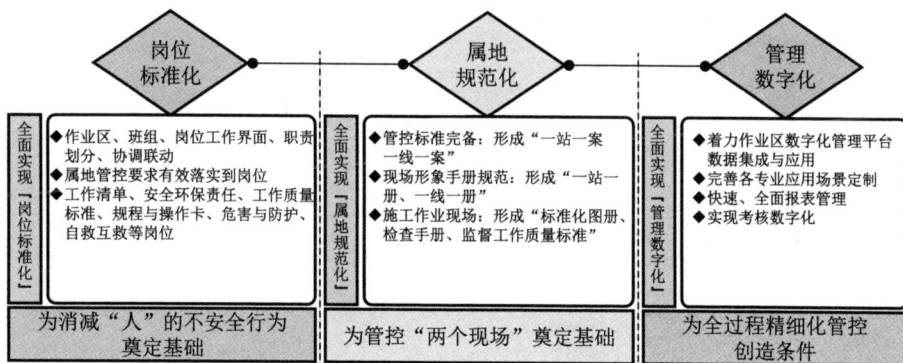

图 9-24　操作层面两个"三化"

基于作业区数字化管理平台,以作业区业务管理和一线场站基础工作标准化成果为基础,借助于物联网、移动应用和大数据技术,建立作业区基础工作闭环管理与生产运行安全环保预警管理模式,实现作业区基础工作和业务管理的规范化操作、数字化管理和量化考核,从而实现作业区操作层面"岗位标准化、属地规范化、管理数字化",全面提升作业区数字化管理水平,推动生产组织优化、强化安全生产受控,进而提升油气田生产效率和效益。

（1）全面实现岗位标准化，为消减"人"的不安全行为奠定基础。全部工种岗位实现"工作清单＋工作质量标准"的管理方式，并完成所有岗位"两书一卡"与 VCR、VR、AR 培训课件等的配套。

（2）全面实现属地规范化，为管控"两个现场"奠定基础。建立所有生产现场管控标准和形象规范，建立施工作业现场"标准化图册、检查手册与监督工作质量标准"。

（3）全面实现管理数字化，为全过程精细化管控创造条件。在全部作业区上线数字化管理平台，实现"工作质量标准、管理规范要求"的"网络化运行、数字化管理"，着力作业区数字化管理平台数据集成与应用，并完善各专业应用场景定制，快速、全面实施报表管理，实现考核数字化。

在管理层面，以"业务标准化、标准流程化、流程信息化、信息平台化"为思路，通过数据集成共享、专业软件集成应用，实现开发生产业务一体化协同，实现开发生产业务数字化办公，全面推进公司业务数字化转型升级（图 9-25）。

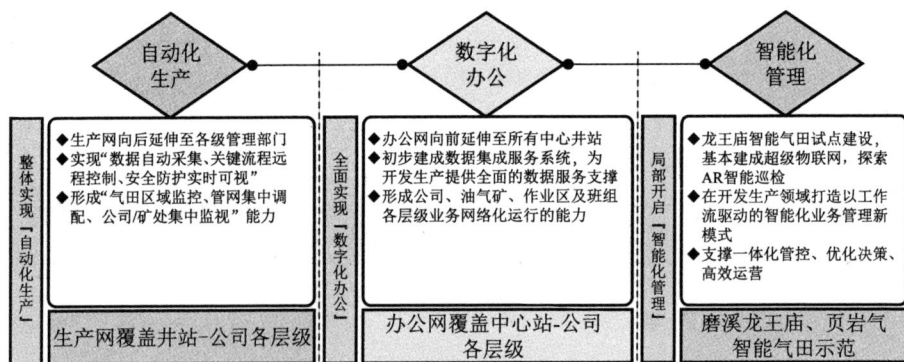

图 9-25　管理层面两个"三化"

通过数据汇聚及数据共享，与专业软件集成应用，实现开发生产业务管理一体化，即业务标准化、标准流程化、流程信息化、信息平台化，支撑现场生产、科学研究、决策管理等工作高效协同，推动管理流程再造，促进生产组织方式转变，从而实现"自动化生产、数字化办公、智能化管理"，全面提升开发生产管理和科学决策水平。

（1）实现"自动化生产"。生产网向后延伸至各级管理部门，实现"数据自动采集、关键流程远程控制、安防情况实时可视化"，形成"气田区域监控、管网集中调配、公司/矿处集中监视"能力。

（2）实现"数字化办公"。办公网向前延伸至所有中心井站，初步建成数据集成服务系统，为勘探开发生产提供全面的数据服务支撑，形成公司、油气矿、作业区及班组各层级业务网络化运行的能力。

（3）推进"智能化管理"。龙王庙、页岩气智能气田试点建设，龙王庙建成超级物联网，探索 AR 智能巡检；页岩气上线智能化分析工作流。在开发生产领域打造以工作流驱动的智能化业务管理新模式，支撑一体化管控、优化决策、高效运营。

c. 赋能管道全生命管理

天然气集输管道是一个复杂而庞大的系统，连接气田生产、储集、销售等各环节，是油气生产的基础保障。油气集输管道均为埋地敷设，种类复杂多样，管道规格、管内介质、管道防腐形式等各不相同，且分布纵横交错。管道运行不仅承受管内介质的冲刷、腐蚀，还受外界恶劣环境影响，并经常遭受非法占压、机械损伤等危害，致使管道事故时常发生，不仅造成资源的浪费，甚至威胁周围人民群众的生命财产安全。对于庞大而危险的天然气集输管网系统，科学合理的管理方法对管道检测、事故预警、事故抢修等工作尤为重要。因此，建设输气管道运营管理的信息化支撑平台非常必要。

西南油气田为提高管道运营管理的水平，在操作层面"三化"上，通过作业区数字化管理平台管道部分建设，实现管道巡护、管道隐患处置、第三方施工管理、管道标识管理、阴极保护管理、阀室、阀井管理、清管作业管理等，进一步推动信息化条件下管道的规范化操作和流程标准化；在组织管理层面"三化"上，通过持续建设管道管理平台，实现管道工作计划管理、管道运行管理、管道腐蚀防护、管道完整性检测评价及修复管理、管道检维修管理等业务的线上管理，从而实现管道全生命周期管理（图9-26）。

通过管道数字孪生，实现管道安全感知，并利用管网在线模拟仿真和管道决策中心,实现管道全生命周期管理和管道远程决策指挥,未来人均管理输气管道将实现由 2.3 km 提升至 3.5 km 的指标。

图 9-26 管道生产管理

d. 赋能智能营销

油气田生产经营管理是对油气田企业整个生产经营活动进行决策、计划、组织、控制和协调的过程,以合理组织企业资源来实现经营目标。生产经营管理涵盖供、产、销各环节,涉及项目管理、财务管理、物资采购管理、设备管理、资产管理和销售管理等活动。

在生产经营管理数字化转型方面,西南油气田信息系统建设本着提高各类生产经营管理数据的采集、传输、处理能力,通过加强各生经营管理相关系统内部流程优化和系统间集成,实现流程衔接、资源共享,打造天然气及油气产品上中下一体化业务联动和决策支持能力,赋能效益驱动、以销定产、以产定销、产销平衡的资源优化配置创新模式,全面提升全产业链实时效益评价决策能力,从而满足各级生产经营管理部门及时掌握西南油气田整体生产经营管理情况的要求,实现跨业务流程整合和信息共享,促进西南油气田经营业务从分散管理向集中管控转变(图

9-27）。

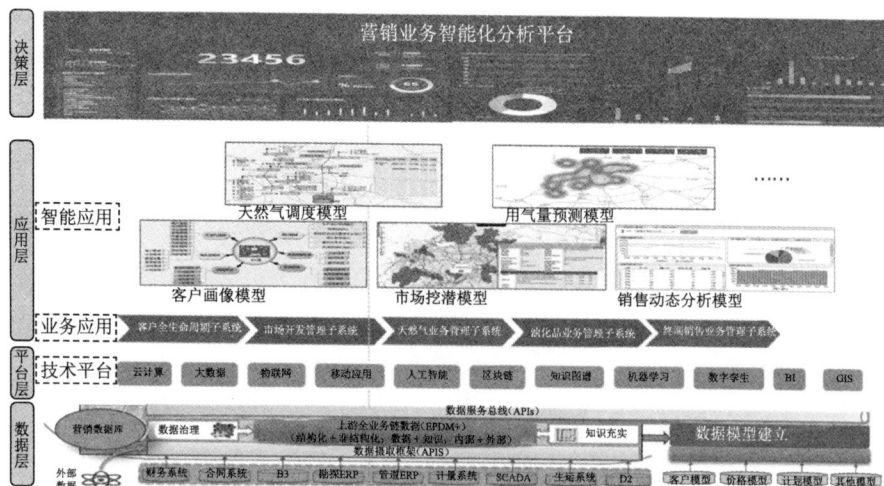

图 9-27　营销业务平台

西南油气田以建成国内油气行业一流营销信息化平台为目标,覆盖公司营销业务资源、市场、销量、价格、竞合及客户等全业务链的智能化生态应用,形成具有精准感知、风险管控、智能分析、持续优化的信息化系统。

9.5.4　生态转型模式构建

生态转型以建立企业内外部协同,带动产业链生态发展为目标。生态转型愿景如图 9-28 所示。

西南油气田坚持开发合作、绿色生态的发展思路,加强安全生产管控,以天然工业基地为核心,带动天然气产业链持续提升生态发展。西南油气田发挥完整的天然气产业链和创新链优势,基于"互联网＋共建共享"理念调动产业链内外联动,利用区块链等技术建立天然气工业互联网平台模式,集物资供应链条、工程技术服务企业、科学研究机构、天然气用户、技术创新等为一体的天然气产业链生态环境,持续孵化业务创新应用场景,支撑主营业务快速发展。西南油气田充分利用产运销储一体化、批零一体化优势,统筹协调产运储销环节,积极稳固和拓展区域天然气市场,持续优化上中下游一体化管理模式,不断提升资源组织能力、市

场开发能力和营销创效能力。充分利用内外部资源，深化"校企合作"和
"院企合作"，将企业的优势与高校及研究机构的优势有机结合，打造"五
高校六大研发中心"和"三大技术支持中心"协同创新联合体，建立全方
位、互利共赢、长期稳定的合作关系，为西南油气田上产提供理论和技术
支撑。

图 9-28　生态转型愿景

1）持续发展绿色生态转型

近年来，随着我国居民和工业用天然气需求迅猛增长，"煤改气、油改
气"政策逐步推进，在国内天然气产量下跌、缺口较大的情况下，急需优
化能源结构、缓解天然气需求压力、保障国家能源安全，因此必须快速上
产、缩短建产周期、加速投资回报。但伴随而来的生态环境问题也不容忽
视，如水资源的大量消耗、温室气体的排放、对地下水及饮用水的潜在环
境风险等。为提升油气相关行业环境治理水平，生态环境部颁布了多项
法规标准。同时，鼓励采用清洁能源，减少油气行业污染物排放量。这对
优化能源和产业结构、倒逼油气行业转型升级具有重要意义。

我国目前的非常规油气开发还处于初级阶段,非常规油气环保技术及环境保护管理体制尚未健全,与非常规油气快速发展的现状不相适应,开发过程中的环境影响、环境风险防控及环境管理制度还需要进一步研究与完善。

西南油气田要制定和完善非常规油气开发环境影响评价管理体系,制修订相应的环评导则、技术标准、环境准入要求等;要健全信息公开和报告制度,非常规油气开发企业要承担环境保护社会责任;要借鉴国内外先进油气公司经验,探索开发我国的页岩气环境管理体系,制定配套的政策及监管措施,开启页岩气等非常规油气绿色、可持续发展之路。

2)建立现代物流体系

按照"零库存、大物流、代储代销"要求,逐步推行业务外包或由供货商提供仓储服务,探索构建涵盖采购、仓储、配送、质控和结算的物资供应全业务流程的流动式项目共享服务模式,加快物资供应业务信息化建设,建立"采购、仓储、配送、质控、结算"五统一的现代物资供应体系,实现物资保障集中和共享。

3)构建天然气工业互信融生态

按照集团公司"一个整体,两个层次"的工作要求,建立西南油气田统一数字平台,构建涵盖核心领域的业务云,推动业务敏捷响应、应用快速迭代进程,实现核心业务在云平台上的集成、共享和应用,初步形成天然气工业互联网数字生态圈,促进油气业务的数字化转型、智能化发展(图 9-29)。

4)数字主动赋能生态转型

以公司信息化总体规划和"两化融合体系"为指导,大力实施创新驱动,着力加速智能油气田关键技术攻关,打造敏捷一体化 IT 服务能力,重塑快速响应业务需求的敏捷化服务模式,支撑公司数字化转型(图 9-30)。

数字平台服务融合数据湖、云技术、工业互联网等技术,打造天然气产业链一体化数字平台,提供一站式数字平台服务,将复杂的 IT 技术

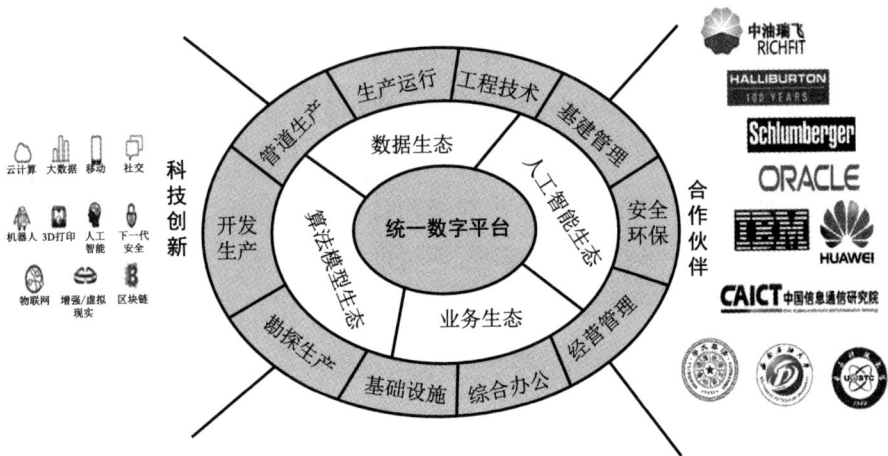

图 9-29 天然气工业互信融生态

图 9-30 技术创新生态

层面的工作隐藏于后台,使信息系统建设更专注于解决业务需求,业务人员能够集中精力解决业务本身过程。云数据中服务构建敏捷弹性、稳定强大的云数据中心,实现资源的集中管控、弹性分配、高效利用,支撑天然气全产业链数据高效入湖,完善数据治理、数据开发利用等,打造数字应用生态体系,建成国内先进的区域云技术支持中心。智能终端接入服务融合 IP 多媒体交换技术,实现以边缘计算设备、AR/VR/MR 和智能机器人为终端的油气生产智能物联网体系,为各种油气生产智能终端统一管理与接入提供技术服务。智能网络服务组建以万兆级智能光传输交叉环网为主干,结合软件定义网络技术,实现"生产"全面感知和"运维"智能高效的目标,提供支撑"通道"高速泛在网络服务。网络安全服务形成一套油气田网络安全智能防护技术体系、监督机制及配套安全管理与技术检测工具,提供敏捷的网络安全态势感知与防护服务。

5)人力资源生态

依托社会资源,利用人力资源统筹配置平台充分盘活人力资源存量,培育扶持人力资源战略合作伙伴承揽部分油气运营业务,推进非主营业务领域混合所有制改革,大力发展终端燃气业务,择优输出部分员工,建立完善内部用工盘活激励机制,构建"油公司"多元化用工机制,探索通过社会化招聘等方式补充油气勘探业务紧缺的专业成熟技术人才,有效解决人力资源保障问题,稳步推进低端低效、社会化程度较高的油(气、水)井和管线巡护、数字化信息系统和通信网络维护、终端燃气抄表收费和管网监测维修等非核心业务外包。

第10章 油气田数字化转型策略与保障

西南油气田基于物联网的数字化转型不仅是一项技术工程,更是一项管理工程和系统工程。天然气产运储销业务范围覆盖生产、储运、经营等领域的各项业务活动,数据管理方面包括生产经营等各对象的动静态数据和实时数据,信息技术方面要引入物联网、大数据、数据整合、应用集成等。

10.1 基于物联网的油气生产数字化转型策略

10.1.1 与公司发展战略部署匹配

以习近平新时代中国特色社会主义思想为指导,全面贯彻习近平总书记关于"今后若干年要加大国内油气勘探开发力度,保障我国能源安全"的重要批示精神,落实集团公司加快发展的决策部署,瞄准建设中国"气大庆"目标,突出加快发展、创新发展和高质量发展,全力推进勘探开发、储运设施建设、市场营销等核心业务,打造中石油"西南增长极",建设我国最大的现代化天然气工业基地,建设世界一流综合性国际能源公司。

(1)规模实力显著增强。到2035年,公司生产规模国内领先,天然气产量的油气当量超过 $5\,500×10^4$ t,川渝管网集输能力达到 $1\,000×10^8$ m³/a,建成"西南储气调峰中心",工作气量达 $170×10^8$ m³ 以上,销售规模和效益同步增长,公司年收入超过 $1\,000$ 亿元,投资资本回报率达 11%。

(2)企业管理科学高效。体制机制富有活力效率,上中下游一体化特色"油公司"模式高效运行,全员劳动生产率由目前90万元/人上升到600万元/人,达到国内领先水平,安全管控能力显著提升,全面建成智能油气田。

（3）创新能力全面提升。形成特色鲜明、开放共享、活力迸发的科技创新体系，自主创新能力和天然气行业标准化能力显著提升，科技进步贡献率达到 70%，天然气勘探开发技术全面达到国内领先、国际先进水平。

（4）企业文化强力支撑。企业文化在战略发展中的引领作用显著增强，把方向、管大局、保落实作用更加突出，以"我为祖国献石油"的核心价值观深入人心，公司品牌价值和形象显著提升。

在发展思路上，坚持"123456"发展思路，如图 10-1 所示。

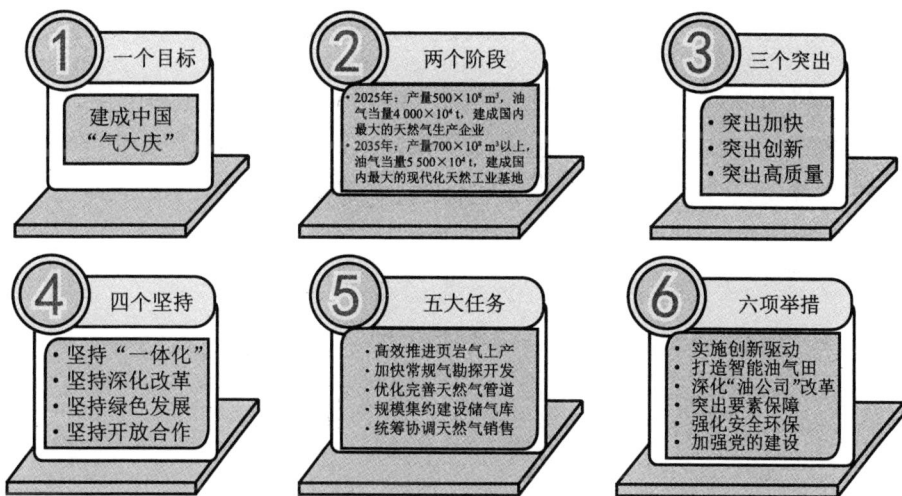

图 10-1　"123456"发展思路

10.1.2　实施创新驱动，全面提升自主创新能力和核心竞争力

突出基础理论和工艺技术创新，加强科技成果转化应用，构建协同高效的科研体系，全面提升自主创新能力和天然气行业核心竞争力，实现天然气技术整体行业领先，支撑公司发展质量效益全面提升。

（1）构建特色技术研发体系。突出深层、超深层含硫碳酸盐岩气藏、深层页岩气等重点上产领域技术攻关，形成涵盖天然气全产业链的特色技术体系，形成一批国际标准，成为天然气行业技术引领者。

（2）打造开放科技平台体系。打造一批国家级重点实验室和示范基地，加大院士工作站、博士后工作站建设力度，构建开放共享的科技人才交流、培养平台,培育院士专家队伍和特色研发团队。

（3）健全高效科技组织体系。构建特色鲜明、分工明确、运行高效的研发机构,充分利用外部创新资源,着力打造协同创新联合体,成为国家级天然气技术研发中心。

（4）完善创新科技保障体系。持续加大科技投入;持续推进"双序列"制度,加大科技领军人才和技术专家培养;健全重点激励、精准激励机制,进一步激发科技人才创新动力。

10.1.3 持续推进两化深度融合

强化信息技术适应性研究和创新成果推广应用,全面建成国际一流智能油气田,形成具有全面感知、自动操控、智能预测、持续优化的智能化生态运营模式(图 10-2)。

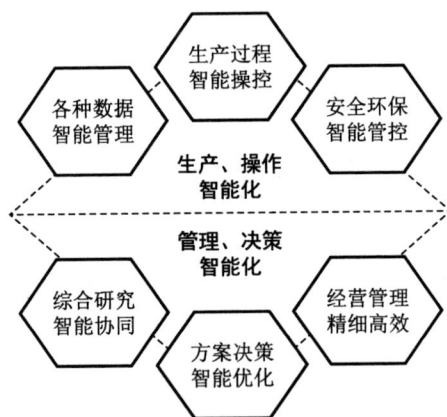

图 10-2 智能化生态运营模式

1）以新时期企业发展战略为导向,健全完善新型能力体系规划

随着信息化和工业化深度融合,工业社会正在加速向信息社会演进,国际产业格局面临重大调整,围绕抢夺制造业制高点的竞争愈演愈烈。面向数字化、网络化、智能化,新一轮工业革命为中国制造业的转型升级提供了历史新机遇。人工智能、大数据、云计算等一系列新兴技术初步完成了前期的探索式发展,并逐渐向产业和企业应用下沉,数字化转型成为企业转型升级和打好网络化、智能化基础的重要战略。

西南油气田需要围绕"三步走"发展战略和加快推进"油公司"科技体系建设的任务目标,明确企业数字化转型的发展的重点方向和关键环节,从价值链维度,推进一体化管控、全生命周期管理、产业链整合、深度的纵向集成、新模式培育和大数据开发利用。

2）以强化组织管理职能为重点,全力推进管理四要素互动循环

两化融合管理体系注重管理与技术相结合。我国企业在推进两化融合的过程中大多存在"重系统轻运营""管理与信息化两张皮"的现象,旧管理体制、思维和模式难以支撑信息化务实推进和成效发挥。管理基础薄弱,难以从企业可持续发展的全局层面,通过推动数据、技术、业务和组织这四要素的互动循环,按照战略和竞争优势需求形成并持续提升信息化环境下的新型能力。

西南油气田也存在以上问题,两化深度融合的全局性和系统性有待加强,需要企业加快实现新型能力策划和建设的工作机制转型。

一是改变原有信息管理部负责组织制定两化融合方针和总体目标、规划和完善新型能力体系及目标的单一工作模式,以业务流为主导,发挥关键业务部门、数据管理及应用等部门的积极性和主动性,为企业积极探索模式创新和业务升级、实现作业流程和生产制度配套打下良好的组织管理基础。

二是推动建立集信息化、管理变革、模式转型及业务流程优化等职能为一体的重大项目管理组织机构,完善重大项目管理办法,特别要明确项目决策机制和建设主体责任。

三是提升企业对两化融合的认知,明确两化融合的内涵和外延,将企业现有的人才激励和科研项目管理考核等重点举措纳入两化融合的范畴当中,扩充现有的两化融合关键部门和相关职责。

四是加强人才培养与引进,两化融合需要懂业务、懂技术、明体系、善管理的复合型人才,企业应通过结合重大项目建设,大力培养和引进此类复合型人才。

3）以优化项目管理机制为切入,克服信息系统建设存在的弊端

对于业务部门的信息化建设缺乏顶层统一的管控和指导,投资主体

多元,系统重复建设、系统不能集成互通、数据标准不统一等问题,西南油气田需要设立项目管理办公室,对多元投资主体实施的信息化项目进行统筹管理,对相互关联的项目进行管控,对不同项目之间需要共享的资源进行调配,通过协调统一管理来获取单独管理时无法取得的效益。按照信息系统战略格栅,定位企业应用信息系统的作用和重要性,加强信息系统建设的顶层设计与规划。无论是西南油气田投资建设项目还是二级单位自有资金建设项目,均需要通过项目管理办公室审批及监督。结合信息技术迁移生命周期,区分新兴技术、关键性技术和基础性技术,求取务实简化和引领创新的平衡。围绕项目管理各部门职责、项目过程管理、项目验收管理、项目绩效评价,完善落实项目管理机制。

4)以系统性数据治理为主攻方向,全面夯实数据开发利用基础

忽视数据治理给数据平台建设带来了不少问题。随处可见的数据不统一,难以提升的数据质量,难以完成的数据模型梳理等源源不断的基础性数据问题,限制了数据平台发展和数据应用效果。随着投资和建设成本的增加,企业对数据治理的重要性的认识也越来越深刻。

要利用大数据能力来实现数字化转型,西南油气田在数据治理和数据价值挖掘能力方面还有很多短板需要补齐。西南油气田需要以元数据为基础,使业务管理与数据管理相统一,实现贯穿数据设计、产生、存储、迁移、使用、归档等环节的,与业务协同相一致的数据全生命周期管理,以及数据从来源端到数据中心再到应用端的全过程管理。在形成的数据分类管理体系框架的基础上,全面梳理企业信息,集成、整合各级各类数据资源,按照不同数据类别制定相应的工作模板,自动化构建企业的数据资产库,建立管理流程,落地统一的数据标准,并提升数据质量,通过数据微服务、智能化知识图谱等方式为用户提供价值。以大数据治理夯实数据开发利用基础,形成更便捷、更灵活、更准确地获得大数据价值和资产的能力。

5)以深化知识资产管理为抓手,加强科技创新与科研成果转化

中国经济正迈入高质量发展的新阶段,科技创新是重要支撑。党的十九届四中全会提出,增强国有经济竞争力、创新力、控制力、影响力、抗

风险能力;中央经济工作会议提出,发挥国有企业在技术创新中的积极作用。这些都显示出中央对国有企业科技创新主体地位的高度重视。

对西南油气田而言,要在技术创新中发挥积极作用,需要:

一是深化科技体制改革,形成创新驱动的内涵成长模式,建立符合科研规律的科技管理机制,改革和完善国有企业经营者的考核制度、评价制度与薪酬制度。

二是鼓励支持基础研究、原始创新的体制机制创新,将各业务领域知识结构化,整合系统建设、课题研究、数据资源等知识资产,促进内部各创新主体协同发展,加强知识沉淀、转移和科技成果转化。

三是完善科技管理流程和系统平台建设,通过统一的平台实现项目管理、成果管理、重点实验平台和其他日常化的工作管理。

四是提高研发资金使用效率,加强科技成果向现实生产力的转化,采用计划引导、组织协调、资金支持、后评估评价等手段,促进成果转化。

五是完善科技人才发现、培养、激励机制,建设一支高素质的科技人才队伍,建立合理的创新回报激励机制,采取股权奖励、股权期权等方式调动企业重要技术人员积极性。

6)以健全完善体系文件为保障,提升体系运行规范化与标准化

制度文件体系的健全完善是管理体系运行规范化、标准化的前提和基础保障。目前西南油气田在体系文件化管理方面还存在诸多问题,制度文件体系系统性、完整性、有效性和适宜性均有待提升,体系文件化管理机制有待健全。需要在现有管理体系制度文件的基础上对各级文件进行详细的梳理,结合重点业务部门关于制度建设的诉求和建议,从文件体系架构、重点内容、关联性、可操作性等方面对制度文件体系进行全面的优化。重点应聚焦在如下方面:

一是增强管理手册到具体的业务管理制度之间的关联性,使管理手册中涉及的内容有具体落实的相应管理制度,夯实责任,解决执行不力的问题。

二是在信息化顶层设计规划,项目统筹管理,云、网、端的保障能力,系统上线后的管理制度配套等方面,补充完善对应的管理制度,淘汰过时的与现状不符的制度条款,统一技术要求、管理要求和工作要求。

三是构建制度文件优化升级的管理机制,根据新增业务或业务调整,及时制定企业制度和标准来规范活动开展,将重复使用的流程性规章制度纳入企业标准体系,加快标准化进程,对国家、行业外来文件进行转化应用等。

7)以深化评估与考核工作为手段,确保重点举措有效率先落地

对企业两化融合发展水平及现状进行定期评估与诊断,有助于评价企业两化融合管理体系各项指标的完成情况,用于识别问题、深入推进两化融合工作。常态化、周期性的跟踪监测,将帮助企业从数据、技术、业务流程、组织结构及其相互匹配等方面对两化融合的实施效果进行评价,找出存在的问题和差距,明确未来改进的重点和方向。同时,两化融合评估诊断结果也可作为两化融合推进工作的绩效考核重要组成部分,两化融合考核指标和考核制度纳入企业绩效考核体系,确保考核的整体有效性。

根据当前西南油气田在评估和考核工作中存在的问题,需要根据自身业务发展的实际情况,参考两化融合评估规范国家标准,建立个性化的两化融合评测指标体系,全面评估与诊断、监视与测量、持续改进企业两化融合水平。同时,在更新新型能力体系策划的基础上,建立并完善与之相对应的新型能力量化指标和其他体系运行相关绩效指标体系,持续跟踪监测改进两化融合管理体系运行绩效,从中及时发现相应的业务流程、部门、岗位职责问题或业务、管理问题,将运行绩效与企业绩效考核体系和战略闭环管理相结合。

10.2　保障措施

企业数字化建设转型是一个持续推进的过程,在项目建设和项目管理方必须做好全面的保障措施,以应对未来潜在的风险挑战。

1)强化领导力保障

数字化转型的本质是企业资源的重新分配,涉及商业模式重构时尤为明显。因此,能够驱动企业全局资源的领导力往往是成功数字化转型的关键。成立这样的跨部门转型小组,并建立从转型终局出发的资源适配体制,是保证新型业务顺利成长的基本措施。数字化的商业业态需要"数字

化的领导力",即在为企业搭建先进的产品生产力和灵活的内部创新力的基础上,以技术为杠杆撬动业务价值。在"油公司"模式下,公司提出坚持一体化发展思路,要在数字化条件下实现跨专业、多领域的共享与协同,于是资源的有效分配、重点要素的决策更离不开领导的重视和推动。

2)强化组织机制保障

数字化转型需要强有力的组织来支撑,需要明确转型的责任主体,制定合理的组织业务目标,配套考核和激励机制,优化组织间协作流程。在适合的条件下,还应成立专门的数字化转型组织,协调业务和技术部门,建立数字世界和物理世界间的协同运作机制,统筹推进数字化转型落地。

3)加强技术团队建设

要打造"开放心态"、打破部门间的壁垒,需要从如下方面进行保障:

一是需要挑选具有创新意识、深入理解一体化协同理念、具有丰富的科研与现场经验、愿意带领团队尝试与一体化有关的新工作模式和新技术的技术团队的负责人。

二是需要建立覆盖地震、地质、油藏、钻井、生产、软件系统工程师、数据工程师等的多人才技术团队,同时团队人员应具有很强的自主学习能力和沟通协调能力,能主动跨专业进行知识学习并全程参与项目建设过程。

三是在数字化项目中能根据项目运行模式对现有项目管理模式进行调整,更好地将技术应用和工程实践相结合。

4)转型灯塔引领

建议以油气田智能化试点示范项目为切入点,在开展龙王庙、页岩气、储气库、净化厂等智能油气田试点建设,促进油气田开发生产向"智能化管理"转型升级的过程中,围绕组织机制、项目建设过程和四要素互动循环,进行以下方面的改革与突破。

一是改变原有信息管理部负责组织制定两化总体目标、规划和完善新型能力体系及目标的单一工作模式,以业务归核化为主导,按照"管理＋技术＋专业岗位"模式优化信息化组织结构,为企业积极探索模式创新和业务升级、实现作业流程和生产制度配套打下良好的组织管理基础。

二是推动建立集信息化、管理变革、模式转型及业务流程优化等职能为一体的重大项目管理组织机构,完善重大项目管理办法,特别要明确项目决策机制和确立与质量进度效益目标密切相关的责任主体。

三是发挥关键业务部门、数据管理及应用等部门的积极性和主动性,从新型能力规划、项目建设实施、运维改进到数据开发利用,业务部门应发挥牵头作用,机关单位应确保管理机制的匹配和落实。

四是做好技术、业务流程、组织结构匹配性调整,识别技术、业务流程、组织结构、数据开发利用等优化调整需求,确保在正式上线运行前实现数据、技术、业务流程、组织结构的有效匹配。

五是提升企业对两化融合的认知,明确两化融合的内涵和外延,将企业现有的人才激励和科研项目管理考核等重点举措纳入两化融合的范畴中,扩充现有的两化融合关键部门和相关职责。

六是加强人才培养与引进。两化融合需要懂业务、懂技术、明体系、善管理的复合型人才,企业应通过结合重大项目建设,大力培养和引进此类复合型人才。

5)夯实基础平台设施

充分运用物联网、云计算等先进信息技术,不断优化网络架构、整合计算资源、提升应用水平,深入研究并探索实践"云、网、端"技术架构、实施路线和建设方案,着力构建共享集成的网络与软硬件基础环境,实现西南油气田计算资源、数据存储和应用系统的集中部署、统一管控,提供安全稳定的网络接入和绿色环保的 IT 基础环境服务,为系统整体优化、生产组织转型奠定坚实基础。

云计算平台为西南油气田搭建了一个完整的、标准的、开放的管理平台,实现了企业 IT 硬件、软件和服务的统一共享,为西南油气田生产、经营、科研和决策提供服务。云计算平台具备良好的可扩展性,可满足未来对计算、存储、网络资源池的扩充需求,软件资源可以根据业务需求以动态扩容方式方便、快捷、无缝地整合于平台之中。根据生产业务增长需求,合理规划信息基础设施建设,优化提升通信网络带宽和传输质量,扩容高性能计算节点,提升数据存储能力,以满足智能油气田系统建设需求。

6)夯实数据湖开发利用基础

忽视数据治理给数据平台建设带来了不少问题。随处可见的数据不统一,难以提升的数据质量,难以完成的数据模型梳理等源源不断的基础性数据问题,限制了数据平台发展和数据应用效果。随着投资和建设成本的投入增加,企业对数据治理重要性的认识也越来越深刻。

要利用大数据能力来实现数字化转型,西南油气田在数据治理和数据价值挖掘能力方面还有很多短板需要补齐。构建天然气产业链数据湖,强化主数据、元数据管理,使业务管理与数据管理相统一,实现贯穿数据设计、产生、存储、迁移、使用、归档等环节的与业务协同相一致的数据全生命周期管理,以及数据从来源端到数据中心再到应用端的全过程管理。在形成的数据分类管理体系框架的基础上,全面梳理企业信息,集成、整合各级各类数据资源,按照不同数据类别制定相应的工作模板,自动化构建企业的数据资产库,建立管理流程,落地统一的数据标准,并提升数据质量,通过数据微服务、智能化知识图谱等方式为用户提供价值。以大数据治理夯实数据开发利用基础,形成更便捷、更灵活、更准确地获得大数据价值和资产的能力。一方面,要建设统一、开放的数据采集和应用环境,满足数据交互的实时性要求,减少数据库不统一带来的影响;另一方面,要开展智能油气田数据标准规范建设,规范各类业务数据标准化采集、管理和应用。

7)夯实安全防护体系保障

我国十分重视信息网络安全,近年来已经将信息网络安全作为优先发展的前沿技术列入《国家中长期科学和技术发展规划纲要(2006—2020 年)》。中国石油在 2015 年明确提出要贯彻落实国家对网络安全工作的要求,应对当前网络面临的严峻威胁与挑战,提升网络安全工作水平,切实保障集团公司网络安全,为中国石油稳健发展提供强有力支撑。

以国家信息系统安全等级保护要求为基本依据,结合中国石油相关管理规定和成功经验,西南油气田设计了集安全管理制度、安全管理技术和态势感知为一体的网络安全体系架构,并按照设计对现有的网络安全、主机安全、应用安全和数据安全防护等进行全面的加固、升级和补充建设。

8）强化科技创新成果转化

我国经济正迈入高质量发展的新阶段,科技创新是重要支撑。党的十九届四中全会提出,增强国有经济竞争力、创新力、控制力、影响力、抗风险能力;中央经济工作会议提出,发挥国有企业在技术创新中的积极作用。这些都显示出中央对国有企业科技创新主体地位的高度重视。

对西南油气田而言,要在技术创新中发挥积极作用,需要:

一是深化科技体制改革,形成创新驱动的内涵成长模式,建立符合科研规律的科技管理机制,改革和完善国有企业经营者的考核制度、评价制度与薪酬制度。

二是鼓励支持基础研究、原始创新的体制机制创新,将各业务领域知识结构化,整合系统建设、课题研究、数据资源等知识资产,促进内部各创新主体协同发展,加强知识沉淀、转移和科技成果转化。

三是完善科技管理流程和系统平台建设,通过统一的平台实现项目管理,成果管理、重点实验平台和其他日常化的工作管理。

四是提高研发资金使用效率,加强科技成果向现实生产力的转化,采用计划引导、组织协调、资金支持、后评估评价等手段,促进成果转化。

五是完善科技人才发现、培养、激励机制,建设一支高素质的科技人才队伍,建立合理的创新回报激励机制,采取股权奖励、股权期权等方式调动企业重要技术人员积极性。

9）健全完善体系文件

制度文件体系的健全完善是管理体系运行规范化标准化的前提和基础保障。目前西南油气田在体系文件化管理方面还存在诸多问题,制度文件体系系统性、完整性、有效性和适宜性均有待提升,体系文件化管理机制有待健全。需要在现有管理体系制度文件的基础上对各级文件进行详细的梳理,结合重点业务部门关于制度建设的诉求和建议,从文件体系架构、重点内容、关联性、可操作性等方面对制度文件体系进行全面的优化。重点应聚焦在如下方面:

一是增强管理手册到具体的业务管理制度之间的关联性,使管理手册中涉及的内容有具体落实的相应管理制度,夯实责任,解决执行不力的问题。

二是在信息化顶层设计规划,项目统筹管理,云、网、端的保障能力,系统上线后的管理制度配套等方面,补充完善对应的管理制度,淘汰过时的与现状不符的制度条款,统一技术要求、管理要求和工作要求。

三是构建制度文件优化升级的管理机制,根据新增业务或业务调整,及时制定企业制度和标准来规范活动开展,将重复使用的流程性规章制度纳入企业标准体系,加快标准化进程,对国家、行业外来文件进行转化应用等。

10)建立转型评估机制

开展油气田数字化转型创新赋能研究,建立智能油气田建设与运行管理标准,构建数字化转型评价模型,进行定期评估与诊断,用于识别问题、常态化、周期性的跟踪监测,找出存在的问题和差距,明确未来改进的重点和方向[13]。同时,诊断结果也可作为绩效考核重要组成部分,纳入企业绩效考核体系,确保考核的整体有效性。

11)创造数字文化氛围

企业文化是数字化转型成功与否的关键因素,要不断培育包括数字文化(积极拥抱数字化,通过数据来改变传统的管理思路和模式,习惯用数据说话、用数据决策、用数据管理和用数据创新)、变革文化(勇于探索,拥抱变化,自我颠覆,持续变革)和创新文化(崇尚创新、宽容失败、支持冒险,在数字化转型过程中更加积极和主动)在内的转型文化理念,激发个体活力,为员工营造好的转型环境,形成数字化转型的动力源泉。立足公司业务发展和队伍结构特点,整合所属培训管理机构和培训基地,合理规划、统筹资源,建立满足公司可持续发展的培训管理体系,打造数字文化。

第 11 章　西南油气田数字化赋能转型成效

　　西南油气田主要负责四川盆地的油气勘探开发、天然气输配以及川渝两地的天然气销售和终端业务,是西南地区最大的天然气生产供应企业和集团公司唯一具有天然气上中下游一体化完整业务链的地区公司。在有序推进数字油气田建设中,西南油气田紧跟公司天然气产业发展步伐,以两化融合为抓手,通过新型能力打造赋能全业务链信息化高效管控,在"云、网、端"基础设施、数据共享服务、专业系统集成应用、科技信息研发、标准体系建设等方面成果丰硕,全线构建公司信息技术应用生态,以大数据应用驱动公司智能气田升级转型呈奔腾之势。数字化转型的核心是利用新一代信息技术,构建数据的采集、传输、存储、处理和反馈的闭环,打通不同层级与不同行业间的数据壁垒,提高行业整体的运行效率,构建全新的数字经济体系[14]。

　　战略层面,西南油气田充分认识到数字化转型对于整个业务的价值所在,制定了坚持"油公司"发展方向的总体战略,通过加强信息化总体规划和战略设计,加强规划引领,实现战略转型,从培养员工数字化意识和工作习惯,改变原有组织结构、调整资产组成,到支撑新的数字业务和创新商业模式的渐进过程,积极采取措施主动学习和应用数字技术,提升效率和推动创新,在转型变化中更好地识别机会和创造价值。

　　体系层面,西南油气田以两化融合为指导,以"三化"践行,助力核心开发生产业务转型升级,以数据深化分析为导向,充分挖掘数据价值和平台资源,挖掘数据附加值,延伸数字化范围,简化传统的业务流程,提升业务效率和精准度,减低运营成本,通过业务与数字化技术的交互推动主营业务向智能化迈进。

　　平台层面,西南油气田借助人工智能、生物识别、物联网等技术,通过构建安全可靠的云基础设施平台与统一的技术支撑平台,加强核心业务平台建设,实现各项业务平台化、智能化,并将核心业务通过数字化方式连接起来,实现业务横向集成与纵向贯通,提升西南油气田的协同能力。

生态层面,西南油气田依托勘探开发梦想云平台、智能工作流等新兴智能技术对新型业务进行主动干涉和管理,充分利用物联网、大数据、人工智能技术将各类生态伙伴能力进行有机的协同,统筹整个生态系统内的量化运营,构建开放式的创新生态,推动新业务发展。

11.1　战略转型

西南油气田以习近平新时代中国特色社会主义思想为指导,深入学习贯彻党的十九大和十九届二中、三中、四中全会精神,全面落实中央经济工作会议及集团公司工作会议要求,总结既往工作成果,分析面临的形势,安排部署公司发展战略,动员全体员工,聚焦发展,勠力同心,全面决胜 300 亿,加快上产 500 亿,在党和国家最需要的时候把天然气产量搞上去,为集团公司建设世界一流综合性国际能源公司、为坚决夺取全面建成小康社会伟大胜利作出新贡献。

在西南油气田总体战略目标指导下,到 2020 年建成数字油气田,实现油气田勘探开发、生产经营各项业务活动的数字化、网络化和可视化,优化生产组织,推动企业创效能力增强,打造两化融合优秀示范企业,引领企业创新发展。

油气当量达到 $2\,145\times10^4$ t,成为集团公司第 4 个跨入 $2\,000\times10^4$ t 油气当量行列的油气田;天然气日产量突破 $9\,000\times10^4$ m³,年生产能力踏上 300×10^8 m³ 新起点。

川南建成国内最大的页岩气生产基地,日产量突破 $3\,000\times10^4$ m³,年产能达到 100×10^8 m³,川南页岩气作为四川新名片亮相中华人民共和国成立 70 周年天安门广场群众游行。

天然气日销售量历史性突破 1×10^8 m³,销售均价同比增长 4.2%,增收 39.2 亿元,继续保持西南地区最大天然气生产和供应企业的领跑地位。

11.2　体系转型

西南油气田体系转型是在西南油气田两化融合体系指导下,围绕"决胜300亿大气区,打造西南增长极"的目标,以"两化融合"贯标为契机,强力推进"三化"工作,深度融合开发基础工作管理要求,优化重塑两级机关业务流程,着力新型能力打造、提升核心竞争能力,推动开发生产体系转型升级。

11.2.1　两化融合创新赋能

两化融合是我国工业转型升级、调整经济结构、转变发展方式的必然要求。推动两化深度融合,一方面可保证西南油气田创新、资源、市场和低成本四大发展战略的实现,是西南油气田强化企业管理、促进西南油气田稳健发展的有效方式和创新之举;另一方面,可有效促进西南油气田信息化与主营业务融合发展,提升信息化建设的应用价值,推动两化融合从关注局部向统筹全局转变,从强调技术向规范管理转变。公司战略、竞争优势与新型能力规划如图 11-1 所示。

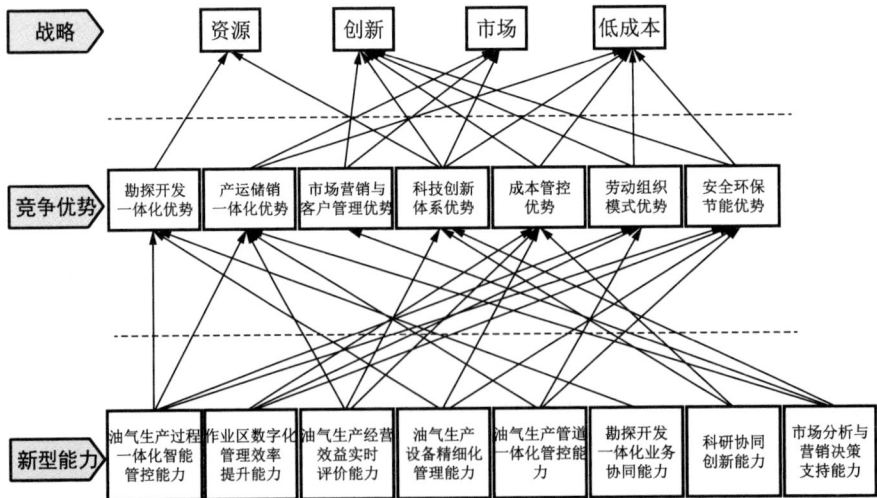

图 11-1　战略、竞争优势与新型能力规划

2017 年以来,公司启动两化融合管理体系贯标工作,通过与全国及行业先进企业对标和评估分析,明确公司信息化存在的短板和突破方向,

通过打造信息化环境下的新型能力获取公司可持续竞争优势,助力公司战略实现。

1)油气生产过程一体化智能管控

西南油气田面向油气生产全过程,基于 SOA 技术架构,利用物联网技术、自动化技术、数据集成技术建立油气生产全过程多单元远程监控、多业务协同、井筒完整性评价与预警等功能的一体化管控系统,实现"单井无人值守、中心井站集中控制、远程协作支持"生产管理新模式,实现从单井生产–处理净化–管道输送–终端销售的全业务链实时生产动态的分级、实时管控,从而提升油气生产全过程安全管控水平,提高生产效率,降低运营成本,形成以"生产自动化、管理协同化"为核心的油气生产过程一体化智能管控能力。

借助物联网完善建设工程项目实现生产现场实时数据的完整采集和推送,实现对管辖范围内全部单井、场站、管道的分级、实时监控、预警和连锁控制。经过大力建设,到 2017 年底,川中磨溪开发项目部生产场站数字化系统覆盖率已达 100%,数字化场站远程连锁可控率达 90%。

通过生产数据管理平台完成生产现场实时数据汇聚、集中管理、派生计算并发布至办公网。到 2017 年底,生产实时数据点表映射符合率及生产实时数据入库率达 100%。

井筒完整性管理等后端系统通过对所集成数据的开发利用,实现生产智能预警、井筒完整性评估等功能,打造"油气生产过程一体化智能管控能力",强化油气生产现场深度感知与智能预测。到 2017 年底,生产井异常关井井次、井筒完整性管理综合效率值均创新低。

截至 2017 年底,西南油气田川中油气矿磨溪开发项目部关键业务流程信息化率已达 90%,降低运行成本大于 3 800 万元。

2)作业区数字化管理效率提升

借助物联网、移动应用、大数据技术手段,推动以"岗位标准化、属地规范化、管理数字化"为目标的作业区数字化、信息化建设,实现作业区生产巡回检查、常规操作、分析处理、维护保养、检查维修(施工作业)、变更管理、属地监督、作业许可、危害因素辨识、物资管理等十大关键业务流程的简化、优化和信息化,优化作业区生产组织模式,全面提升作业区生产管理效率。

作业区数字化管理平台将基础工作归纳为巡回检查、常规操作、分析处理、维护保养、检查维修、变更管理、属地监督、作业许可管理、危害因素辨识、物资管理十大业务流程,同时融入 HSE 管理,并增加关键节点安全风险控制,从而实现生产操作、安全受控和 QHSE 管理的"三控合一"。平台通过 PC 端、移动端、手机端设备实现一线场站基础工作管理信息化工作"室内与室外"的全覆盖,如图 11-2 所示。

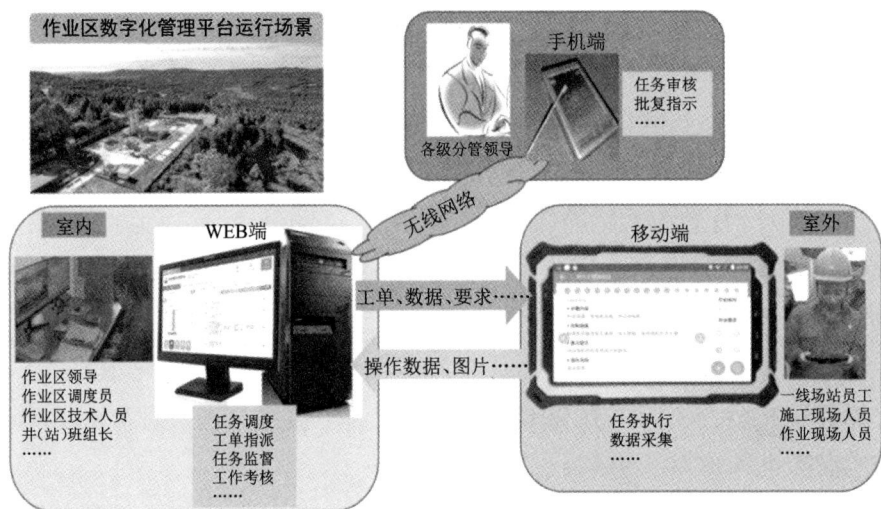

图 11-2 作业区数字化管理平台运行场景

3)促进生产组织方式变革

依托作业区数字化管理平台,实现作业区业务与信息化的深度融合,建立作业区"平台＋业务"管理新模式,促成公司作业区管理从传统管理模式向数字化、信息化管理转型变革。作业区数字化管理平台的运行有效推动了生产管理由井站独立管理向一体化协同运行、扁平化管理模式转变。通过移动应用,将矿部、作业区、气藏调控中心、中心站、单井等分散在现场的工作动态、生产变化、决策集成到同一个数字化平台上进行共享,使基层管理人员和一线操作人员从桌面办公中得以解放,井站管控出现新方式。气矿调控中心、中心站员工通过信息化手段,实现对外围无人站点生产情况进行 7×24 h 不间断实时监控,同时中心站员工通过移动应用终端实现外围站点的定期巡检、重要设备的周期维护、气井生产动态分析等日常工作任务。

4)管理成效明显提升

按照"分级分层"的方式,打造由"调控中心、巡井班(中心井站)、维修班"组成的一体化管理基本单元。依托数字化管理平台,实现所有投产单井和集气站数据集中监视,形成"三位一体"的贯穿气藏管理始终的监控管理平台。将生产管理融入各层级,打破单井独立管理的传统开发模式,从而减少管理层级、减少值守人员数量、提高劳动效率,由现场管理向远程管理转变,运行成本和劳动强度明显降低,逐步实现全气藏"无人值守"。

作业区数字化管理变革了信息采集、传递、控制及反馈方式,使传统的经验管理、人工巡检的被动方式转变为智能管理、电子巡检的主动方式,将前方分散、多级的管控方式转变为后方生产指挥中心的集中管控,大大提高了生产效率与管理水平。通过作业区数字化管理,减少了信息传递环节,缩短了现场值守人员和管理人员发现问题、分析问题、处理问题的时间,大大降低了生产运行成本。

截至 2017 年底,试点单位作业区生产数据自动化采集率由以前的76.6% 提升至 92.1%,老井措施增产工艺自动化率由以前的 74.1% 提升至 88.9%。

在基础设施完善和业务流程信息化管理的基础上,将原分布在 37 个井站的操作人员集中到 5 个直管站、3 个中心站进行统一管理,实现 25个单井无人值守。数字化条件下一线用工与传统管理模式下一线用工相比减少了 13.2%。

5)油气生产经营效益实时评价

西南油气田发挥产运储销一体化优势,充分利用勘探开发 ERP 系统、油气水井生产数据管理系统(A2 系统)、生产运行系统、财务管理信息系统(FMIS)等数据资源,基于财务指标计算逻辑,形成气田的成本费用分摊规则和计算方法,建立可对项目整体效益进行动态跟踪和评估的系统。

对新建项目均进行项目效益评价,以强化生产和经营数据的集成和动态分析,提高效益评价的实时性和准确率,确保产销平衡、以销定产,提高内部收益率,提升公司生产经营决策能力。

搭建市场分析与营销决策支持服务平台,利用宏观环境研判、经济数据分析、大数据处理等手段,提升西南油气田天然气市场销售和终端燃气业务的信息化、智能化管理水平,重点提供市场需求预测、价格承受能力分析、销售结构优化、价格方案设计等市场营销决策参考,全面支撑公司天然气营销量价同增。

依托试点建设项目全生命周期管理系统和勘探与生产 ERP、财务管理信息等系统的深化应用,川中油气矿实现了龙王庙组气藏开发项目前期、投资计划、项目实施、项目验收及项目后期等的全生命周期管理,并进行建设跟踪分析、效益评价,初步建立起油气生产经营效益实时评价能力,进一步提升了项目管理能力,提高了项目内部收益率,强化了成本管控。

截至 2017 年底,已实现项目数据完整性达 100%,项目结算、成本、效益评价系统管理覆盖率达 100%;生产数据同步周期与开发井效益评价周期上升至 1 月 / 次;评价的内部收益率达 30.29%。

建立共享财务新模式。以高度的责任感和使命感,勇担当敢作为,全力推进公司财务共享服务体系建设。充分利用网络平台和工具,变线下集中办公为线上分散建设,大量减少人员聚集,切实降低建设费用;推行标准化、程序化建设,细分工作为"七步法",每个步骤按照配套标准表格、下发培训资料、编制专用工具、明确成果质量、严格进度时间、坚持审核把关等组织开展具体工作,整体把控建设质量和进度;优化工作组织方式,根据单位性质、类别有针对性地采取措施推进建设,分类开展建设工作,分组督导任务进度;通过精心策划、精心组织,财务共享建设工作推动有力、进展迅速、质量保证、风险可控。

6)油气生产设备精细化管理

西南油气田是川渝地区主要的天然气生产与销售企业,拥有大量的油气开发、集输、化工、储运设备设施。这些设备是企业生存与发展的重要资产,是企业生产的基本要素之一。随着西南油气田天然气生产与建设的加速,设备的规模逐年扩大,设备对生产的保障和贡献能力日益增长,但同时设备也是安全环保风险易发多发的重点环节。因此,做好设备管理工作,管好用好生产设备,对促进企业健康发展具有十分重要的意义。

随着规模的扩大,企业设备管理理念进一步提升。西南油气田引入设备全生命周期管理的理念,逐步开始从粗放管理向精细化管理过渡,从分散型管理向统一管理集中,从被动维护向主动预防转变。将原来的"使用管理"提升为"全生命周期管理",有力地支持生产建设,保障安稳运行。目前西南油气田正在研究设备的完整性管理体系,这将进一步提高西南油气田的设备管理水平。

随着公司信息网络基础设施的完善,在建设 300 亿战略大气区目标的指引下,围绕《数字化气田建设总体规划》,公司利用信息化建设的手段,在促进设备全生命周期管理、提升设备管理能力方面做了大量工作,并取得了一系列成果。通过开展设备综合管理系统 2.0 的建设,基于场站综合评价,利用物联网技术,以设备精准运维、动态管控为目标,实现设备物联信息自动采集、关键设备远程控制、安防设施全面覆盖,设备动静态信息达到标准化管理水平,促进设备科学健康管理,确保设备在公司勘探开发生产运行过程中的效能最大化。

试点单位实现设备基础管理系统化和设备数据标准化。通过设备相关系统的建设及资料的管理,构建了统一、规范的设备数据标准。截至 2017 年底,设备技术文档电子化档案入库率由以前的 44.86% 提升至88.33%。

设备运行管理数字化,实现对设备运行过程的实时掌控。油气生产关键设备完好率达 98.59%,生产单元数字化率由 80.3% 提升至 88.6%,数字化生产单元远程可控率由 48.8% 提升至 88.4%。

设备管理业务流程信息化,实现设备管理业务过程精细化。将设备设施巡回检查、常规操作、分析处理、维护保养等九大设备管理业务流程信息化,实现设备设施管理业务网络分发工单、操作步骤有确认、操作环节有监督、操作数据有收集、操作结果有验收,设备精细化管理水平大幅提升。

7）油气生产管道一体化管控

近年来,天然气输气管道因地质灾害及第三方施工破坏而损毁的情况呈逐年上升趋势,极大地影响了天然气的正常生产。因为管道基础设备设施的不完善,不能对管道运行情况及管道高风险点周边环境进行实时监控,仅依靠人工巡检发现问题;同时因为管道关键节点设备远程控制功能的不完善,不能第一时间对出现问题的管线气源进行控制,极易引发次生事故;而针对管道周边环境复杂的地区,人员巡检力量不能对此类区域进行有效覆盖,形成巡护盲区。

针对管道管理面临的严峻形势,以管道综合安全防护体系为依据,结合公司战略转型与业务发展的需要,确立基于物联网、自动化、无人机、移动终端等技术,实现集输气管道运行状态多级监控、管道外部风险有效防控、管道完整性管理的目标。

利用物联网完善工程,完善生产现场基础设施建设,实现生产管理数据的全面采集,增强管道关键设备远程控制能力;借助集输气管线视频监控、阀室气体监测改造工程和无人机技术等完善管道视频监控及巡检技术手段,加强管道高风险点实时监控能力及改善复杂环境下管道巡护工作质量,有效降低管道巡护中的人工风险;借助电子沙盘信息系统中鹰眼GPS管道巡检模块,实现管道周期性巡检工作、隐患处理情况的信息化管理;同时,利用电子沙盘信息系统实现管道资料完整性管理,包括高后果区识别、地质灾害敏感点识别等数据。在上述应用有效集成的基础上,支撑油气生产管道一体化管控能力的打造(图 11-3)。

8）勘探开发一体化业务协同

建设勘探开发生产一体化管理业务应用平台,全面支撑从矿权、储量、物探／井筒工程到油气藏工程、产能建设、采油气工程、油气集输、天然气净化等公司上游核心业务,通过信息资源共享、业务流程化管理、工作平台化协同的新型模式,实现勘探、开发全业务链数字化管理,整体提升公司勘探、评价、开发、生产一体化业务协同能力。

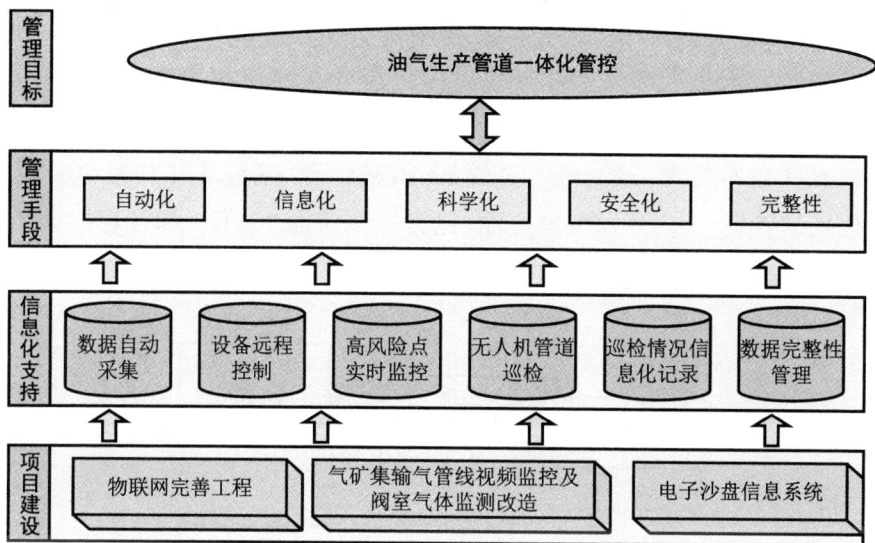

图 11-3　油气生产管道一体化管控

9）科研协同创新

利用 SOA 技术、云平台搭建一体化研究环境,深化应用勘探开发数据资源,支撑油气藏、井筒与管道等专业科研攻关,实现油气藏科研标准统一、高效协同、数据和成果共享,科学指导一线生产,最终达到多专业、多部门、跨地域协同研究与深度融合,全面提升科研协同创新能力。

10）市场分析与营销决策支持

搭建市场分析与营销决策支持服务平台,利用宏观环境研判、经济数据分析、大数据处理等手段,提升西南油气田天然气市场销售和终端燃气业务的信息化、智能化管理水平,重点提供市场需求预测、价格承受能力分析、销售结构优化、价格方案设计等市场营销决策参考,全面支撑公司天然气营销量价同增。

将两化融合与传统工艺模式、管控方式融合重构,为推动石油天然气采掘业有质量、有效益、可持续发展注入全新的活力,较好地解决石油天然气采掘业开发、生产、经营过程中"人、财、物"三方面的难题,具有广泛的针对性、普遍性、前瞻性及示范性。

11.2.2 西南油气田"三化"践行

油气开发生产的核心业务包括油气田开发建设与油气生产两部分。油气田开发建设的主要内容是油气产能建设。油气生产包括油气藏管理、油气水井日常管理、采油气工艺管理、措施管理、凝析油开发和地面集输净化处理管理[15]。开发生产方面,包含操作层面"三化"和管理层面"三化"(图 11-4)。

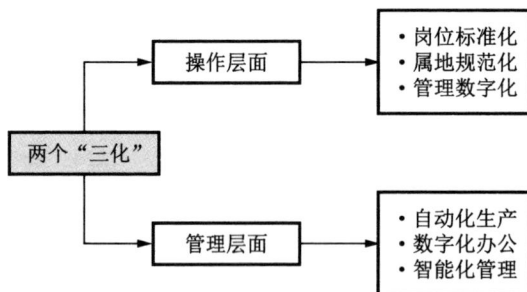

图 11-4 两个"三化"

两个"三化"的指导思想是:

(1)以集团公司信息化工作思路为指导,以《西南油气田分公司"十三五"通信与信息化发展规划》及《西南油气田分公司数字化气田建设总体规划》为基础,在《西南油气田分公司"十三五"通信与信息化发展规划(调整规划)》指引下,借鉴国内外油气田信息化建设成功经验,进行两个"三化"工作专项规划。

(2)在西南油气田两化融合体系指导下,围绕"决胜 300 亿大气区,打造西南增长极"目标,着力新型能力打造、提升核心竞争能力。

(3)围绕西南油气田数字化气田全面建成目标,分析业务现状与挑战,规划开发领域项目设置,初步建立智能化油气田管理标准体系。

(4)确保"到 2020 年,全面建成数字化油气田,建成智能化油气田试点示范",明确两个"三化"建设重点,做好项目部署。

2019 年 3 月 7 日,西南油气田召开 2019 年信息化工作领导小组会议。公司常务副总经理提出三点要求:一是要做好"油公司"模式下信息化顶层设计;二是要实现两化融合管理体系贯标工作常态化;三是要抓好以两个"三化"为代表的数字化气田建设,即生产现场操作的"岗位标准化、属地规范化、管理数字化"和生产过程管控的"自动化生产、数字化办公、智能化管理"。

1)操作层面"三化"

操作层面"三化"主要指岗位标准化、属地规范化、管理数字化。按照深度融合油气生产基础工作管理要求,建立标准化生产体系、业务体系、基层站队 QHSE 体系,建立生产、施工现场的运行实施的电子化监督机制。利用先进信息技术,建成作业区数字化管理平台,在生产一线实现"岗位标准化、属地规范化、管理数字化",推动油气生产由传统管理模式向数字化管理转型。

操作层面"三化"是以西南油气田两化融合体系贯标为指导,依托作业区数字化管理平台建设,纵向上涵盖"岗位标准化、属地规范化、管理数字化",横向上覆盖"业务层面、信息层面"(图 11-5)。

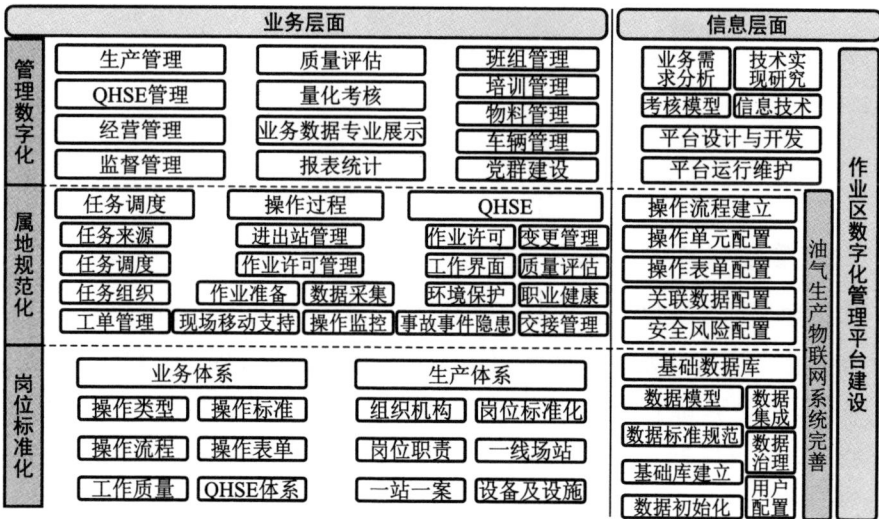

图 11-5 作业区数字化平台建设

西南油气田以作业区业务管理和一线场站基础工作标准化成果为基础,借助物联网、移动应用和大数据技术,建立了作业区基础工作闭环管理与生产运行安全环保预警管理模式,实现了作业区基础工作和业务管理的规范化操作、数字化管理和量化考核,支撑了作业区操作层面"岗位标准化、属地规范化、管理数字化",全面提升作业区数字化管理水平,推动生产组织优化,强化安全生产受控,进而提升油气田生产效率和效益。

西南油气田操作层面"三化"工作建设依托作业区数字化管理平台和物联网完善工程,将所有基层任务来源纳入统一管理,任务执行更有针对性,按照标准业务管理流程建立工作闭环管理模式,实现工作任务自动触发、调度分配、分解指派、审核监督,促使任务高效执行,从而有效支撑作业区基础工作管理(图11-6)。

图 11-6 作业区数字化管理平台基础工作闭环管理

2)管理层面"三化"

管理层面"三化"主要指自动化生产、数字化办公、智能化管理。通过全面整合油气开发生产业务,优化重塑两级业务流程,集成应用专业分析软件,建立协同工作环境与运行机制,建成开发生产管理平台,实现油气开发业务"计划、方案、部署、实施"和"气藏、井筒、地面"的一体化管理,在主力气田建成"自动化生产、数字化办公、智能化管理"智慧气田,推动开发管理由传统业务管理向"数字化"高效运行管理转型。

管理层面"三化"工作规划方案编制以西南油气田两化融合体系贯标为指导,整体上依托开发生产管理平台、作业区数字化管理平台和油气生产物联网系统等工程项目建设,纵向上涵盖"自动化生产、数字化办公、智能化管理",横向上覆盖"业务层面、信息层面"(图11-7)。

西南油气田通过数据汇聚及数据共享，与专业软件集成应用，实现了开发生产业务管理一体化，即业务标准化、标准流程化、流程信息化、信息平台化，支撑了现场生产、科学研究、决策管理等工作高效协同，推动管理流程再造，促进生产组织方式转变，从而实现"自动化生产、数字化办公、智能化管理"，全面提升开发生产管理和科学决策水平。

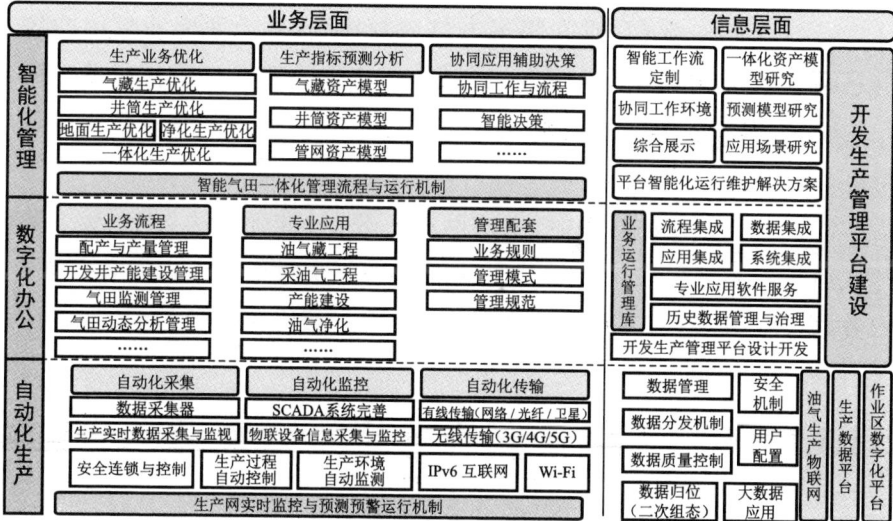

图 11-7　管理层面"三化"工作方案

在自动化生产方面，不断完善气田"云、网、端"的基础设施配套建设，充分运用成熟的工业控制、视频安防、网络通信技术，狠抓自动化设备设施运维工作，确保执行到位，应急处置及时有效，实现气田全天候安全平稳生产。

（1）设备系统效率分析、改造、维护提供依据的地面生产动态数据管理。

（2）集输系统集输生产运行计划、腐蚀监测计划、检维修计划等计划的编制、审核、下达管理。

（3）油气集输系统中管线运行状态、集输设备运行状态、系统腐蚀状况、设备保养维护、管线完整性的日常动态分析。

（4）自动预警提醒管理，根据生产实时数据及定期监测数据等，通过系统各种模型自动计算，得出提醒结论，如清管、压力容器定期检验、重点设备维护保养周期、检维修周期等。

在数字化办公方面,依托办公网构建覆盖油气矿开发全过程的满足公司、气矿、作业区、中心井站四级应用的业务管理应用平台,实现业务标准化、标准流程化、流程信息化、信息平台化,最终实现开发业务工作一体化协同管理,加快传统开发业务管理模式到网络化运行管理模式的转变,实现无纸化办公。

(1)按专业、流程、时间等多方位进行梳理,整合西南油气田的统建信息系统和自建信息系统资源,通过业务流程的整合打通各业务系统之间的壁垒,从业务角度上实现应用系统横向整合,通过统一流程中心集成待办,弱化系统之间的隔阂。

(2)生产实时数据映射(生产网→办公网)准确率达到100%。持续开展组织对油气矿在生产的信息化场站进行实时数据治理工作,确保生产数据在现场、RCC、DCC 和数据平台 4 个层级准确一致,为后端应用系统、在线办公提供准确、实时、完整的数据应用基础。

(3)建设移动应用 APP。以 PC 端与移动端相结合的方式实现应用系统移动应用化,强化工作流程,推进数据有效流转、高效共享,为员工提供一个高效的协同办公平台、学习平台和信息获取平台。

在智能化管理方面,实现数据集成共享应用、专业软件集成与应用、系统功能模块灵活定制、系统应用多样化展示,进而实现应用集成化、工作协同化、功能模块化、管理一体化,加快从传统开发生产业务管理模式向网络化运行管理模式的转变进程,提高开发生产管理水平和科学决策能力,实现信息化与油气田主营业务深度融合,推动作业区业务"岗位标准化、属地规范化和管理数字化",最终实现开发业务自动化生产、数字化办公和智能化管理。

(1)生产与经营管理。在数字化气田建设完成后,将形成两个闭环的流程(图 11-8),实现生产管理与经营管理的完整结合。在生产闭环管理中,科研部门根据生产情况制定勘探开发方案,提交管理者决策;管理者根据科研与生产情况做出勘探开发决策,向生产管理部门下发执行方案;生产管理部门执行生产任务,科研部门进行动态跟踪研究,及时提出调整方案建议。在经营闭环管理中,经营管理部门根据生产情况制定经营方案,提交管理者进行经营管理决策;生产管理部门根据经营管理决策指导生产管理;经营管理部门动态跟踪生产情况,及时提出经营管理调整建议。以满足油气矿主营业务需求为目标,以应用整合、集成创新为手段,通过生产管理闭环及经营管理闭环的应用实现全业务覆盖、全过程支持、业务环节紧密衔接和生产经营高效协同。

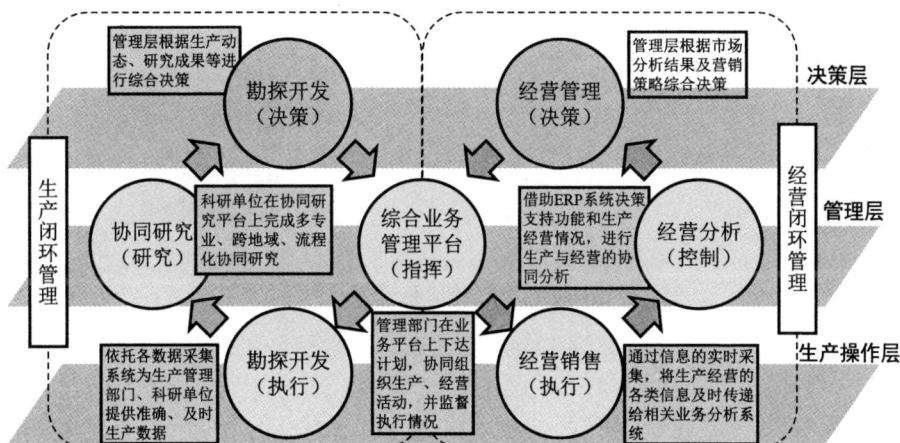

图 11-8　生产与经营管理两个闭环数字化支撑愿景

（2）科研协同。科研协同实现前,研究人员所需数据来源多样,收集、整理、加载数据工作量巨大,研究院(所)、项目组、研究人员间在相同研究项目中使用的研究软件种类较多,软件间数据交换困难,人工组织成果和制作成果报告困难,研究成果共享的及时性差。科研协同实现后,研究数据自动推送,研究工作在统一的项目环境中开展,研究软件较为统一,研究成果动态更新并及时同步到数据整合集成平台,实现"数据共享、成果继承、效率提升、决策精准"。科研协同效果如图 11-9 所示。

（3）一体化协同工作。通过集成整合信息技术资源,借助已有的SOA、BPM、物联网、GIS 信息技术,并引入大数据分析、人工智能、机器人、AR/VR 等新技术,构建智能气田一体化协同工作生态环境,高效支撑业务管理协同,稳步实现智能生产优化应用,最终形成"生产作业实时优化、研究分析工作智能化、管理决策流程自动化"的应用场景。

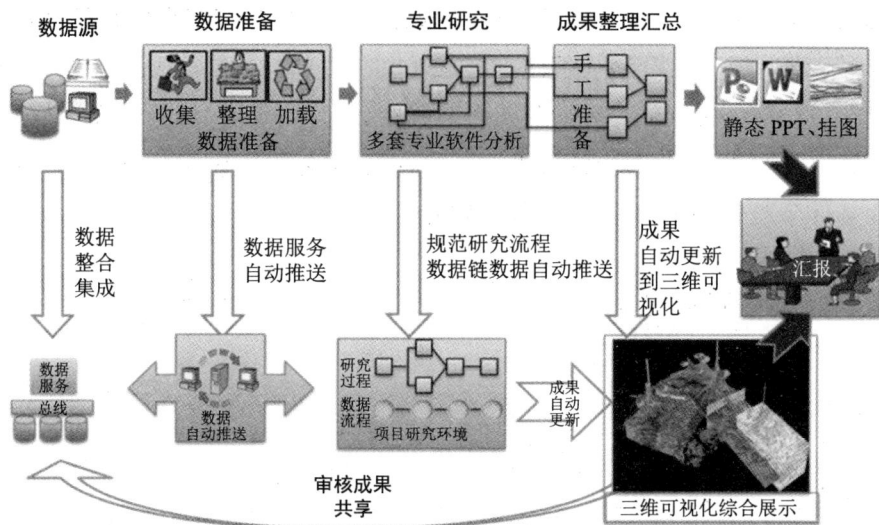

图 11-9　科研协同效果

11.2.3　体系转型成效显著

西南油气田通过推行两化融合和两个"三化"管理,已基本建成数字化气田。新增 6 个作业区通过国家两化融合管理体系评定,完成全部 38 个作业区物联网升级改造,全部上线了作业区数字化管理平台,建立起"互联网＋油气开采"新模式,实现了开发生产的转型升级。

生产管理实现了线上协同,正走向两化深度融合。场站数字化监控覆盖率达 92%,气田开发整体实现"自动化生产",开发上线了一批管理平台,主营核心业务实现了"数字化办公",启动了一批智能油气田试点示范工程建设,形成了生产管理新模式,生产操作、开发管理实现了线上运行,转变了传统的生产管理模式,机关部门转向"大部制",院所转向远程支持研发中心,管理层级向扁平化发展,并打造了气田管控八种新型能力,获得工业和信息化部两化融合管理认证。

生产组织实现了"大数据分析、自适应调节和数字化管理",形成了"电子巡井＋定期巡检＋周期维护"的生产运行组织和"单井无人值守＋中心井站集中控制＋远程支持协作"的生产管理新模式的转型升级。数字化管理平台"用数字说话、用数字指挥",成为生产组织的智能调度员,专家系统集成专家智慧,改变生产管理"靠经验、拼人力"的传统模式,智能工作流实现了一体化管控思想理念。

生产操作实现了"单井无人值守、气田分区连锁控制、远程支撑协作",生产系统实现了万物互联、深度感知和自动化生产,由"人防"转变为"技防",传统的"一井一站一套人马"转为"中心站＋单井无人值守"。生产操作"三化"全部工种岗位实现了"工作清单＋工作质量标准"的管理方式,建立了所有现场管控标准和形象规范,已规范站场 4 043 座、设备 98 750 台(套),实现"工作质量标准、管理规范要求"的"网络化运行、数字化管理",线上已运行工单 300 余万条。

1)优化人力资源,缓解用工压力

通过改变传统用工方式,促进了人力资源的合理优化,减少了岗位用工。从"一老一新"两个试点单位的情况看,用工需求量减少 255 人,每年减少人员费用 3 628.65 万元,为解决今后将面临的自然减员及新区开发人员需求矛盾探索了道路,为提质增效创造了条件。积极实践新型人力资源配置模式,在长宁、四川、重庆等页岩气公司和致密油气项目部推广"管理＋技术"的新模式,加快老区向"管理＋技术＋核心操作"的模式转型,全员劳动效率、组织运行效率显著提升。

2)推动气田可持续发展,提升管理水平

通过信息技术与管理制度、操作规范的深度融合,实现管理过程的标准化、痕迹化,实现专业全覆盖。一方面,可有效降低建设投资及运行成本,为后备资源有质量、有效益的开发动用创造了条件;另一方面,创新培训、考核、监督工作模式,重新梳理体系文件、操作规程,优化运行参数、提前预警故障,为实现"本质安全"提供了技术手段和制度保障。

通过两化融合管理体系建设,构建方针明确、决策高效、管理规范的信息化项目管理模式,细化项目组织机构的工作界面、工作职责及工作任务,强调业务信息化管理需求、业务流程与组织机构优化需求、拟打造的业务领域新型能力目标的识别机制,强化过程管控,严把项目"三关"(立项、中检、验收),有效确保信息化建设项目推进高效规范、执行到位。

同时,通过两化融合管理体系建设和两个"三化"工作指导思想践行,压缩生产单位组织层级,优化组织结构,为西南油气田生产、经营管理提质增效创造重要条件。

3）社会效益和经济效益显著

实时发现和了解安全风险因素及环保管控状况，及时采取相应措施，消除安全风险，保护生态环境，促进工业文明和生态文明建设，为西南油气田的发展营造更加和谐的外部环境。

降低产能建设投资及生产运行成本，减少和消化生产用工，降低人工费用；通过工艺优化减少建设投资及运行能耗，降低维护性作业费用及损失。经统计，降低产能投资、运行成本及人工等各类费用并扣除数字化系统组织运维增加的费用后，累计节约费用 6 033.89 万元。

4）科技引领支撑发展作用明显

全面构建"油公司"研发体系，新成立 6 个特色研究中心，新组建院士工作站，实现从"自主研发"向"联合攻关"的转变。深入推进双序列改革，出台科技创新精准激励措施，激发创新生态新活力，涌现出一批获得李四光地质科学奖、集团公司科技领军建功人才等荣誉的科技领军人物。聚焦技术瓶颈，实施科技攻关，高效组织省部级以上项目 45 项，获得省部级奖励 11 项，获得集团公司首届专利奖金奖、银奖、优秀奖各 1 项，自主知识产权成果同比增长 89.8%，为公司主营业务快速发展提供了强劲的科技支撑。

11.3 平台转型

11.3.1 基础设施建设

西南油气田积极推进"云网端"基础设施建设，提升"芯屏器核网"应用成效，实现 IT 管理方式由粗放式到精细式的转变，支撑公司"单井无人值守＋中心站集中控制＋远程支持协作"的管理新模式。

1）物联网基础设施和应用云化

西南油气田以虚拟化技术应用为切入点，通过在门户等系统开展虚拟化应用，提高应用系统物理服务器的利用率和系统稳定性。西南油气田已开展部分虚拟化试点，同时在虚拟化主机上迁移和部署了部分系统。

基于虚拟化技术,结合云计算发展,建成公司云计算服务平台,促进 IT 管理方式由粗放式到精细式的转变,提高业务上线时间敏捷服务。形成西南油气田统一的基础资源调度,部署虚拟化软件与云管理平台软件,完成对计算、存储、网络统一的池化管理,实现基础资源动态调度与分配,部署 82 套云化虚拟服务器,云化管理 58 套重要系统,服务器资源优化率达 20%,提高硬件利用率,节约硬件投资 800 余万元,系统部署时间由原来的 2 d 缩短到 2 h,提高部署效率达 90%。

西南油气田早期油气生产模式主要为站场驻点值守,关键生产过程数据及设备状态监控依靠员工定期巡检,信息化设备应用处于探索阶段,虽然建有部分信息化设备设施,但是系统建设不完整,没有形成规模化,不足以全面支撑无人值守生产管理。

通过"十二五"期间信息系统基础建设,借助西南油气田大力推进信息化发展的机遇,各油气生产场所先后经历了油气生产信息化 SCADA 系统建设和油气生产物联网完善工程建设,利用传感、射频识别、通信等物联网关键技术,实现油气井 / 场站生产数据与设备状态信息实时采集与全面感知,中心站 / 作业区 / 油气矿等各级生产调度指挥中心的数据远传监视与集中管理,以及关键阀门自动连锁和远程控制、现场生产视频实时监控、周界防护、闯入报警、双向语音对讲等数字化功能。截至 2019 年 7 月,通过物联网完善工程,实现 1 379 口生产井、1 189 座场站各类生产及物联数据的自动采集、远程传输,生产、物联数据 100% 集中存储。公司、二级和三级单位接入 2 400 路视频点位,实现重要井站关键阀门自动连锁与远程控制、站场视频采集与闯入报警等功能,生产现场的数字化场站覆盖率达 85%。初步形成了信息化条件下的生产组织新模式,传统的"劳动密集、驻点值守"转变为"单井无人值守＋区域集中控制＋调控中心远程协助支持"的生产管理模式和"电子巡井＋定期巡检＋周期维护＋检维修作业"的生产运行模式,推动形成"小机关＋大井站"的基层生产组织新架构。减少井站生活配套设施,管理和操作人员仅为传统管理模式的 30%,一线工人减少 1 500 余人,有效盘活人力资源,大幅缩减员工派驻在偏远、艰苦工作环境的时间,有效支撑油气生产过程一体化智能管控能力,年节约生产运行成本约 2.5 亿元。

2）川渝油气田信息高速公路建设

采用多种先进组网技术组合构架,构建内外双环多路由交叉环网,实现主要节点能抗击 3 次断纤风险的自愈保护,保障生产办公业务信息化不中断,建成覆盖川渝油气田的信息高速公路,光缆总里程达 8 000 km 以上,实现西南油气田至主要二级单位主干网络千兆接入、至三级单位百兆接入,实现一线生产单元数据传输全覆盖。光缆故障智能定位和无人机光缆巡检技术可以通过在线监测和 GIS 点位算法确定故障点,定位误差精度控制在 100 m 范围内,同时可实现无人机长距自动控制巡航和视频拍摄回溯定位,提高光缆巡检效率。构建天地互备应急融合通信技术,利用卫星通信、软交换、单兵、无人机等多种传输技术,打通应急通信"最后一公里"。在公司重大安全应急演练、连彭线鸭子河穿越段管道应急抢险中通信保障得力,车载应急通信系统运维标准化考核连续四年获评集团公司"优秀"。

3）一体化生产运维模式构建

建立以"18900"呼叫中心为核心的两级统一调度系统,通过"一个中心一套平台"完成一体化生产运维管理,实现全中心日常巡检维护、业务受理、故障派发、调度指令派发等工作全部线上运行,保障通信信息生产运维各环节都处于受控状态,运维业务流转无漏项,运维流程闭环完成率 100%、故障处理及时率 97.38%,通过创新信息化管控手段打造了一体化生产运维模式。

4）多层网络安全防护体系构建

按照集团公司和公司信息安全整体部署方案与安全防护要求,进一步加强网络安全管理和预警分析,建立集监控、预警、协同指挥于一体的网络安全监督中心。基本建成油气生产物联网基本安全防护体系,建立信息安全多级风险监测系统,能快速发现、分析、定位安全事件,实现从"事后补救"向"事前预警防护"的转变。

5）勘探生产管理基础技术平台建设

加快推进勘探生产管理平台建设,搭建勘探生产管理基础技术平台环境,实现与西南油气田在用的 16 个与勘探生产强相关的统建及自建系统集成整合,推动勘探生产业务矿权、储量、勘探规划、年度部署、部署总体设计、井位部署论证、前期项目、物探及探井生产管理 9 个勘探生产核心业务流程在线流转。

目前已建成勘探与生产技术数据管理系统(A1) 2.0、勘探生产信息、勘探研究成果、物探工程基础数据管理等系统,建立了贯穿常规、非常规油气领域,涵盖物探、钻、录、测、试与井位部署以及储量矿权管理等勘探生产全过程的数据管理与业务应用平台,为勘探生产管理、动态跟踪、科学研究、辅助决策提供了强有力的支撑,高效实现了龙王庙上产新区和非常规页岩气数据的统一管理和对外服务。以 A1 系统及配套建设的系统形成完整的物探板块数据闭环管理体系,实现"一次采集、在线汇交、阶段审核、过程监控、及时入库"。A1 系统 2.0 于 2016 年正式上线运行,用户 1 200 多名,日均访问量约 300 人次,已为 300 余个研究项目提供了 6 000 余井次服务以及各类成果的查询与应用服务。

11.3.2　统一技术支撑平台建设

西南油气田在数据整合与应用集成平台项目中首先采用了 SOA 的体系架构,运用 IBM SOA 相关软件产品搭建了 SOA 基础软件平台,为数据整合与应用集成平台奠定了软件基础,实现了由传统的以"系统"为中心建设向以"流程、服务"为中心的信息化建设模式转变,有效降低了建设费用和运维成本,更好地推动了企业生产科研和管理水平的提高。

1)数据采集和管理

大力推进专业数据资源的标准化建设、资产化管理,形成有效数据共享与治理机制,建立从勘探、开发、生产、集输、销售全业务动静态较为完备的数据资源,涵盖地震工区、生产井、管道、场站、岩心、工业城市燃气客户、设备等的生产实时工况等专业数据,为勘探开发、生产经营提供弹性共享数据服务,推动数据应用从数据处理技术向机器学习技术转变。

通过数据服务总线(DSB)将不同来源、不同格式的数据通过抽取、转换、清洗等操作,在逻辑上或物理上有机集中,为企业提供统一、标准的数据共享服务。同时,依托统一的主数据与元数据管理、数据服务总线支持开发、测试、发布数据服务并对服务进行有效管控,支撑"一次采集、统一管理、多业务应用"的数据整合机制。数据整合方案如图 11-10 所示。

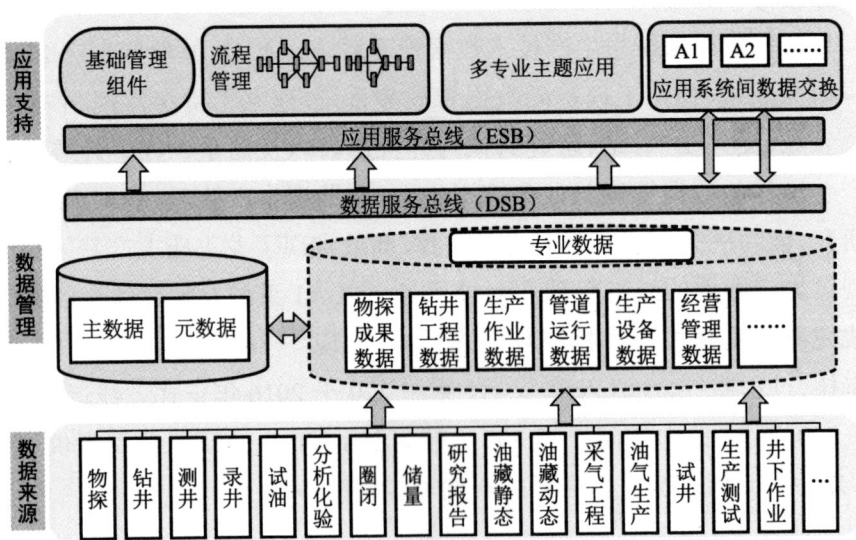

图 11-10　数据整合方案

建立基于总部 EPDM 数据模型和具有天然气业务特色的数据标准,持续推进统建 A1,A2,A4,A5 和 A6 系统的深化应用,完成勘探开发成果、工程技术动态、物探汇交、测井汇交等专业数据采集系统建设。坚持以"数据一次采集、多方共享"为原则,统一数据模型、持续数据资源建设、完善数据管理流程,建立从勘探到开发、从常规到非常规、从静态到动态、从油气藏、油气井到地面集输系统的较为完备的专业化数据资源,实现自 1957 年以来 6 700 多口井、583 个地震工区、20 000 km 以上管道、982 座场站、7 500 m 以上岩心等专业数据的入库,为西南油气田勘探开发业务提供可靠的数据支持,初步形成具备一定规模的勘探开发数据中心。以勘探生产 ERP 系统为核心的经营管理类系统,实现全部 8 个渠道的投资、10 大类项目、60 大类物资、24 大类设备、油气销售等业务数据的管理,覆盖 15 万余台(套)设备,90 余万条物资出入库单据信息、1 200 多家工业企业和上千万家城市油气客户。建成开发生产实时数据管理平台,开展实时数据治理,提高数据采集效率和数据服务质量。通过持续深化应用,形成 10 万余点实时数据点汇集,为 A1 系统、A2 系统、生产运行管理平台等业务系统提供实时数据源。

2)数据治理和监控

形成数据质量指标和数据资源监控新方法,建立西南油气田数据治理门户,首次以平台为载体对多专业、多系统的数据质量关键指标进行自动计算和多维度可视化展示,直观快速反应勘探与生产数据提交情况与实时故障诊断。基于实时数据原生函数,建立西南油气田实时数据治理应用平台,规范井场自动化命名参数,实时监测与发布数据点位在线状态,提高实时数据应用与派生计算能力。形成生产实时数据点位分布式管理新模式,建立开发生产实时数据管理平台,形成"公司-气矿-作业区-场站"四级实时数据质量建设、监管与应用模式,促使实时数据点位管理由集中式向分布式转变。形成勘探与生产数据采集质量管理新方法,通过西南油气田数据治理门户,在集团公司内首次实现以第三方身份对统建、自建信息系统数据质量统一监控,在线查询与自动生成数据质量公报,督促相关单位及时整改数据问题。

通过数据治理,明确主数据系统、A1 系统、A2 系统、A5 系统、生产数据平台、生产运行系统数据质量量化指标和计算方法;自动生成与在线查询数据公报,提高数据质量监控管理效率,为提升数据管理水平、提高数据质量提供高效、便捷的工具支撑;应用实时数据治理工具,清理并规范五矿两处一厂七万多个实时数据标签,通过数据治理门户关键指标快速展示实时数据标签整改情况与点位异常情况,提高实时数据的在线率与应用能力,提升实时数据管理水平与应用效率。

3)数字化油气田技术平台

提出"基于统一主、元数据管理"的数据整合方案,形成面向服务架构的 SOA 应用集成整合技术体系,实现生产数据整合与自动交换、服务发布与系统集成、流程配置与运行控制,发布基于 SOA 架构的集成开发标准规范,完成公司 SOA 基础工作平台建设,实现 20 余个系统的数据和应用集成,促进以"系统"为中心向以"流程、服务"为中心的平台化建设模式转变。

　　企业服务总线是服务的请求者与功能服务提供者之间的桥梁,以松耦合的方式实现系统与系统之间的集成,实现服务的地址透明化和协议透明化。在企业服务总线上,实现服务管控平台,贯穿服务的全生命周期,覆盖服务识别、服务定义、服务设计、服务实现、服务测试、服务部署、服务使用、服务运维、服务退役等环节。通过统一的标准规范,对业务数据服务、应用程序服务等各类服务进行标准化服务封装、发布和路由中转,通过服务注册、服务管理、服务监控实现对服务全生命周期的集中管控,降低后续系统的开发和维护成本。服务管控平台架构如图 11-11 所示。

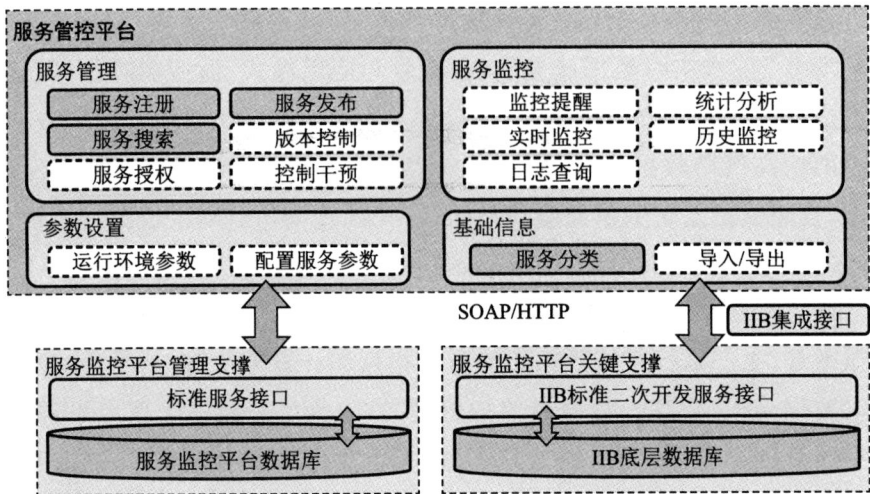

图 11-11　服务管控平台架构

　　西南油气田依托 BPM 流程管理平台,逐步实现各类业务流程的自动化网上运行。构建以流程为纽带、以服务为节点,运转灵活、可动态优化的流程驱动型应用系统。利用 BPM 平台的监控管理功能,实现对各在用流程的实时监控、动态管理,开展流程运行效率评估,为持续优化业务流程、提升运行效率提供有力技术支撑。

　　单点登录是集成展示的基础,通过各业务系统页面认证方式实现"一次认证、多处登录"的功能,打通各业务系统的页面壁垒,实现页面的互相嵌入。在实现单点登录的基础上,实现应用系统统一权限管理平台的建设,部分系统完成了系统权限的统一配置。统一权限平台作为企业内部各应用系统的权限管理平台,最大用途在于将各应用系统的系统资源与权限进行统一管理,减少系统间的异构管理,降低运维成本,同时为集成展示提供用户的权限依据,方便根据不同的用户权限展示不同的集成界面。统一权限管理架构如图 11-12 所示。

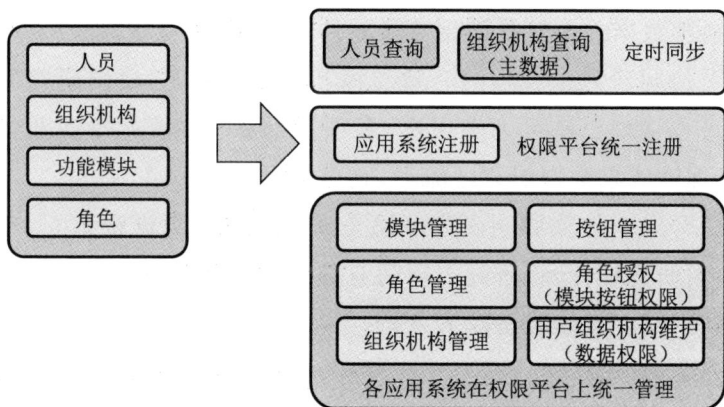

图 11-12　统一权限管理架构

在展示集成层,西南油气田基于 Portal 开展对各应用系统的单点登录改造,实现"一套账号、登录一次、多系统应用"的目标。通过统一权限管理系统的开发部署,逐步实现各应用系统功能和数据权限的集中、统一管理,逐步统一各系统权限设置方式,降低各系统权限管理和维护工作量。西南油气田后续将逐渐实现以页面为基础的权限管理,构建基于 Portal 的动态、个性化的应用系统。

11.4　生态转型

11.4.1　多学科协同研究

按照"两统一、一通用"的建设思路,开展中国石油勘探开发梦想云平台(A6)的试点建设和推广应用。平台已实现西南油气田 A1、A2 和 A5 系统钻、录、测、试等九大类专业主要数据的入湖管理,建立起以井位研究为主线的协同研究工作环境,通过井位部署论证场景的应用实现数据共享与专业软件集成应用,培养科研人员工作从线下到线上、从个体到团队协作的模式转变,推动物探、地质、油气藏等多学科的一体化科研协同。

一体化协同研究是将一些分散、多样的学科研究组合成更加完整或协调的整体,实现信息技术、研究人员和业务流程融为一体。勘探开发一体化协同研究环境集成了用户常用的主流专业软件,将自动为用户获取所需资料和数据并直接推送到专业软件中,实现专业软件应用、研究成果归档及对协同研究全过程的有效支撑和管理。同时,协同研究工作机制和项目过程管理机制可为多用户、多项目组提供高度共享的业务处理资源网络,保证成果数据的有序流动、高效管理。

勘探开发一体化协同研究环境是研究人员与数据资源间、专业项目组间、专用研究软件间、研究人员间业务信息和数据交换的核心纽带。一体化协同研究主要体现在以下方面:

(1)纵向与横向的协同。纵向协同是同一类学科的研究人员以不同的研究方式在相同的平台上工作;横向协同是不同学科的研究人员采用相同或不同的研究方式在相同或不同的平台上进行一体化工作。

(2)松散与密切的协同。松散协同是不同学科的研究人员就某一研究成果进行讨论或协商的过程;密切协同是利用不同的研究软件在同一环境下研究的过程。密切协同过程非常复杂,一方面涉及的软件需要有很强的互操作性,另一方面需要建立规范流程,通过适合的 IT 技术将研究人员和技术按照流程开展工作。

以 SOA 的企业级信息化平台和云架构为依托,以数据资源库为基础,以一体化研究业务流程为主线,集成勘探开发专业应用软件,通过业务流程管理,统一用户界面,实现协同研究与业务管理。协同研究工作机制和项目过程管理机制为多用户、多项目组提供高度共享的业务处理资源网络,保证成果数据的有序流动、高效管理。协同研究工作流程如图11-13 所示。

11.4.2　页岩气智能引领共享开发

在集团公司页岩气业务发展领导小组的领导下,建立和完善了三级管理机制,为推动川南页岩气建产和整体评价工作提供了组织保障,理顺了"中油油服主体保障＋市场引入补充保障＋前指统筹协调"生产要素保障模式,充分发挥中石油整体优势,参战装备队伍、建产工作量和生产规模均创历史新高,在川南地区形成了万人会师的"大会战"场面。

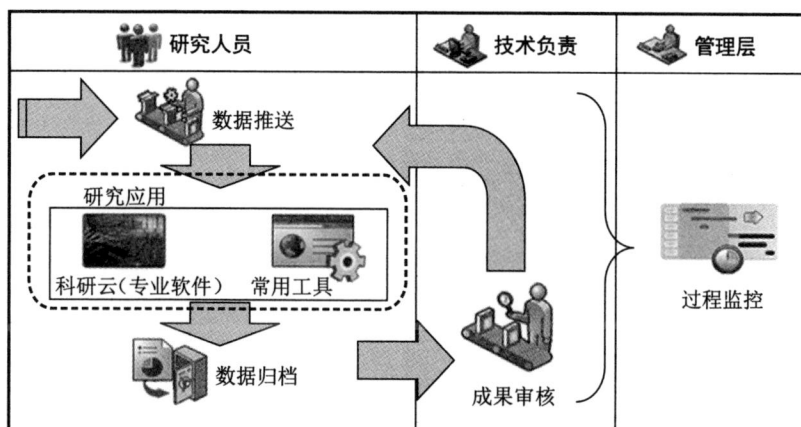

图 11-13　协同研究工作流程示意图

1）页岩气勘探开发一体化共享开发模式打造

自集团公司提出"十三五"期间加快川南页岩气建产 100 亿的目标要求以来,各参建单位齐聚川南进行大规模开发。在多主体、大规模、快节奏的"大会战"生产形势下,常规开发模式已不再适应新的生产需求,难以形成协调效应和规模效应。

基于统一规划部署,统一生产准备,统筹安排企地协调,搭建集"操作维护、水电讯运、物资采购、企地协调"为一体的页岩气开发共享服务平台(图 11-14),有力支撑勘探开发各项工作,为项目顺利推进保驾护航,统筹装备调配,有效匹配生产计划,全面推动评价工作高效有序进行。

接入页岩气实施单位的工程建设和生产数据(含摄像头抓拍图片),建设语音视频双向交互功能,提升页岩气数据共享与利用率,为川渝页岩气前线指挥部的统一指挥、统一决策提供信息技术支撑。川渝页岩气综合展示如图 11-15 所示。

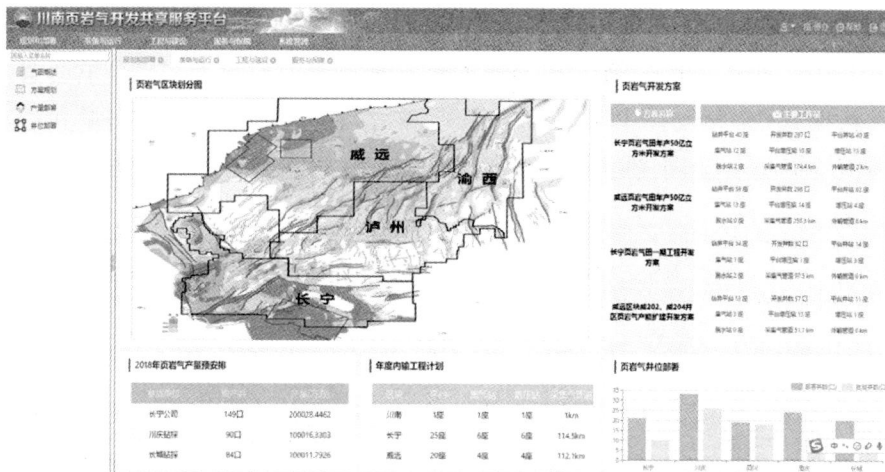

图 11-14　川南页岩气开发共享服务平台

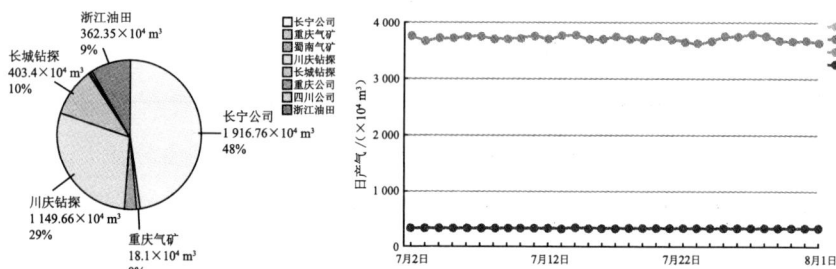

单位		参战单位	总井数	生产井数	日产气/(×10⁴ m³)	月产气/(×10⁴ m³)	年产气/(×10⁴ m³)	累产气/(×10⁴ m³)	日产水/m³	累产水/m³
西南油气田	威远	蜀南气矿	29	30	121.34	121.3	13 523.0	79 028.3	553.6	396 094
		长宁公司	173	304	1 916.76	1 916.8	368 609.6	1 340 905.5	5 999.6	5 191 567
		川庆钻探	119	174	1 149.66	1 149.7	223 334.8	672 408.8	3 325.8	3 962 907
		长城钻探	88	154	403.4	403.4	89 147.9	465 371.5	3 588.9	2 851 938
		重庆公司	5	8	23.84	23.8	3 658.5	7 456.4	145.2	102 104
		四川公司	5	4	8.49	8.5	3 332.5	4 100.6	72.7	115 721
		威远总计	419	674	3 623.49	3 623.5	701 606.3	2 569 271.1	13 685.8	12 620 331
	渝西	重庆气矿	3	2	18.1	18.1	3 805.8	9 403.9	44.0	30 494
		渝西总计	3	2	18.10	18.1	3 805.8	9 403.9	44.0	30 494
	西南油气田合计		422	676	3 641.59	3 641.6	705 412.1	2 578 675.0	13 729.8	12 650 825
浙江油田	昭通	浙江油田	119	105	362.35	362.4	79 255.1	199 688.8	2 006.7	631 077
		昭通总计	119	105	362.35	362.4	79 255.1	199 688.8	2 006.7	631 077
	浙江油田合计		119	105	362.35	362.4	79 255.1	199 688.8	2 006.7	631 077
合计			541	781	4 004	4 004	784 667	2 778 364	15 737	13 281 902

图 11-15　川渝页岩气综合展示

2）页岩气智能试点驱动"3 + 1"新模式

围绕页岩气田智能建设，为实现创新发展、智能发展，专业工作与管理模式的变革在整体建设中尤为重要。降本增效是页岩气智能开发成功的关键，通过融入两化融合的要求，引导组织强化变革管理，充分发挥数据要素的创新驱动潜能，推动和实现数据、技术、业务流程、组织架构四要素的互动创新和持续优化,挖掘资源配置潜力,夯实新型工业化基础,抢抓信息化发展机遇,不断打造信息化环境下的新型能力,获取可持续竞争优势,实现创新发展、智能发展和绿色发展,打造勘探开发一体化能力、经济指标指导下的开发生产一体化能力、地质工程一体化能力、科研协同创新能力、勘探开发一体化业务协同能力,规范现有工作流程,制定页岩气智能气田长远勘探开发生产方式,实现优化产能、提高生产效率的最终目标。跨领域产业链协同工作创新管理模式如图 11-16 所示。

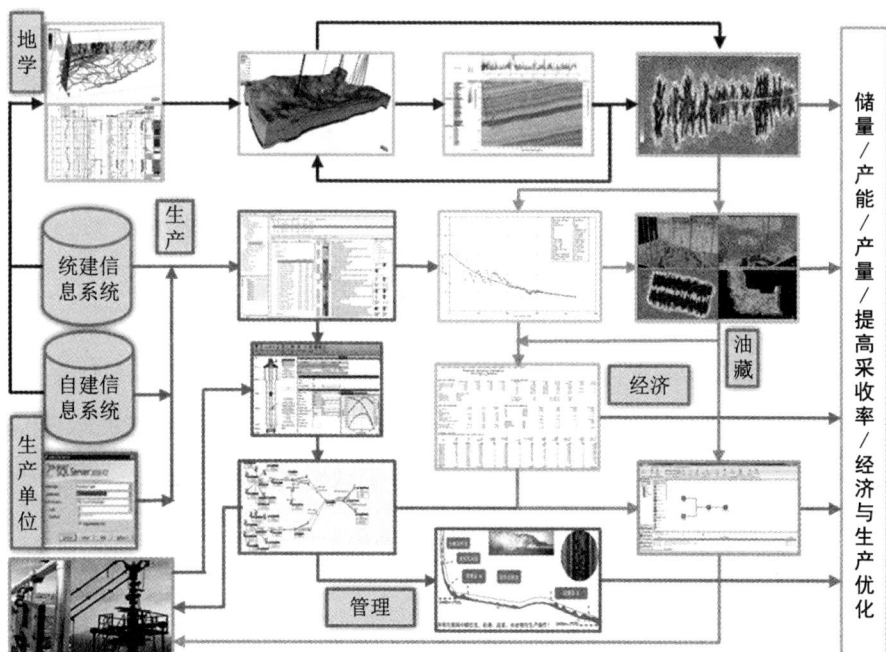

图 11-16　跨领域产业链协同工作创新管理模式

以产量、经济为导向,以模型化为中心,以工作流为支撑,以及时甚至实时为特征,各系统、专业、流程与成果全面互联、全面感知,各领域专家、各不同单位全面协同,综合决策与量化执行,实现"3 + 1"模式,即 3 个"一体化"与 1 个"卓越"。

(1)地质工程一体化协同。页岩气的高效开发取决于地质和工程两大基本因素。根据地震解释与反演成果、探井资料与测井认识,建立页岩气藏地震、地质、裂缝与岩石力学模型,通过实时数据传输进行钻井实时地质导向,优化井轨迹方位与走向,提高优质页岩钻遇率;钻井过后快速进行测井解释,更新地质模型,基于储层品质与完井品质进行体积压裂工程设计,通过实时的微地震监测对压裂施工进行指导,评估页岩气井产能与产量,优化体积压裂施工设计与过程。

(2)勘探开发一体化研究。页岩气藏的复杂性决定了勘探开发一体化的必要性。通过地震解释确定页岩层位,结合边界探测属性、方差体和蚂蚁体断层检测技术,进行不同规模的断层识别与验证;通过测井精细解释技术,对 TOC、孔隙度、杨氏模量及泊松比等岩性和储层物性参数、厚度、岩相等进行定量解释;通过叠前同步反演技术,利用声波测井进行标定,直接反演出高分辨率纵波阻抗、纵横波速度比及密度;通过将测井认识与地震、反演成果相结合,建立能够反映地层特征的地质构造、属性模型与岩石力学模型,再通过储层品质与完井品质对水平井位、井轨迹及体积压裂过程进行设计与产能评估,并与气藏数值模拟技术及生产动态分析相结合,确定生产制度,预测剩余油气分布与储量,同时对每个生产措施与开发方案调整进行经济评估,以产量与效益为准则。

(3)生产工艺一体化优化。生产与工艺一体化的中心是将页岩气井产量、压力变化与地面工艺流程连接起来,形成一个连续性的系统,通过建立实时井筒 - 管网 - 设备模型,与当前信息系统数据库对接,实时对页岩气井与地面各环节上的节点压力、流量进行监测,实时对气井生产状态、集输管网能力与地面设备瓶颈进行全方位分析,实时对管道中可能出现的水合物、段塞流及对应措施进行模拟评估。同时,与气藏模型进行一体化耦合模拟运算,实时模拟集输管网与地面工艺流程对页岩气藏动态、储量与剩余气分布的影响,以及新页岩气井平台投产对地面管网压力、集输能力的影响,从而实现地面与地下的一体化综合研究与量化管理。

(4)在线管理与卓越运营。以模型化、模块化、工作流及云计算为支撑的三大"一体化"技术作为引擎,建立智能化生产经营管理一体化平台,实现页岩气藏从研究到生产管理的"三化"特征,即指标在线化、决策经济化和管理协同化。

页岩气智能气田以页岩气藏高效勘探开发与生产经营管理为中心,以实时通信技术与多学科数据资源为依托,基于高度集成的多学科互通的一体化专业平台,形成以地质工程一体化协同、勘探开发一体化研究、生产工艺一体化优化为主题的三大流程,实现对页岩气藏地下与地面的全系统资产、全生命周期的全方位跟踪,实现指标、生产、分析及决策在线管理与卓越运营,从而最大限度减少页岩气井非生产时间,显著改善页岩气井与管网生产制度,全面提升对页岩气藏剩余储量认识,最大化页岩气采收率与经济效益。

页岩气智能化试点示范通过搭建井位优化部署与实时跟踪工作流、体积压裂设计与综合压后评估工作流、气井生产动态工作流,地面智能分析平台,实现贯穿气藏-井筒-地面的勘探开发一体化协同、地质工程一体化研究,实现基于"油公司"模式的定好井、压好井、管好井。建设了龙王庙智能气田试验环境,深入研究了智能工作流、智能分析的核心功能和技术原理,形成了自动化运行、全局化分析优化、智能化管理的自动配产工作流。该智能工作流已在 2017—2018 年度龙王庙组气藏的配产工作中进行测试与应用,取得了良好的应用效果。

通过建设"SCADA、油气生产物联网系统",上线运行"作业区数字化办公平台、页岩气地质工程一体化平台",形成了"平台无人值守、井区集中控制、远程支持协作"的管理新模式。长宁公司页岩气开发生产管理分析中心如图 11-17 所示。

图 11-17　长宁公司页岩气开发生产管理分析中心

3）页岩气勘探开发生产数据共享

在页岩气生产与建设数据方面，各建设单位间生产数据接口、采集方式以及网络建设情况均存在较大差异，难以实现数据统一集成和共享。在页岩气产能建设与物资供应方面，各建设单位信息化建设程度各不相同，除使用集团公司统建（ERP、物资采购系统及电子招投标系统）外，自建物资采购系统五花八门，无法进行信息共享与统一查询，难以实现资源的整合调配。为实现高质量、高效率、高效益开发页岩气的总体要求，积极促进开发建设模式变革，着力打造页岩气勘探开发生产与产能建设物资供应信息共享能力。

按照"六统一、三共享"原则，前端以数据采集为核心，实现页岩气勘探开发数据"一次采集、集中管理"；中端以数据集成整合为核心，建设面向主题、生态数据仓库，实现数据多维度、多模式共享；后端以应用集成和授权管理为核心，按需定制数据服务，以报表、曲线、移动 APP 等多种呈现方式实现数据"可查、可看、可交互"，为公司"智能页岩气田建设"夯实数据基础，实现页岩气勘探开发、工程技术、地面建设、生产运行、QHSE、科研成果的信息协同共享及数字化 GIS 应用。

依托已建成投运的西南油气田工程技术与监督管理系统和勘探开发生产动态管理平台，遵循统一的数据标准进行数据采集和接入，实现统一展示与应用，为川渝页岩气前线指挥部的统一指挥、统一决策提供支撑。页岩气生产实时数据集成如图 11-18 所示，接入有川庆钻探、长城钻探、浙江油气田、长宁公司、蜀南自营页岩等页岩气参建单位生产实时数据。

基于统一标准的数据接入，建成川南页岩气数据共享服务平台与川南页岩气开发共享服务平台，实现跨部门和跨业务领域的生产信息集成应用，形成从气田方案规划、开发部署到地面工程建设、钻井的一体化集中共享管理模式。统一规划部署，分区块、分阶段严格按照集团公司审核要求及规划方案组织实施。统一生产准备，统筹安排企地协调工作，为项目顺利推进保驾护航，统筹要素保障，实现水电讯路等生产要素统建共享，统筹装备调配，有效匹配生产计划，全面推动评价工作高效有序进行。

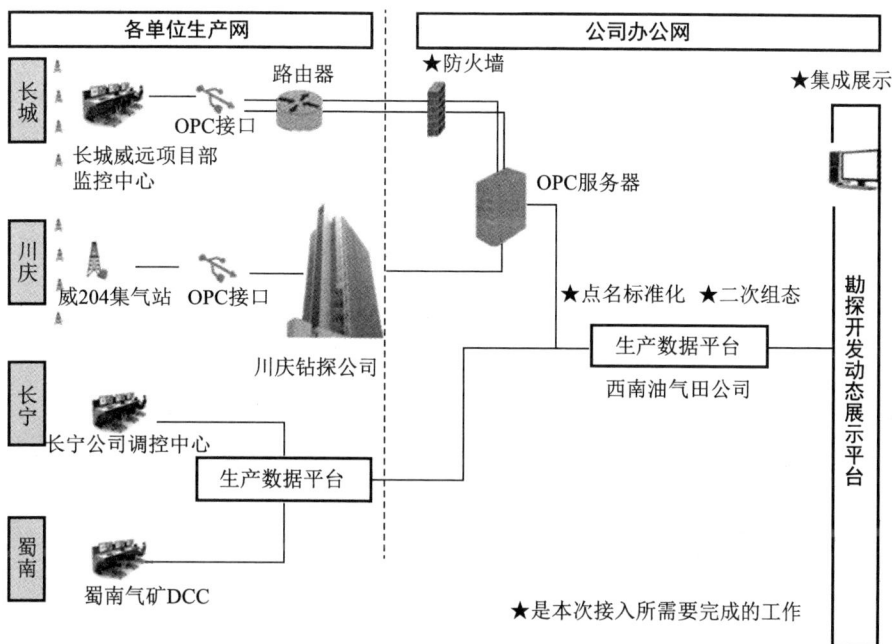

图 11-18　页岩气生产实时数据集成

4）页岩气物资装备供应保障"集中采购"服务模式开启

充分融合"共享服务""集团化采购""标准化采购"及"全生命周期综合成本最低"理念,采用"集中采购、集中仓储、集中物流"的服务模式,在川南页岩气多主体、大规模、快节奏的"大会战"模式下,打造页岩气勘探开发建设信息共享及物资保障服务一体化协同能力和供应链协同效应。

在页岩气物资装备供应保障方面,川南页岩气开发共享服务平台充分融合"集团化采购""标准化采购""全生命周期综合成本最低"及"共享服务"理念,建立"大共享"的页岩气共享服务保供机制,采用"集中采购、集中仓储、集中物流"的服务模式,实现高质量、高效率、高效益的页岩气勘探开发建设。西南油气田按"七统一"整合服务资源,实行"统一采购、统一招标、统一仓储、统一配送、统一质控、统一调拨、统一结算",以采购专业为龙头,其他专业协同配合的供应链一体化服务模式。积极促成与集团公司 C1 和 ERP 及电子招投标交易平台数据交互壁垒,实行业务数据一次录入多应用共享,有效推动优化业务流程,实行业务流程再造。通过有效整合内外资源,提高周转率,实现生产保障和库存控制的双重目标。整合用户需求,围绕页岩气区块分布,结合仓储布局,统一规划路线,满足供需平衡调剂。充分发挥供应链各专业协同作用,深化作业联合保供,集中需求、渠道、结果和质控,实现物资集中集约管理,全面整合需求计划,应用集采结果,形成共享目录,减少采购频次,降低采购成本,有效应用框架协议建立战略储备,确定储备定额,缩短供应周期。通过质控管理,对规定物资进行驻厂监造和入库检测,有效确保物资质量符合生产建设需要。通过配送管理,建立健全物资集中配送供应保障机制,优化配送路线和配送方式方法,实现信息资源共享化、过程管理信息化和辅助决策智能化。

通过产业链共享开发,多家公司同台竞技,形成了"比学赶帮超"的良性竞争局面。物资采购和工程建设公开招投标比例超过90%,降低了工程造价;工程建设和工程技术服务内、外部承接比例保持在7:3左右,既发挥了集团公司的综合一体化优势,又有效降低了建井成本。通过钻井压裂"工厂化布置、批量化实施、流水线作业",实现了"资源共享、重复利用、提高效率、降低成本"的目标,钻完井成本从1.3亿元降低到0.55亿元左右。在物资、招标与装备管理现场会上获得集团公司及各参会代表的高度认可,为"十三五"期间加快页岩气建产100亿提供强力信息共享支撑。

11.4.3 产业链协同发展

物资供应链管理在与物资采购管理系统无缝融合的基础上,进一步完善采购仓储、质控业务流程,对物资的采购、储备、使用等业务进行全过程管理,实现库存物资精细化管理和监督,加强与供应商、客户之间的业务协同,从全局角度实现整个供应链数据的共享和业务的实时优化。物资供应链管理如图11-19所示。

通过打通3个集团公司统建系统(ERP、C1、电子招投标交易平台)、4个西南油气田自建系统(勘探开发生产动态管理平台、生产运行管理平台、工程技术与监督管理系统、物流配送系统),实现页岩气勘探开发及生产运行相关信息共享和物资供应链全生命周期的一体化管理。物资集中共享采购如图 11-20 所示。

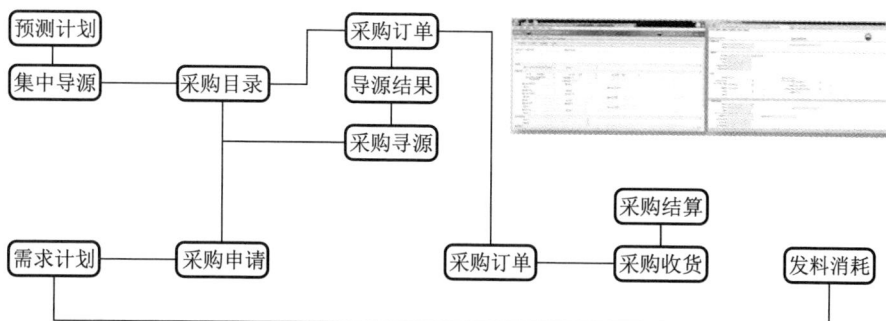

图 11-19　物资供应链管理

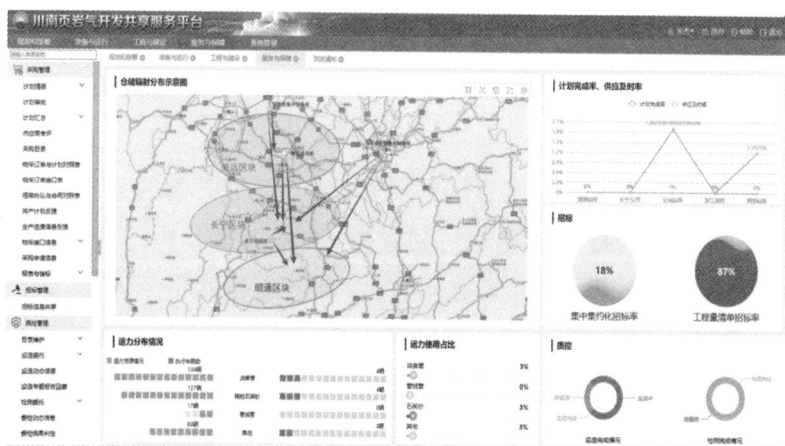

图 11-20　物资集中共享采购

在天然气销售市场开发方面,利用数据的空间属性,从天然气潜在客户的培育到落地项目的投产,实现了用气项目开发的规范、高效、准确的全过程标准化业务管理,极大提高了工作效率。基于 GIS 应用天然气销售市场开发如图 11-21 所示。

实时监控项目执行情况及数据统计跟踪。开发项目管理统计报表覆盖率 100%,统计时效性较线下手工提高 50% 以上;通过项目数据流程化应用,实时掌握用气项目全生命周期过程管控联动;利用空间数据的管理与分析,基于电子地图可视化有效支撑市场开发管理效益提升及决策研判分析。通过电子地图的应用,实现对西南区域管辖的管线、门站阀室、经营管理区域、竞争区域、竞争对手等及正在实施的用户用气项目信息的多维度数据可视化。新开用户定位电子勘察功能可实现用户调研所需管线及门站阀室等基础信息的综合查询展示。

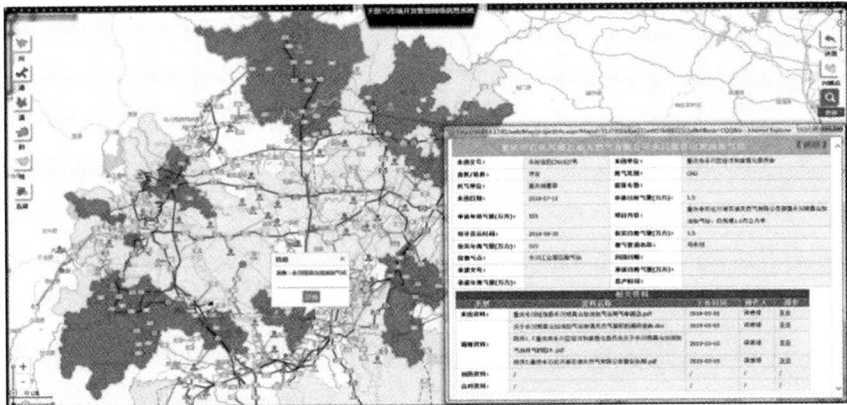

图 11-21　基于 GIS 应用天然气销售市场开发

营销管理由传统的报表管理向以客户画像、资源智能分配、产供储销平衡等智能模型为核心的业务协同管控、动态决策分析的营销业务一体化管理渐进转变,满足产运储销一体化、销售业务批零一体化、天然气能力计价、油气管网分离、生产经营管理模式转变等业务管理可视化与智能化决策支撑等发展要求。营销管理信息系统已经运行 18 年,覆盖 1 200 多家工业企业和上千万家城市油气客户,日处理营销数据 193 万多条,年处理营销数据 7 亿余条,存储汇聚了大量的销售数据和客户信息。通过大数据技术,建立以油气销售动态展示为主题,以直观图表方式展现天然气石化产品与终端的销售计划及完成情况、天然气产购销平衡动态(图 11-22)、销售价格走势(图 11-23),并提供多维度指标统计分析,全面提升天然气销售业务管理水平。

随着西南油气田营销业务的快速发展,气源结构日趋复杂,价格体系逐步转向议价方式,天然气计价结算方式日趋多元化。结合公司营销管理发展趋势,规划了以客户、管网、天然气资源为核心的营销业务一体化管理架构(图 11-24)。

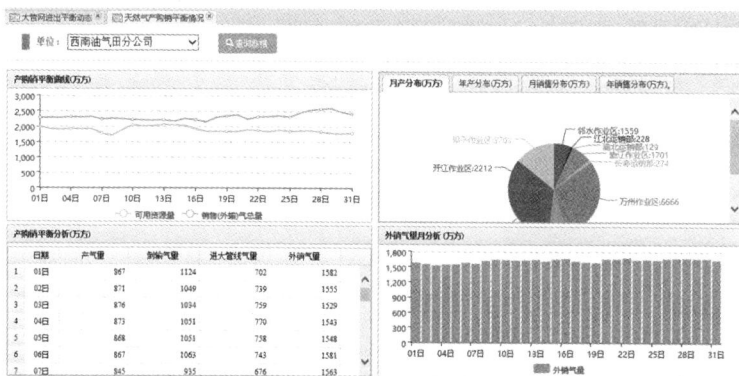

图 11-22　天然气产购销平衡分析

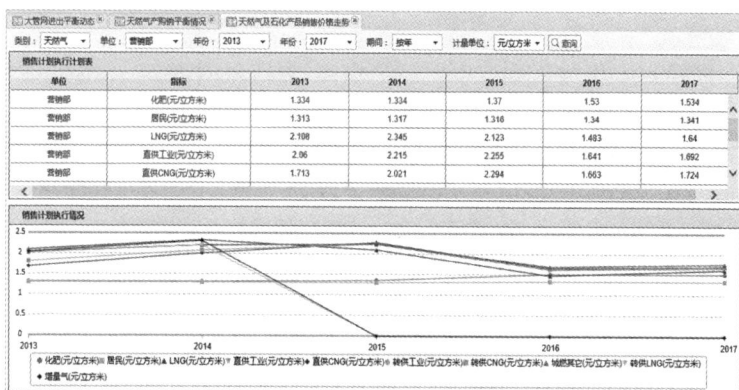

图 11-23　天然气及石化产品销售价格走势预测

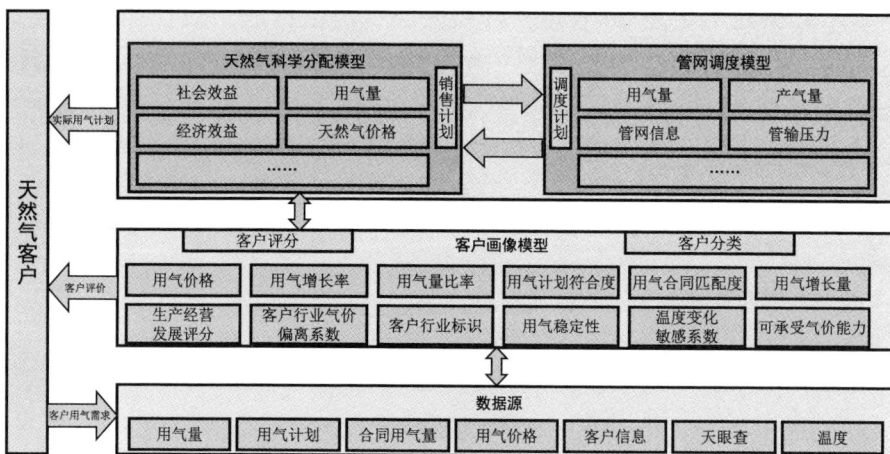

图 11-24　营销业务一体化管理架构

基于历史客户数据与销售数据的大数据分析,构建 12 个指标来描述天然气客户的特征,基于无监督的机器学习算法,形成客户画像模型(图 11-25),为天然气资源调配及管网平稳运行提供指导。

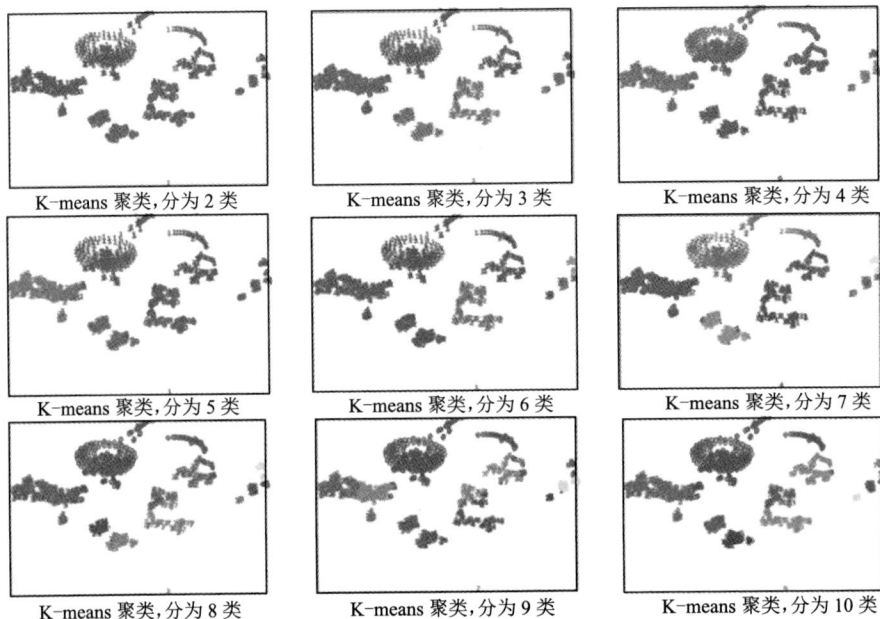

图 11-25　天然气客户画像模型

比较及业务研讨表明,K-means 是最有效且适合的天然气客户画像模型。其评判结果与 2016 年 9 月西南油气田根据通用线性加权方法发布的客户分类和评估指导基本一致,改变了人为的和主观的权重指数调整模式,可实现自动评估,客观量化评判标准,从而为业务提供敏捷动态分析和新的洞察能力。

第 12 章 数字化转型历程经验与启示

全球经济对油气的供需变化正在重新塑造能源价值链体系。与其他许多行业一样,数字化转型正成为油气行业全面变革的驱动力。数字化转型是未来几十年油气行业转型的关键,将极大提高敏捷性和战略决策能力,并产生新的业务模式。围绕西南油气田打造勘探开发一体化业务协同、油气生产过程一体化智能管控、油气生产经营效益实时评价等两化融合新型能力,形成了对勘探生产、开发生产、工程技术、生产运行、页岩气、科研协同、ERP 集成应用、综合应用等八大业务领域的应用支撑,全面开启了西南油气田数字化办公、智能化管理新模式,为西南油气田进行数字化转型并迈向智能化气田建设积累了丰富的经验。

12.1 西南油气田数字化转型技术路线

12.1.1 着力顶层设计,统筹规划

2012 年西南油气田开展数字化气田总体规划设计以来,围绕公司上产发展目标,以两化融合体系方法为指引,精心组织公司重大规划编制,科学设计顶层架构与技术路线,合理规划阶段目标与关键指标,优化设置规划项目,持续提升数字化油气田解决方案实施能力,引领信息规划顶层设计。

《西南油气田"十三五"通信与信息化发展规划》及其调整规划按照基础设施、数据采集管理、集成应用服务平台、专业平台 4 个层级优化数字化气田架构。《西南油气田"十四五"信息化发展规划》提出利用人工智能支持业务智能决策,气田、储气库、管网、处理厂一体化联动模拟,实时预测及优化处置,赋能天然气全产业链整体优化决策、卓越运营。

12.1.2 统一技术标准

2010 年以来,西南油气田高度重视信息化建设,组织开展了信息化建设顶层设计和技术规范的编制工作,研究确定了油气生产信息化建设总体技术架构、功能架构、数据架构及网络架构,按照分层设计的总体思路对生产场所业务功能、数据采集内容及格式及组网方式进行统一,规范数据传输、存储及转出、生产传输链路建设及一定时期设备选型标准,为公司油气生产信息化建设的统一设计、统一实施、统一管理提供了指导依据。最终形成的《西南油气田公司油气田地面工程数字化建设总体技术方案——技术框架》《西南油气田公司油气田地面工程数字化建设总体技术方案——技术规范》《西南油气田公司 SCADA 系统建设总体技术方案——技术框架》《西南油气田公司油气生产物联网系统建设——技术规范》《西南油气田生产信息化建设作业区站场标准化设计手册》《西南油气田油气生产物联网完善建设工程施工及验收规范》《西南油气田公司光通信工程设计、施工及验收指导意见》等技术规范,通过信息化示范工程建设的验证总结,在公司信息化推广应用建设期间发挥了重要指导作用。

西南油气田上下始终遵循信息化建设总体思路,严格按照技术规范要求开展站场数字化建设工作,实现了公司信息化建设的规范和统一。主要体现为:实现了业务功能的标准化;实现了功能接口的标准化;实现了网络接入及组网方式的标准化;实现了数据传输、存储及转出的标准化;实现了生产场所传输链路建设的标准化;实现了一定时期设备选型的标准化。建设标准的统一是西南油气田信息化建设快速推进实施的基础,提高了公司信息化建设的总体水平。

12.1.3 建立以两化融合为核心的方法技术体系

成立以公司领导为主的两化融合贯标项目指导委员会和项目经理的项目经理部,以及以主要生产单位分管领导为组长的管理体系贯标工作组,围绕公司"三步走"战略、打造"油公司"模式的目标,通过设计两化融合管理体系的战略顶层设计,提供两化深度融合系统的实施方法,进一步完善制度体系等方式,为推进两化融合管理体系和公司业务的深度融合提供方法与路径,并形成支撑公司战略目标的两化深度融合持续改进机制,不断提升公司两化深度融合的质量和水平。

1)识别和确定公司可持续竞争优势

基于环境分析和发展定位的总体要求,西南油气田制定了创新、资源、市场、低成本发展战略,在当前和今后一个时期将重点瞄准创新驱动发展、夯实资源基础、拓展市场空间及持续降低成本,加强科技创新体系完善和配套能力建设,强化内部资源勘探开发、外部资源获取和提升供应保障能力,加大市场开发力度和提升销售效益,努力降低成本、优化模式、严控风险,获取可持续的竞争优势以实现西南油气田稳健发展。

2)制定两化融合方针与目标

明确持续构建全面集成的数字化企业,持续支撑打造核心竞争能力的两化融合总体目标,建立战略主导、创新驱动、智能高效、协同共享、持续改进的两化融合方针。

(1)战略主导。两化融合目标应以企业战略发展为主导,并为企业战略的实现和持续改进提供可管控的手段。企业战略目标、战略重点应充分考虑信息化条件下企业可持续竞争优势的保持,确保两化融合工作与企业战略的一致性。

(2)创新驱动。实施创新驱动发展战略,对企业提高经济增长的质量和效益、加快转变发展方式具有现实意义。以两化融合创新引领公司全面创新,以信息化建设应用促进"两化"深度融合,全面提升公司核心竞争力。

(3)智能高效。充分发挥现代信息技术在生产要素配置中的优化集成作用,促进信息化与生产建设、经营管理的深度融合,革命性地转变生产组织方式,不断提效率、降成本、增效益,确保实现创新发展、智能发展和绿色发展。

(4)协同共享。以开阔的视野、开放的思维建立协同开放共享机制,促进跨企业、多领域的业务协同和融合,激活各类主体的内在发展动力。

(5)持续改进。通过持续评测,寻找战略、可持续竞争优势、新型能力互动改进的机会,持续提升公司总体效能效益,实现战略落地和持续改进。

3）规划信息化环境下新型能力体系

结合与战略一致的差异化可持续竞争优势需求，公司规划并形成了需要打造的信息化环境下的系统性的新型能力体系，包含油气生产过程一体化智能管控能力、作业区数字化管理效率提升能力、油气生产经营效益实时评价能力、油气生产设备精细化管理能力、勘探开发一体化业务协同能力、科研协同创新能力、市场分析与营销决策支持能力、管道一体化管控能力等。

4）建立公司两化融合管理体系

结合《信息化和工业化融合管理体系要求》（GB/T 23001—2017）、中石油信息化管理要求、西南油气田公司管理实际，对现行体系文件和规章制度进行全面深入的梳理，坚持"两个不变、四个强化"原则，建立《西南油气田公司两化融合管理体系》。

5）大力推进两化融合本质贯标

培育两化融合管理文化，大力开展培训工作，组织各单位实施两化融合本质贯标，通过自查整改与专业组织结构评审相结合，持续提升两化融合贯标成效，并不断滚动策划与持续改进，破除职能分工条块壁垒，形成全局合力，为获取公司总体成效创造条件，为打造集团公司西南增长极作出新贡献。

6）示范引领，推广实施

2011年西南油气田公司全面启动油气生产信息化建设工作。通过信息化示范建设工程的开展，验证了标准体系，确立了在数据采集层重点开展光通信网络建设、油气生产信息化建设、SCADA升级改造、生产数据平台建设、生产视频监控建设的主要任务和目标。在标准体系的指导下，逐步顺利完成了信息化建设的推广实施，实现了从场站数据采集、逐级传输汇聚至管理层级实时数据及视频的监控应用（图12-1）。

光通信的建设，搭建了西南油气田核心生产区域的数字通信网，建设了信息高速通道，为生产经营管理、综合办公、生产单元数据传输、语音通信、生产控制提供了稳定的传输通道，有力支撑了油气田物联网系统建设

和信息系统的深入应用。SCADA 系统及油气生产信息化的建设,实现了
1 379 口生产井、1 189 座场站数据的自动采集及传输,实现了实时数据自
动采集率从 10.7% 到 82% 的大幅提升,实现了双向语音对讲覆盖率从
23% 至 88% 的飞跃,实现了井安覆盖率从 12% 到 56% 的增长,实现了生
产数据 100% 集中存储。生产数据平台的建成,实现了生产实时数据的
统一汇集、管理和发布,为后续开展的实时数据深化应用创造了条件。

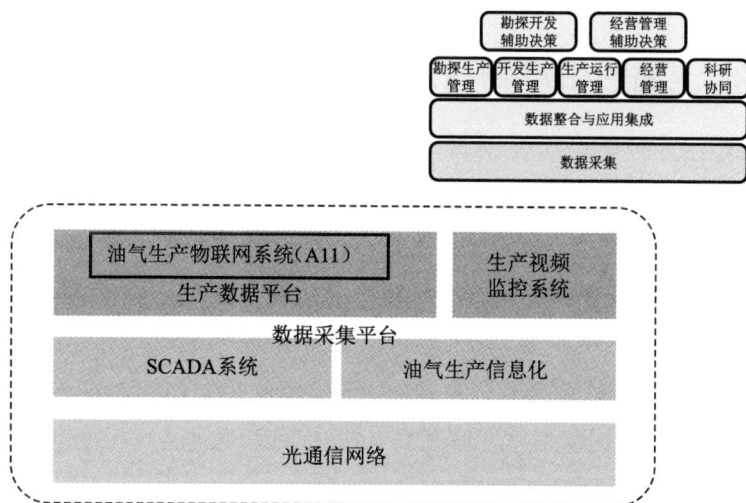

图 12-1　数据采集层重点建设项目

　　扎实的场站数字化建设工作走在了总部信息化建设的前列,为西南
油气田成为中国石油油气生产物联网系统第一批示范建设单位创造了条
件,为油气生产物联网系统示范建设在安岳气田的顺利开展奠定了坚实
基础。

　　7)业务主导,稳步推进

　　西南油气田信息化建设开展了大量技术工作,取得了一定成果,有效
提升了生产管理水平,为推行"中心站＋无人值守井站"管理模式创造了
条件。为摸清能否完全满足"中心站＋无人值守井站"的管理模式,西南
油气田组织开展了针对重庆气矿、川中油气矿、蜀南气矿和川西北气矿典
型作业区的无人值守场站的可行性、安全性综合评价,针对目前物联网和
场站数字化建设完成后的技术现状进行分析评估。

通过技术手段实现自动化与信息化的有效衔接，为西南油气田转变生产管理方式、健全生产管理手段提供信息技术支撑。场站数字化及生产数据平台的全面建成，实现了生产过程监测、动态分析、关键过程连锁控制和工艺流程可视化展示，实现了对重要井站的远程控制和无人值守井站安全受控，实现了一次采集、集中管理、多业务应用，实现了自动化系统对信息系统的直接数据支撑和信息系统对自动化系统的应用扩展，为实现“中心井站＋无人值守”管理模式提供了有力的技术保障。

12.2　油气生产物联网系统（A11 系统）

油气生产物联网系统（A11 系统）主要包括数据采集与监控子系统、数据传输子系统、生产管理子系统三大部分（图 12-2）。数据采集与监控子系统包含生产数据自动采集、生产环境自动监测、生产过程自动控制、物联设备状态监控等 4 个主要功能；数据传输子系统包含有线数据传输、无线数据传输等 2 个主要功能；生产管理子系统包含油气水井生产监控、远程自动计量、油气集输生产监控、生产环境监控、气体监测、防盗防泄漏监控、生产动态实时监控、故障预警、系统管理、数据管理、物联设备管理等 11 个主要功能。

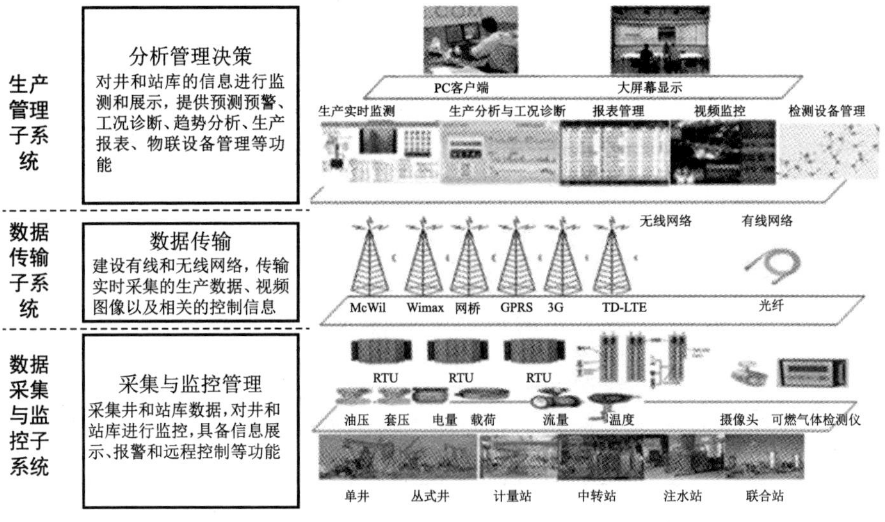

图 12-2　A11 系统总体架构

12.2.1 大竹作业区数字化应用

作业区数字化管理平台以作业区业务管理和一线场站基础工作标准化成果为基础,借助于物联网、移动应用和大数据技术,实现作业区基础工作和业务管理的规范化操作、数字化管理和量化考核,为实现作业区"岗位标准化、属地规范化、管理数字化"奠定信息化基础,全面提升作业区数字化管理水平,推动生产组织优化,强化安全生产受控,进而提升油气田生产效率和效益。

作业区数字化管理平台技术架构分 3 个层次,如图 12-3 所示。底层通过开发软件工具实现对业务体系和生产体系的维护;中间层以生产实体和操作类型组合而成的操作单元为核心,实现流程规范、操作要点、安全风险、关联数据、操作表单的规范化管理;上层通过 BPM 业务流程管理技术实现对巡回检查、常规操作、分析处理、维护保养、检查维修(施工作业)、属地监督、作业许可管理等基础工作流程的灵活配置,满足作业区机关及一线井站的业务应用需求,同时为作业区生产管理、QHSE 管理、经营管理、综合管理的各领域用户提供统一、规范、高效的数字化应用。

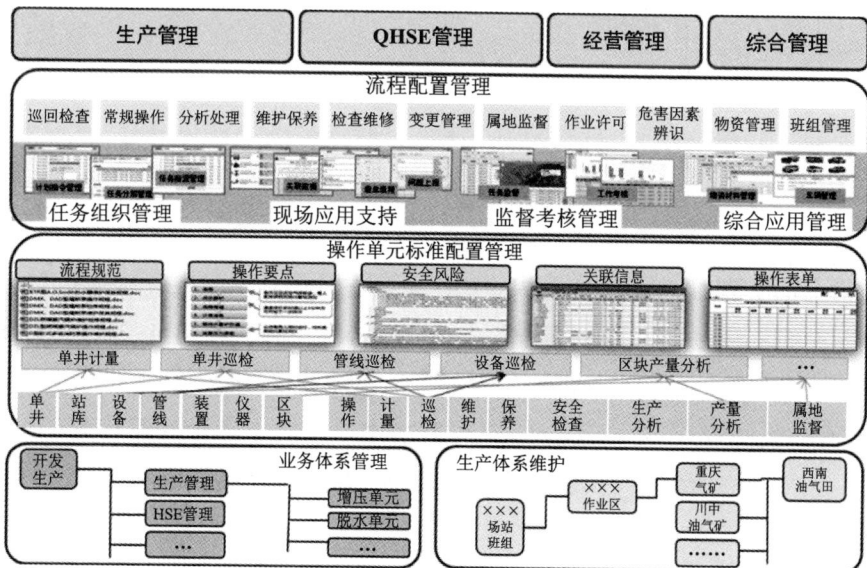

图 12-3 作业区数字化管理平台技术架构

2017 年,西南油气田选择大竹作业区、磨溪开发项目部,按岗位标准化和"一站一案"规范,配置巡回检查、常规操作、分析处理、维护保养、检查维修、变更管理、属地监督、作业许可管理、危害因素辨识、物资管理等十大流程开展示范应用,应用效果显著(图 12-4)。目前该平台已在西南油气田 41 个作业区全面推广应用。

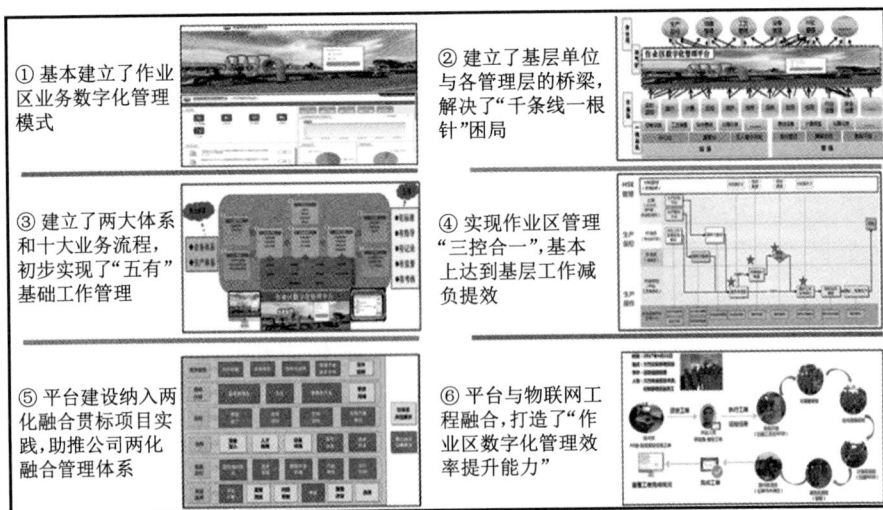

① 基本建立了作业区业务数字化管理模式

② 建立了基层单位与各管理层的桥梁,解决了"千条线一根针"困局

③ 建立了两大体系和十大业务流程,初步实现了"五有"基础工作管理

④ 实现作业区管理"三控合一",基本上达到基层工作减负提效

⑤ 平台建设纳入两化融合贯标项目实践,助推公司两化融合管理体系

⑥ 平台与物联网工程融合,打造了"作业区数字化管理效率提升能力"

图 12-4　作业区数字化管理平台应用总体效果

12.2.2　龙王庙智能气田示范

龙王庙组气藏为目前国内唯一的大型超压碳酸盐岩气藏,储层非均质性强、孔隙度低、地层压力高、中含硫,同时受水侵影响。世界上已开发的寒武系大型气藏数量极少,在缺乏可供直接借鉴的技术和经验情况下,面临全面实现高效开发难度大、大型含硫气田开采风险大等挑战,迫切需要利用物联网、大数据、云计算等信息技术,建设和完善全面感知、预测趋势、协同工作、全局优化的资产模型,实现科学决策、卓越运营与安全生产,有效支撑龙王庙高产稳产,实现数字化气田向智能化气田转变。

按照"一个气田、一个中心"的原则,龙王庙数字气田全面建成物联网系统和数据整合应用平台,建立覆盖勘探开发、生产运行、经营管理以及综合移动办公等全业务的信息支撑平台,实现自动化生产和数字化办公。为保障气藏更加安全、科学、高效地开发,按照公司统一部署,提出龙王庙智能气田建设发展规划。

龙王庙智能气田基于已建物联网系统,集成各类系统的成果,借助一体化资产模型和智能化工作流,实现全面感知生产现场动态,预测变化趋势,持续优化气田管理,实现多学科、多部门、不同层级专家相互协同,将气藏的开发生产、经营管理全面升级到智能化的新形态,打造气藏持续高产稳产的新引擎、新动力,支撑龙王庙气田科学、高效生产。

在实施路径上,充分利用龙王庙完善的数字化基础优势,深化前期成果的整合应用,运用工业革命新思维,引入先进的智能化新技术,不断推动前沿科技在生产现场的落地应用。围绕"全面感知、自动操控、趋势预测、优化决策",高起点、高质量、高效率地开展龙王庙智能气田建设,培育气藏低成本开发、精益生产新型能力,从数据资源、运行管理、风险管控和系统分析等方面推动数字化向智能化的转型升级,有效提升气藏数字化、可视化、自动化和智能化水平。

(1)能够全面感知的气田。在数据、视频自动采集和集中监视的基础上,利用传感技术和全覆盖的传感网络,实现对人行为的自动记录和对设备的智能识别,对风险进行实时提示和防范,前方实时感知,后方高效智能分析。

(2)能够自动操控的气田。利用先进的自动化及信息技术,实现气井生产的自动控制,电子/现场巡检自动执行,设备运行状态自动诊断,紧急状况自动连锁动作,数据自动分析、主动推送。

(3)能够预测趋势的气田。在对历史海量数据进行分析的基础上,通过数据挖掘、业务模型分析,根据生产系统各环节的运行趋势,实现对异常问题的预测预警、分级报警、提前响应、及时处置。

(4)能够优化决策的气田。以实时数据驱动专业模型形成的智能分析、预测结论为依据,通过实时推送的可视化协同工作环境,结合行业专家经验的辅助决策系统,实现智能技术与人的经验智慧结合,全面提升优化决策能力。

1)数字化管理

充分运用先进、成熟的信息技术,高水平设计、建成、投运数字化气田基础设施,实现"生产数据自动采集监视、生产过程自动连锁截断、工艺流程可视化监视、生产区域自动布防"。建成投运 72 套自控系统,实现站场数字化覆盖率 100%、关键数据自动采集率 100%、关键设备远程控制 100%、站场远程连锁可控率 100%。建成投运高清摄像前端 202 路、可视化门禁 65 套、双向语音对讲 137 套。实现生产现场全覆盖、24 h 可视化监视、远程开门、主动喊话驱离、非法闯入自动弹窗报警。

以龙王庙生产调控中心为核心,高度集成 DCS/SIS、视频安防管理、生产物联网三大生产现场管控系统,实现生产动态集中监控、现场生产画面集中监视、仪表设备工作状态自诊断。通过超过 2 万点(压力、温度、流量、液位、状态等)实时数据接入,实现生产异常自动报警、集中远程控制、分片区一键关井、全气藏一键关井,与净化厂控制系统无缝融合,上下游一体化联动。以智能网关为核心,进一步完善智能仪表、RTU、网络通信等智能设备的状态数据采集和接入,并与 DCS、视频安防管理系统融合对接,实现设备健康状态自动诊断分析、自动电子巡检等功能。

以"数字化井筒、数字化气藏、数字化地面"为核心,建成面向开发生产全过程技术管理的龙王庙数字化管理平台,实现勘探开发生产全过程、全方位、全覆盖的数字化管理,为各业务人员和管理者提供数字化分析平台。

2)感知层面智能化应用

感知层面主要包含可视化智能分析监管、人/物智能感知识别、安全风险实时防范、前后方高效实时协同四大应用场景。

a. 可视化智能分析监管

通过视频 AI 算法、大数据分析技术,建立视频智能分析平台,实现对生产现场的异常行为、事件进行全时段视频智能分析,识别高后果危害行为。

在场站异常行为/事件智能分析上,以近 3 年历史视频为特征库进行深度学习分析,研发危害行为/事件的算法模型,开发场站智能识别系统,对生产现场的异常行为/事件进行全时段视频智能分析。

视频监控效率和质量得到大幅提升,通过智能识别系统主动分析异常,解决人工远程监控效率低下(日常监控视频 90% 以上均为正常)、问题易遗漏、发现不及时的问题。

在管道高后果区视频智能分析上,以管道高后果区周边的中国铁塔公司通信铁塔为载体,搭载高清摄像前端,通过视频 AI 算法和大数据分析技术智能识别高后果危害行为。

升级管道第三方危害行为的处置模式,将管道危害行为处置由"问题出现 – 原因确认 – 现场解决"转变为"行为预警 – 现场解决",有效解决人工巡护无法全时段覆盖的难题。

b. 人 / 物智能感知识别

利用人工智能深度学习、图像识别、AR 技术建立巡检项目正常 / 异常状态模型,通过作业区数字化管理平台下发 AR 智能巡检工单,以 AR 眼镜为载体开展场站巡回检查任务,实现 AR 智能应用。

在 AR 智能巡检方面(图 12-5),利用人工智能深度学习、图像识别、AR 技术建立巡检项目的正常 / 异常状态模型,通过作业区数字化管理平台下发 AR 智能巡检工单,以 AR 眼镜为载体开展场站巡回检查任务,实现 AR 智能巡检。

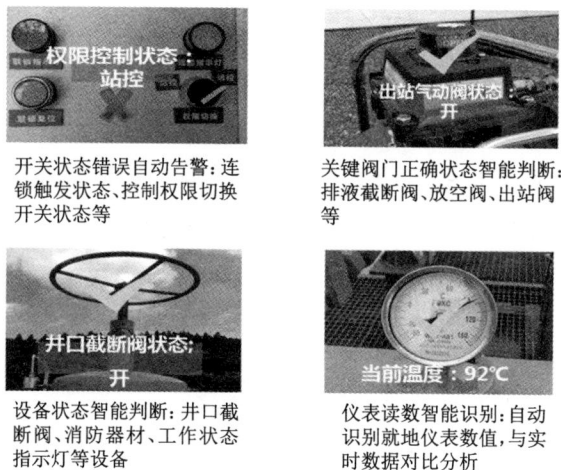

开关状态错误自动告警:连锁触发状态、控制权限切换开关状态等

关键阀门正确状态智能判断:排液截断阀、放空阀、出站阀等

设备状态智能判断:井口截断阀、消防器材、工作状态指示灯等设备

仪表读数智能识别:自动识别就地仪表数值,与实时数据对比分析

图 12-5　AR 智能巡检

通过应用 AR 智能巡检,可提高巡检工作质量标准,提升现场受控水平。相较于传统巡检的依靠电子标准清单和员工个人经验,实现巡检项目由 AR 眼镜自动检查,发现问题并提出警告。在解放员工双手的同时,可杜绝因员工不熟悉等造成的无效巡检,提高巡检工作的标准和质量,提升管控水平。

在 AR 智能作业方面(图 12-6),在作业区数字化管理平台上建立 AR 智能作业工单,使用可穿戴设备 AR 眼镜替代手持终端,开展现场操作步骤确认,以虚实结合的方式实现作业智能指导。

操作部件智能识别定位:自动框选、标示压力表、放空阀、药剂罐阀门等操作部件

操作部件智能识别定位

操作步骤虚拟叠加、操作方法虚拟显示:在操作任务中,如打开放空阀、启动电机、调节流量等操作步骤上叠加操作动画

图 12-6　AR 智能作业

通过 AR 智能作业应用,可破除对人操作经验的依赖,打破传统作业活动对理论学习、操作实践、人的经验的依赖,提高作业活动的标准和规范,进一步消减作业带来的安全风险。

在人员进出站智能识别方面(图 12-7),通过 AR 智能眼镜,利用人脸识别技术,快速获取来访人员姓名、工作单位等信息,并将进出站管理信息上传至作业区数字化管理平台。

自动生成进出站记录:AR 眼镜自动记录来访人员姓名、工作单位、进出站事由、人员数量等信息

图 12-7　人员进出站智能识别

3)电子巡检自动执行应用

a. 物联网自动巡检

通过物联网技术,融合 DCS 系统、视频监控系统、RTU 系统,定时开

展电子巡检,对现场关键节点数据进行三方数据源对比分析,构成"三位一体"自动电子巡检模式(图 12-8)。定时或发生报警时,摄像机自动对焦关键仪表并进行抓拍,将 DCS 系统、物联网采集的数据打印在照片上,进行比对分析。

图 12-8　"三位一体"自动电子巡检

"三位一体"自动电子巡检可以改变现场巡检工作关注点,提升现场巡检效率,减少员工现场巡检过程中"就地仪表读数、RTU 数据、物联网手持终端数据"的核对工作量,同时通过数据对比能及时发现单体故障并快速查明原因,缩短故障发现时间。

b. 智能电子巡检

应用管网各节点不同时段的压力、温度、流量等数据建立管线供销平衡数学模型,周期性从管线起点依次比对分析各节点气量及压力,智能判断管线运行情况,输出巡检结果,提示异常状态,构成智能电子巡检模式(图 12-9)。

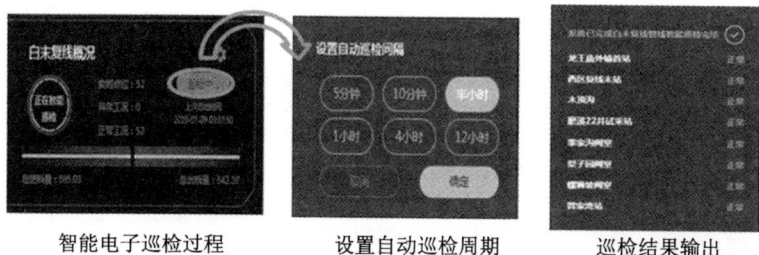

智能电子巡检过程　　　设置自动巡检周期　　　巡检结果输出

图 12-9　智能电子巡检

智能电子巡检可以大幅提升电子巡检效率,改变传统电子巡检由员工逐站查看、逐点确认的工作模式,而通过模型比对与大数据智能分析,由系统自动完成电子巡检。

4）运行状态自动诊断

运行状态自动诊断可以缩短应急处置时长，减轻管道失效的后果。与传统方式相比，它能够在管道发生泄漏后的极短时间内发现泄漏并精准定位泄漏点，实现应急快速响应和及时处置，最大限度降低管道失效带来的安全风险。

5）紧急情况自动连锁

以自动化控制系统为基础，实现气藏单井及集气站本站的自动连锁控制（图 12-10）。发生紧急工况时，在无人操作的情况下可实现自动关停、截断和放空。以大型 DCS 系统为核心，实现上游单井、集气站，下游净化装置一体化连锁控制，发生事故时系统自动执行"八级截断、三级放空"的全气藏连锁。同时，在龙王庙调控中心设置辅操台，实现分区域一键关井、全气藏一键关井功能，为气田安全生产和单井无人值守夯实基础。

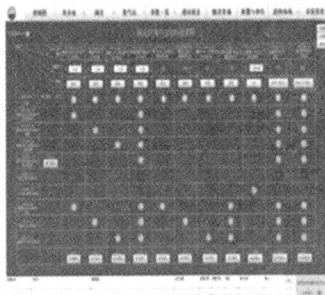

自动联锁回路

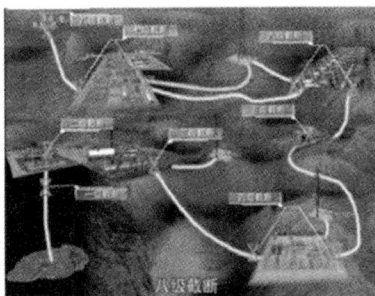

八级截断示意图

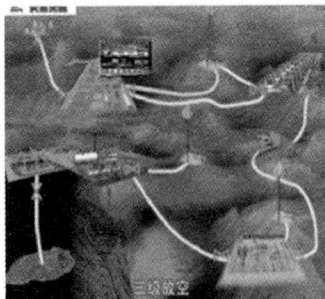

三级放空示意图

辅助操作控制台

图 12-10 气藏安全连锁保护

气藏安全连锁保护可以从系统本质上提高安全保障,降低事故风险,通过全面投用单井、集气站及与净化厂相关的连锁功能,实现全气藏上下游一体化自动连锁控制,确保紧急情况下系统能够迅速自动响应。

6)过程操作自动处理

a. 管道／电力线路无人机自动巡检

输入线路坐标,自动生成管道／电力线路走向,由无人机自动执行巡线任务(图 12-11)。AI 技术自动识别管线周边的车辆、人员等可能危害管道的不安全行为,对电力杆塔上部设备也能清晰识别部件缺陷,最大限度弥补肉眼观察的不足。

管道／电力线路无人机自动巡检可以大幅提升巡护效率和质量,且数据可进行二次分析利用。针对野外远距离、复杂地势的巡护工作,与传统方式相比,"天空视角"可在短时间内快速定位异常点、故障点,提高工作效率和质量,减少巡检人员工作量和风险,且无人机记录的数字数据还可再次开发利用。

图 12-11　管道／电力线路无人机自动巡检

b. 生产现场机器人自动巡检

机器人集成巡检需要各种探测设备,实现场站自动巡检、远程遥控,读取现场设备声音、温度、压力等参数(图 12-12),实时上传巡检视频,通过探测设备分析判断可能的异常点,逐步实现替代现场人工巡检。

生产现场机器人自动巡检可以减少员工在风险环境的暴露时间,提高巡检工作质量,还可及时发现轻微泄漏等人工巡检不易发现的异常情况,在现有无人值守井巡检频次的基础上可进一步减少员工现场受伤害风险,提升现场安全受控水平。

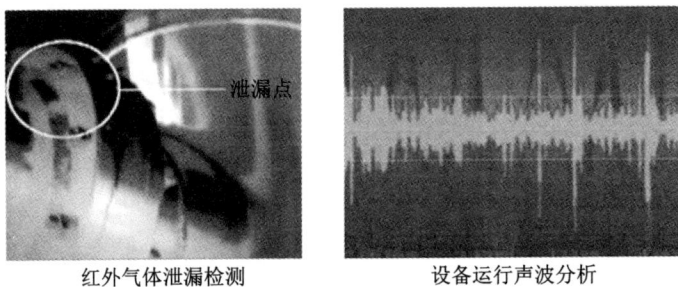

红外气体泄漏检测   设备运行声波分析

图 12-12　生产现场机器人自动巡检

7）预测趋势

a. 阈值报警与趋势预警

以 DCS 系统内大量的实时数据为对象、历史数据为基础,开发大数据智能分析系统,建立趋势分析、异常波动两种预警模型,在触发报警门限前实现趋势预警(图 12-13)。

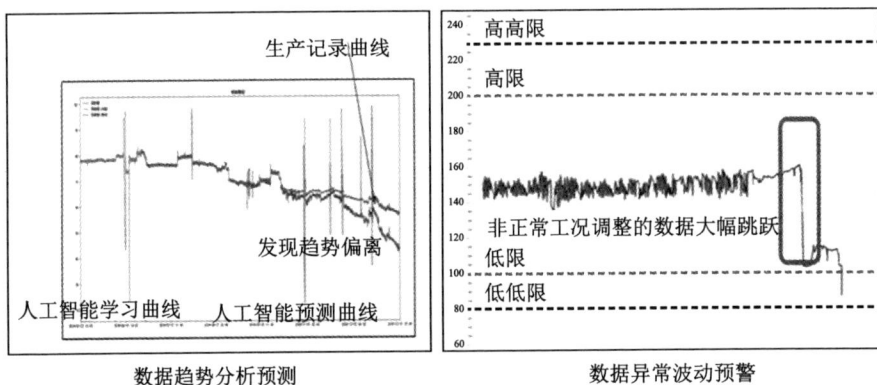

数据趋势分析预测   数据异常波动预警

图 12-13　阈值报警与趋势预警

b. 环空异常带压预警

根据环空压力异常带压机理,基于气井正常运行和异常带压时气量、井口温度及环空压力变化规律,建立识别环空持续上升趋势、大数据分析预警模型,对环空压力进行预警。

与门限报警相比,环空异常带压预警可以提前预判工况异常,争取有效处置时间,最大限度消减运行风险。以大数据分析为基础,在异常情况发生初期即产生预警提示,大幅提前报警时间,为后续判断故障原因、制定解决措施争取宝贵的时间。

8）人工智能辅助研判

依据 SCADA 系统实时数据,建立外输气管网生产运行数学模型、天然气用户历史用气大数据规律模型,通过智能调度辅助系统,对未来短、中、长期的用户用气量进行预测,输出建议调度指令,辅助输配气调度决策。

（1）气量调度智能辅助。结合管网同期历史数据进行环比,预见性判断管网气量变化,输出调配建议指令。输配气出现较大波动时,结合历史数据智能预判断可能异常原因,提出建议。

（2）告警联动。管线节点出现异常告警时,联动该节点相关上下游压力、瞬量、可燃气体浓度等关键数据,辅助管理人员快速查找告警原因。

（3）提升调度决策的科学性和异常处置的时效性。面对外输管网复杂且频繁调配的客观情况,利用大数据分析等技术弱化气量调配等调度工作对经验的依赖,从科学的角度提高管网运行的经济性。同时,在出现异常告警时自动关联并弹出异常节点上下游相关画面,辅助员工快速形成原因分析,提升处置效率。

9）大数据分析可视化

应用机器学习技术对生产实时数据进行深度挖掘利用,开发完成 10 个一级功能模块、40 个二级功能模块,实现管道综合风险提醒、井场异常工况趋势分析预警、输气管道内腐蚀预测、变更风险提醒等九大应用场景,并通过大数据可视化技术对预警信息进行综合展示和应用,将安全管理前移至生产操作层面。

在复杂工况下预警的基础上,直观展示多角度分析数据,帮助快速定位异常点。转变原来故障排查需要多系统查找资料、多点确认、依靠员工经验进行判断的模式,多维度数据同步进行分析,信息辅助判断异常点,实现预警综合信息在同一界面直观展示,便于快速查明故障原因,定位异常点。

10）优化决策智能化工作流

a. 智能配产

在充分考虑井筒临界条件、气藏能量均衡动用、边底水侵情况及地面集输动静态数据下,建立气藏模型、单井模型、地面集输模型并进行一体化耦合,通过一体化模型计算,形成系统最优、开发最优的配产、调产结果。依托国际先进专业软件,建立油藏-井筒-地面一体化资产模型,引入连续数据流驱动专业软件,通过已建模型的模拟计算,充分考虑油藏、井筒、地面实际条件,制定实时的科学配产方案。针对气藏季节调产(冬季保供调峰)、检修调产等情况,给定需求产量自动调产,给出各单井配产方案,满足智能化管理的需要。同时,还可对对给定产量下生产时气藏的见水时间、稳产时间进行预测。

实现气藏动态跟踪分析的实时性和科学性。利用一体化模型对实时数据的分析处理,给出气藏开发不同阶段实时最优生产组织方案,可较传统专业人员跟踪分析的开发模式极大地提升工作效率,且气藏-井筒-地面一体化的最优考虑更具科学合理性和可操作性。

b. 智能跟踪诊断

通过一体化资产模型与龙王庙物联网数据的全自动高频聚集、融通,获取"秒级-分钟级-小时级"数据,利用模型对实时数据计算的预测结果和气藏生产全系统的实测数据相互印证,在结合历史数据、专家诊断库的基础上,通过大数据分析自动列出可能原因,给出推荐解决方案,辅助优化决策。

异常问题发现和辅助决策的实效性及针对性可以极大地提升工作效率。利用一体化模型预测数据和实时数据的对比,通过大数据分析给出诊断结果和建议,可以极大地提升发现和解决问题的全面性、及时性,并极大地缩短收集和处理数据的时间以及研究和决策的时间,提升工作效率。

例如,5月31日采用资产模型接入实时数据,将预测数据与实时数据进行对比,发现磨溪009-X6生产数据明显异常,自动判断模型与实际不符,建议修正模型和核实该井集输工况。经核查,该井因检修而调整气流方向,与模型判断一致。5月31日采用资产模型接入实时数据,将预测数据与实时数据进行对比,发现磨溪13井至西区集气站管线输气量与输差成反比例增长,自动判断管线积液(图12-14),建议清管。经后期6月19日清管验证,清出液体15 m³,与模型判断一致。

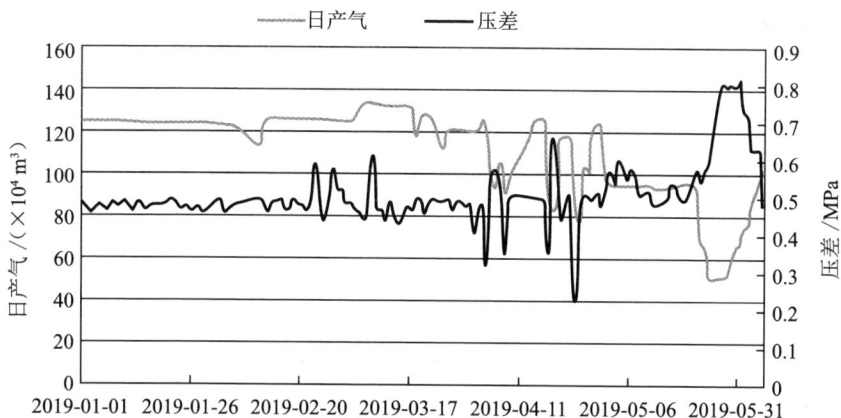

图 12-14　集气站管线积液实例

12.2.3　长宁页岩气智能试点

2017 年,集团公司要求西南油气田加快页岩气规模建产,努力实现更高发展目标。在信息化方面,集团公司在"十三五"期间要全面完成信息化应用集成建设,持续提升信息化水平,进一步迈向共享服务与数据分析应用的新阶段,努力建成"共享中国石油"。

2018 年,西南油气田提出了"三步走"的总体战略部署。其中第一步是到 2020 年全面建成 300 亿战略大气区。天然气产量超过 300×10^8 m^3,油气当量达到 $2\,500 \times 10^4$ t 以上,其中页岩气产量达到 100×10^8 m^3。油气资源保持良性接替,气田开发管理水平国内领先;区内天然气市场持续拓展,占有率保持在 75% 以上;净资产收益率和投资回报率稳定提升,经济增加值不断改善;公司创新能力进一步增强,科技进步贡献率保持行业先进水平;业务结构更加优化,上中下游一体化优势充分发挥;安全环保风险有效管控,杜绝重特大事故发生;矿区保持和谐稳定,员工群众生活质量稳步提高。

2020 年,要加快页岩气智能气田试点建设以及上线页岩气智能化分析工作流。

建设思路:引入基于模型的工作流模式,综合应用云、AR/VR、机器学习、大数据分析、认知计算等信息技术手段,形成一体化协同工作生态环境。

建设目标:打造全面感知、预测优化、整合运营、智能操控等新型能力,实现勘探开发一体化协同、地质工程一体化研究、技术经济一体化优化的目标。

智能分析平台及基础工作流建设项目:通过在线采集气田生产数据,形成连续数据流;推动业务工作流高效运转,全面感知气田生产动态、集输设施运行状态,快速精准诊断偏离,支持在线模拟方案验证,辅助高效决策和精细管理。智能分析平台总体架构如图 12-15 所示。

在集团公司页岩气业务发展领导小组的领导下,建立和完善了三级管理机制,为推动川南页岩气建产和整体评价工作提供了组织保障,理顺了"中油油服主体保障＋市场引入补充保障＋前指统筹协调"生产要素保障模式,充分发挥中石油整体优势,参战装备队伍、建产工作量和生产规模均创历史新高,在川南地区形成了万人会师的"大会战"场面。

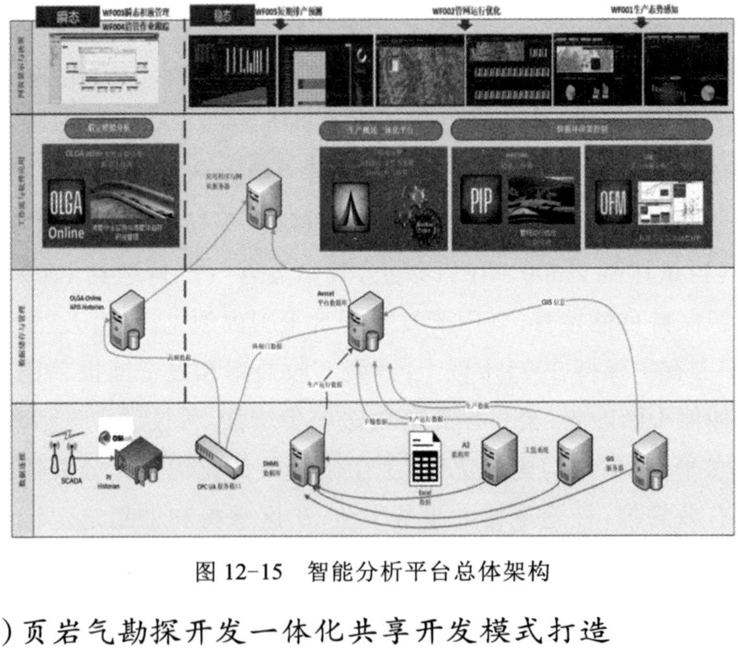

图 12-15　智能分析平台总体架构

1)页岩气勘探开发一体化共享开发模式打造

自集团公司提出"十三五"期间加快川南页岩气建产 100 亿的目标要求以来,各参建单位齐聚川南进行大规模开发。在多主体、大规模、快节奏的"大会战"生产形势下,常规开发模式已不再适应新的生产需求,难以形成协调效应和规模效应。

　　基于统一规划部署,统一生产准备统筹安排企地协调,搭建集"操作维护、水电讯运、物资采购、企地协调"于一体的页岩气开发共享服务平台,有力支撑勘探开发各项工作,为项目顺利推进保驾护航,统筹装备调配,有效匹配生产计划,全面推动评价工作高效有序进行。

　　接入页岩气实施单位的工程建设和生产数据(含摄像头抓拍图片),建设语音视频双向交互功能,提升页岩气数据共享与利用率,为川渝页岩气前线指挥部的统一指挥、统一决策提供信息技术支撑。

　　2)页岩气智能试点驱动"3 + 1"新模式

　　围绕页岩气田智能建设,为实现创新发展、智能发展,专业工作与管理模式的变革在整体建设中尤为重要。降本增效是页岩气智能开发成功的关键,通过融入两化融合的要求,引导组织强化变革管理,充分发挥数据要素的创新驱动潜能,推动和实现数据、技术、业务流程、组织架构四要素的互动创新和持续优化,挖掘资源配置潜力,夯实新型工业化基础,抢抓信息化发展机遇,不断打造信息化环境下的新型能力,获取可持续竞争优势,实现创新发展、智能发展和绿色发展,打造勘探开发一体化能力、经济指标指导下的开发生产一体化能力、地质工程一体化能力、科研协同创新能力、勘探开发一体化业务协同能力,规范现有工作流程,制定页岩气智能气田长远勘探开发生产方式,实现优化产能、提高生产效率的最终目标。

　　以产量、经济为导向,以模型化为中心,以工作流为支撑,以及时甚至实时为特征,各系统、专业、流程与成果全面互联、全面感知,各领域专家、各不同单位全面协同,综合决策与量化执行,实现"3 + 1"模式,即 3 个"一体化"与 1 个"卓越"。

　　(1)地质工程一体化协同。页岩气的高效开发取决于地质和工程两大基本因素。根据地震解释与反演成果、探井资料与测井认识,建立页岩气藏地震、地质、裂缝与岩石力学模型,通过实时数据传输进行钻井实时地质导向,优化井轨迹方位与走向,提高优质页岩钻遇率;钻井过后快速进行测井解释,更新地质模型,基于储层品质与完井品质进行体积压裂工程设计,通过实时的微地震监测对压裂施工进行指导,评估页岩气井产能与产量,优化体积压裂施工设计与过程。

（2）勘探开发一体化研究。页岩气藏的复杂性决定了勘探开发一体化的必要性。通过地震解释确定页岩层位,结合边界探测属性、方差体和蚂蚁体断层检测技术,进行不同规模的断层识别与验证;通过测井精细解释技术,对 TOC、孔隙度、杨氏模量及泊松比等岩性和储层物性参数、厚度、岩相等进行定量解释;通过叠前同步反演技术,利用声波测井进行标定,直接反演出高分辨率纵波阻抗、纵横波速度比及密度;通过将测井认识与地震、反演成果相结合,建立能够反映地层特征的地质构造、属性模型与岩石力学模型,再通过储层品质与完井品质对水平井位、井轨迹及体积压裂过程进行设计与产能评估,并与气藏数值模拟技术及生产动态分析相结合,确定生产制度,预测剩余油气分布与储量,同时对每个生产措施与开发方案调整进行经济评估,以产量与效益为准则。

（3）生产工艺一体化优化。生产与工艺一体化的中心是将页岩气井产量、压力变化与地面工艺流程连接起来,形成一个连续性的系统,通过建立实时井筒-管网-设备模型,与当前信息系统数据库对接,实时对页岩气井与地面各环节上的节点压力、流量进行监测,实时对气井生产状态、集输管网能力与地面设备瓶颈进行全方位分析,实时对管道中可能出现的水合物、段塞流及对应措施进行模拟评估。同时,与气藏模型进行一体化耦合模拟运算,实时模拟集输管网与地面工艺流程对页岩气藏动态、储量与剩余气分布的影响,以及新页岩气井平台投产对地面管网压力、集输能力的影响,从而实现地面与地下的一体化综合研究与量化管理。

（4）在线管理与卓越运营。以模型化、模块化、工作流及云计算为支撑的三大"一体化"技术作为引擎,建立智能化生产经营管理一体化平台,实现页岩气藏从研究到生产管理的"三化"特征,即指标在线化、决策经济化和管理协同化。

页岩气智能气田以页岩气藏高效勘探开发与生产经营管理为中心,以实时通信技术与多学科数据资源为依托,基于高度集成的多学科互通的一体化专业平台,形成以地质工程一体化协同、勘探开发一体化研究、生产工艺一体化优化为主题的三大流程,实现对页岩气藏地下与地面的全系统资产、全生命周期的全方位跟踪,实现指标、生产、分析及决策在线管理与卓越运营,从而最大限度减少页岩气井非生产时间,显著改善页岩气井与管网生产制度,全面提升对页岩气藏剩余储量认识,最大化页岩气采收率与经济效益。

页岩气智能化试点示范通过搭建井位优化部署与实时跟踪工作流、体积压裂设计与综合压后评估工作流、气井生产动态工作流,地面智能分析平台,实现贯穿气藏-井筒-地面的勘探开发一体化协同、地质工程一体化研究,实现基于"油公司"模式的定好井、压好井、管好井。建设了龙王庙智能气田试验环境,深入研究了智能工作流、智能分析的核心功能和技术原理,形成了自动化运行、全局化分析优化、智能化管理的自动配产工作流。该智能工作流已在 2017—2018 年度龙王庙组气藏的配产工作中进行测试与应用,取得了良好的应用效果。

通过建设"SCADA、油气生产物联网系统",上线运行"作业区数字化办公平台、页岩气地质工程一体化平台",形成了"平台无人值守、井区集中控制、远程支持协作"的管理新模式。

12.3　数字化转型的启示

数字化转型是利用新一代信息技术,构建数据的采集、传输、存储、处理和反馈的闭环,打通不同层级与不同行业间的数据壁垒,提高行业整体的运行效率,构建全新的数字经济体系,由此带来整个经济环境和经济活动的根本变化。数字化转型是传统行业与 IT 行业的深度融合,通过数字化技术和新一代信息技术逐步实现赋能、优化、转型,最终实现业务的转型、革新,带来新价值。

应从思维上清楚地意识到这次转型升级不是一次简单的模式创新,而是必须靠技术创新和商业模式创新融合发展才有可能构建新的商业竞争壁垒,构建企业可持续盈利和可持续创新的能力。

新商业下的技术创新支持转型,商业的本质是创造价值、传递价值、实现价值,而企业管理的本质是价值的获取和价值的分配。商业模式是实现企业价值的途径和方法,是企业发展战略的顶层设计。商业模式创新不仅是企业技术方向和路线的选择,更涉及企业组织、文化、资源配置的全方位和深层次革命。

技术创新主要包括生产技术和信息技术创新。技术创新发展对传统企业的革命性影响主要表现在 5 个方面：产品交付方式，甚至整个供应链的沟通方式，包括与用户的连接方式，形成一个全新的架构；与客户共创价值；个性化营销；拉动式配销；柔性化生产。

提高精益管理水平也就是提高制造业的生产率，从粗犷的管理模式向精益的管理模式转变包括了过程数据管理的新管理模式，整个生产过程被数字化后，将不再依赖人对操作的熟练程度。

以数据互联为核心、以互联网技术为主导的新技术将有效缩短产品研制周期，降低运营成本，提高生产效率，提升产品质量，降低资源消耗，提供个性化产品。

加快向服务型制造的转变，重定义集群创新能力。因为连接而带来的与用户沟通方式的变化，表象上看是许多制造业企业在向后服务市场延伸他们的价值获取，其实也是在向前端延伸，价值获取方式发生变化的时候跨界"打劫"就成为可能。

当今世界的领先企业都是将科技创新与商业创新有机结合，以科技研发的突破、商业运营的成功确保企业拥有持续盈利的能力并支持后续的创新。

西南油气田公司围绕"创新、资源、市场、低成本"发展战略，规划并形成需要打造的信息化环境下系统性的新型能力体系，基于物联网气田数字化转型打造形成油气生产过程一体化智能管控、作业区数字化管理效率提升、油气生产经营效益实时评价、油气生产设备精细化管理、市场分析与营销决策支持、勘探开发一体化业务协同、科研协同创新、管道一体化管控八大新型能力。西南油气田已通过工业和信息化部两化融合管理体系评定，取得了"两化融合管理体系评定证书"，以数据开发利用和流程优化再造为核心，在有序推动两化融合本质贯标的同时启动两化深度融合，围绕公司"三步走"战略、打造"油公司"模式的目标，实现信息与业务深度融合，完善信息化顶层设计和明晰实施路径。

第13章 油气田物联网转型总结与展望

油气田物联网目前已经制定了相应的标准,有相对成熟的单井数字化系统,也有基于物联网技术的油气生产管理系统。"十二五"和"十三五"以来,西南油气田大力推进数字油气田建设,全面建设数字油气田,年产量规模达到 300×10^8 m³。未来无人值守场站将会更加普及,基于大数据的应用将会更加广泛。

13.1 取得的成果

目前物联网的应用已经广泛和深度融入生产。油气生产物联网系统以站场自控系统为基础,结合物联网技术,利用传感器、RFID 标签、二维码以及其他各种感知设备,实时采集各种数据及动态对象,全面获取生产实体信息;利用以太网、无线网、移动网将各类数据信息进行实时传输;实现对工艺生产仪表、设备数字化的控制和管理,提高每个生产操作单元的自动化程度,及时、准确、连续地掌握一线生产动态;实现生产重点现场自动连续监控,发生异常情况可快速反应、及时处理,提高应急响应能力;减少员工和车辆出行,降低高压、高温装置的巡检、有毒有害环境下的操作风险;保证油气生产持续、稳定、高效运行,实现物联网数据智能应用,为打造"油公司"模式、助推公司转型升级、实现高质量发展提供有力支撑。

13.1.1 建设成果与应用成效

1)建成了以物联网为基础的"云网端"基础设施

建成了中石油西南地区最大区域数据中心和云计算软件平台、稳定可靠的光通信网络和全覆盖的物联网系统,场站数字化监控覆盖率达92%,气田开发整体实现了"自动化生产",支撑了生产组织方式优化。截至 2020 年,公司完成了所有作业区的物联网完善工程,生产井站数据自动采集率达 90%,一线生产井站无人值守率达 70%,老区用工总量减少 30%,新区用工总量为传统模式的 30%,生产流程工业视频接入 2 400 路。

2)实现了生产实时数据管理

完成了现场生产实时数据、工程作业动态数据、勘探开发成果数据等专业数据近 20 万数据点汇交,实现了数据应用从基础查询向定制服务的拓展。

3)建成了七大区域数字化气田

在五矿两处七大区域开展了油气生产物联网完善工程和作业区数字化管理平台建设及推广,38 个作业区全部建成数字化气田,建立起"互联网＋油气开采"新模式。全部作业区上线作业区数字化管理平台,一线员工日常操作流程电子化覆盖率达 100%,优减 14 个作业区,老区优化用工 4 292 人,生产操作实现"单井无人值守、气田分区连锁控制、远程支撑协作"。

4)打造了两个智能气田示范雏形

初步建成龙王庙、页岩气两个智能气田示范工程,开发了一批专家系统,上线了智能工作流,应用了一批 AR、VR、机器人、无人机、一体化模型等新一代智能技术,赋予了气田"思想和智慧",着力打造"油公司"智能营运新模式。

西南油气田智能气田应用模式如图 13-1 所示。

13.1.2　数字化气田建设经验启示

1)大力推进两化融合,打造公司全产业链新型能力

找到了"互联网＋油气开采"两化融合路径,转变了传统的生产管理模式,打造了信息化条件下推动公司高质量发展的 8 种新型能力,获得国家工业和信息化部两化融合管理认证。

两化融合总体目标:围绕公司"创新、资源、市场、低成本"发展战略,基于环境分析和发展定位的总体要求,持续支撑打造核心竞争能力。

两化融合管理体系:制修订体系文件 75 个,形成了 256 项审核标准,建设了两化融合工作管理平台。

图 13-1　西南油气田智能气田应用模式

西南油气田两化融合体系如图 13-2 所示。

2）两个"三化"管理迈上新台阶，推动生产组织优化和管理转型升级

生产操作实现了"单井无人值守、气田分区连锁控制、远程支撑协作"。生产系统实现了万物互联、深度感知和自动化生产，由"人防"转变为"技防"，由传统的"一井一站一套人马"转变为"中心站＋单井无人值守"。

生产组织实现了"大数据分析、自适应调节和数字化管理"。数字化管理平台"用数字说话、用数字指挥"，成为生产组织的智能调度员；专家系统集成专家智慧，改变生产管理"靠经验、拼人力"的传统模式，智能工作流实现了一体化管控思想理念。

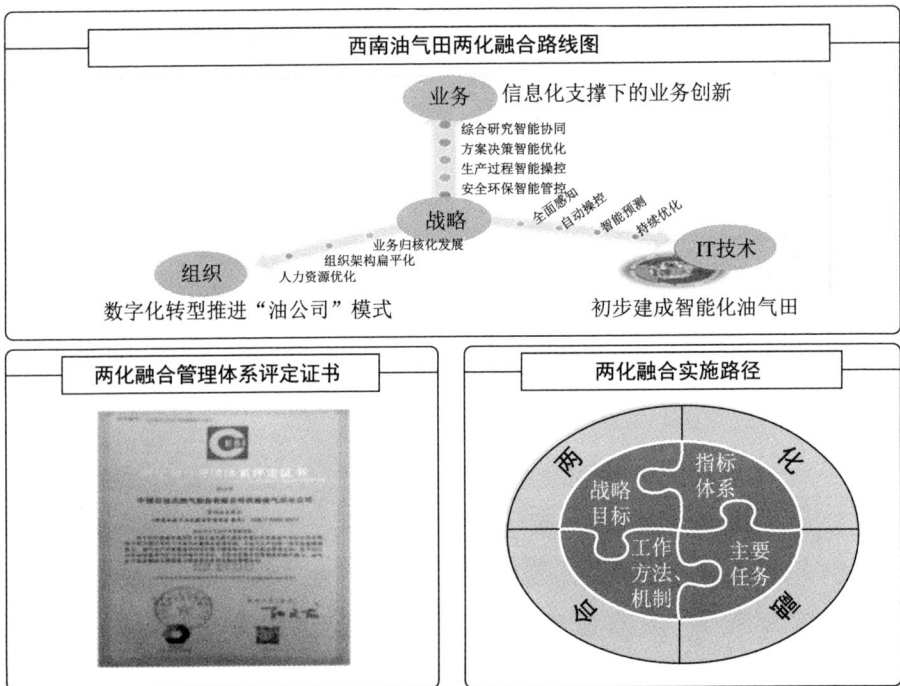

图 13-2 西南油气田两化融合体系

生产管理实现了线上协同,正走向两化深度融合。形成了生产管理新模式,生产操作、开发管理实现线上运行;转变了传统的生产管理模式,机关部门转向"大部制",院所转向远程支持研发中心,管理层级向扁平化发展。

西南油气田两个"三化"管理新模式如图 13-3 所示。

3)技术进步与管理变革双轮驱动,推动开发生产转型升级

掌握了数字化气田设计和建设技术,探索了智能气田一体化模型与智能工作流技术,建设了新型气田勘探开发模式。

龙王庙智能气田示范工程:公司在龙王庙气藏通过建立气藏、井筒、管网一体化资产模型实现了生产过程自动连锁智能控制,在融合大数据技术基础上实施预测分析,初步实现了业务流程与实施生产优化。

页岩气智能气田示范工程:公司在页岩气领域通过搭建智能分析平台,建设了地面集输管网模型及智能工作流,实现了页岩气管网运行优化、清管作业监测与清管球追踪、趋势预测。

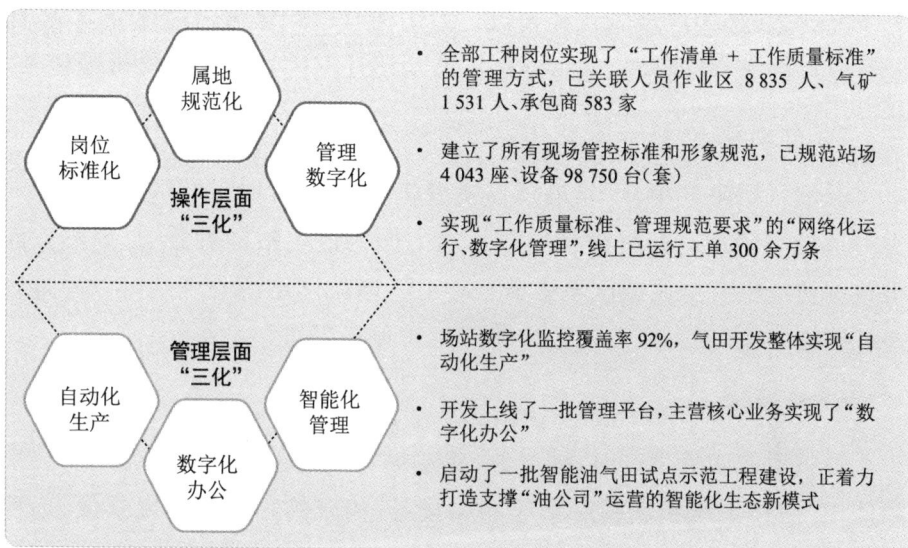

图 13-3　西南油气田两个"三化"管理新模式

13.1.3　油气田物联网标准建设

在目前的油气田生产中,通过物联网技术可以弥补传统工艺的不足,提升油气田开发整体效益。油气生产物联网系统实现的基本思路:一是在生产现场(如井场、站点、处理厂或净化厂等)安装数据采集、监控、安防设备,自动采集生产、视频、安防等数据或信号;二是根据不同的管理需求,通过有线或无线传输方式将采集到的数据或信号传送给不同级别的指挥调度单元;三是分析、处理所收集到的数据和信息为决策人员提供重要的决策依据,从而实现生产运行的可视化以及管理决策的系统化。

在油气田生产中,物联网技术的应用已初见成效,形成不同需求的标准化物联网应用模式。

1)基础网络结构标准化

基础网络架构是实现油气生产物联网建设的基本条件,其主要实现数据接收、缓存储、转发、控制等功能。它采用三层树形网络拓扑结构,核心层实现全线速三层路由,经防火墙的统一出口,增强其安全性能,而汇聚层实现 VLAN 间路由和流量控制功能,同时提供较好的扩展性能。根据生产需求,分为核心区域、汇聚区域和接入区域。核心区域和汇聚区域为千兆传输,接入区域为百兆传输。由于油气覆盖区域地理环境复杂,因此链路可根据实际情况,通过双链路或局域环网提高基础网络传输效率。

2)自动化控制标准化

在油气田生产中,厂站内目前主要采用 PLC 实现对厂站生产运行的实时监控和管理。其采集到的数据一方面为该厂站提供监控,另一方面将数据传送中心厂站或区集中监控中心。基础网络中心厂站可以同时管理若干数字化厂站,从而使数字化厂站实现无人值守。

3)视频安防标准化

油气田在实际生产时,油气井、集输站和一些重点区域都相继安装视频监控、门禁系统和远程对讲等相关设备,相应的区位可实现录像、远程监控等功能。

4)电子巡井标准化

该系统可实现对井口数据的采集,通过网桥、光缆等方式传输到站内,使井口变频器实现远程开关。目前应用最多的是 3G/4G 网络,其设备功耗低、部署简单,可以较低成本进行系统部署与运营。物联网技术在油气生产时所起到的作用极为重要。油气田正常运转和生产中的每个环节都需要使用物联网技术。

在油气田生产过程中,当前阶段油气生产物联网系统所面临的需要解决的问题主要是:了解并控制采油气厂的生产情况及注水量;发生故障时及时报警并立即通知相关人员,以提高事故的解决效率;自动生成存储、查询等相关报表,控制好整个生产过程,以提高其运行的安全性和稳定性;及时更新物联网系统;针对高危环境等一些重点区域要进行重点监测。

13.2 发展愿景及应用场景

以公司天然气精益生产、卓越营运为目标,坚持"智能+油气开采"技术路线,有效利用云大物移智、区块链、工业机器人、量子计算等技术,建立覆盖全产业链的智能生态系统,赋能天然气勘探开发生产运营模式创新,提升公司天然气产业价值链竞争能力,全面建成国际领先的智能油气田。

13.2.1　智能气田愿景与场景

充分利用公司数字化气田建设成果,按照"智能＋油气开采"技术路线,深化数据整合及共享应用,引入先进的智能化新技术,不断推动前沿科技在生产经营管理、生产作业现场、科研协同工作的落地应用。围绕"全面感知、自动操控、趋势预测、持续优化"四个方面,高起点、高质量、高效率地开展智能化气田应用场景设计与应用实践,从数据资源、运行管理、风险管控、决策分析等方面推动公司数字化向智能化的转型升级。

1)能够全面感知的气田

在数据、视频自动采集集中监视基础上,利用传感技术和全覆盖的传感网络,实现对人行为的自动记录、对设备的智能识别、对风险的实时提示和防范,前方实时感知,后方高效智能分析。

2)能够自动操控的气田

利用先进的自动化及信息技术,实现气井生产的自动控制,电子／现场巡检自动执行,设备运行状态自动诊断,紧急状况自动连锁动作,数据自动分析、主动推送。

3)能够趋势预测的气田

在对历史海量数据进行分析的基础上,通过数据挖掘、业务模型分析,根据生产系统各环节的运行趋势,实现对异常问题的预测预警、分级报警、提前响应、及时处置。

4)能够持续优化的气田

以实时数据驱动专业模型形成的智能分析、预测结论为依据,通过实时推送的可视化协同工作环境,结合行业专家经验的辅助决策系统,实现智能技术与人的经验智慧结合,全面提升优化决策能力

13.2.2　基于新型作业区的生产管控

新型作业区围绕气田开发生产精益管控,全面贯彻公司"油公司"模

式改革部署,以提升经济效益和管理效率最大化为主轴,坚持"市场化、智能化、扁平化、差异化、运营化",实现生产操作远程协作、生产组织敏捷调配、生产管理协同优化,提升气田开发生产主要技术经济指标。

新型作业区依托数字化建设成果,逐步推进传统多层级垂直管理模式向新型扁平化管理转变,缩短管理链条,从"中心井站+无人值守"转变为"矿处管控中心直管井站+多气藏无人值守"的新模式。新型作业区的出现能有效解决两方面问题:一是作业区生产过程信息化支撑不足,气藏生产动态不能实时掌控,气田可持续开发尚需更有效的信息化技术支撑;二是应急抢险响应与处理时效长,管道站场缺乏实时发现异常的先进技术手段与智能化的应急抢险工作模式。

在气田管控方面,通过建立基于物联网技术的一体化协同管控中心,构建气藏、井筒、地面数字孪生体模型以及一体化耦合应用模型,打造透明气藏-井筒-地面,形成连接"生产现场、管理层级、研究院所"的网状协同环境,实现开发生产动态分析、动态监测等核心业务集中管控,集输管道运行优化,支撑新型作业区两级管控模式。

在抢险指挥受控方面,建立管道站场运维与抢险中心,打造监控、报警预警、诊断、预测、优化功能于一体的智能管控工作流,实现现场抢险、维护维修、问题处置的多部门快速联动,以及抢维修任务的集中调度与闭环。

13.2.3 基于北斗卫星的应用

近年来物联网技术在工业领域的应用发展正在推动工业领域发生深刻的变革。在油气田生产领域,物联网技术已经渗透到油气生产的各环节。在这之中,通信技术是智能油田的"神经网络",决定着物联网技术应用和发展的趋势与方向。当前 ZigBee,Lora,BLE 和 NB-IoT 等一系列通信技术都是伴随物联网而诞生的,这也说明通信技术决定了物联网技术应用的深度和广度。

油气生产物联网建设中,偏远井站通信问题是一项难题,是数字化油田建设"最后一公里"难以逾越的障碍,因此探寻适用于偏远井站的物联网通信技术非常必要。

近年来,随着我国北斗卫星导航系统的逐步建成和完善,利用北斗卫星导航系统所特有的短报文通信方式搭载物联网应用,已经成为物联网行业的热门研究方向。北斗卫星短报文通信系统(以下简称北斗系统)目前已经实现全球覆盖,可以实现全球任一地点的短报文通信,探索应用北斗系统解决油气田偏远井站的数据传输问题具有广阔的应用前景。

北斗系统是中国着眼于国家安全和经济社会发展需要,自主建设、独立运行的卫星导航系统,是为全球用户提供全天候、全天时、高精度的定位、导航和授时服务的国家重要空间基础设施。目前北斗系统已在电网、铁路、船运、航空等物联网领域纷纷落地应用。北斗系统是我国重要空间基础设施,油田也需积极对此布局,抢占优质卫星通信资源,解决油田物联网的广泛需求,降低信息化建设和运行成本。

北斗卫星物联网通信平台由终端设备、地面中心站、卫星物联网管理系统三部分组成。终端设备安装在井站,与井站自控系统的 RTU 和 PLC 等设备连接,数据通过北斗系统传输至地面中心站。北斗通信终端由协议转换单元和北斗通信模块构成,实现工控协议和数据在北斗卫星信道的封装和解封装。现场控制单元 RTU 和 PLC 等采集的信息经过信道编码和加密处理,由北斗收发信机传送至北斗卫星,通过北斗卫星转发到北斗卫星物联网地面中心站,实现数据的回传。同时,通过卫星信道接收 SCADA 等系统的控制指令,将其转成工业现场控制单元能够识别的信息,发送给 RTU 和 PLC 等,完成指令下发。

13.2.4　基于物联网的大数据应用

以大数据在油气田增压站压缩机气量预测提质增效中的应用为例,近年来随着天然气需求量的不断增加,长输管道和增压站建设进入高峰期,西南油气田磨铜线、宁纳线等大型管线相继投运。长输天然气管道运行费用巨大,在集团公司"战严冬"和提质增效活动中,通过管理和技术手段降低运行费用十分必要。

某页岩气外输增压中心站两台大型压缩机峰值功率每天消耗近 20×10^4 kW·h。压缩机不合理的启停不仅造成能源的巨大浪费,更会对压缩机和管道造成损坏。通过对上游实时气量数据进行预测,及时调整启停操作,可为增压站的稳定运行提供支持保障,也可以降低压缩机的能耗,降低增压站的运行费用。

利用大数据和人工智能对数据进行预测,常用的模型有 RNN,LSTM 和 GRU。RNN 模型对后面时间节点的预测感知力相对于前面时间节点会下降。RNN 学习能力有限,如果序列过长,学习效果并不理想,因此 RNN 难以适应实际预测天然气量具体业务场景。LSTM 模型较为复杂,神经网络需要大量的参数,如网络拓扑结构、权值和阈值的初始值,还不能观察之前的学习过程,输出结果难以解释,从而会影响结果的可信度和可接受程度。对气量预测来说,模型调优学习耗时相对较长。GRU 相对于 LSTM 少了一个门函数,因此在参数数量上也少于 LSTM,所以整体上 GRU 的训练速度要快于 LSTM。GRU 收敛速度快,可以加速试验进程,快速迭代。

根据历史输出气量、压力和温度,利用 GRU 模型,输出 1 h 后的气站压缩后气量,可及时调整启停操作,节约电力。

13.3　结束语

通过对西南油气田基于物联网的油气生产数字化转型模式的构建,匹配西南油气田"三步走"的业务战略,以两化深度融合为抓手,以公司主营业务价值提升为驱动,以智能勘探、智能开发、智能管道、智能销售为核心,实施业务技术双轮创新驱动发展战略,推动"油公司"模式下的数字化转型,实现公司业务价值跨越式增长(图 13-4)。

图 13-4　全面互联的智能油气田场景

　　未来,将建立油气生产现场与信息空间全要素连接的一体化资产数字孪生模型,从全局定义天然气产业链数字化新业态,实现油气生产运营敏感参数驱动、动态约束自动化运行、全产业价值链协同优化,赋能油气田"精益生产、卓越运营",推动"油公司"模式下的数字化转型,建成一流智能油气田。

参考文献

[1] 田涛,耿磊,邓科,等.数字化油田建设的有效应用探讨 [J].科学管理,2021（8）：86-87.

[2] 盛心怡."互联网＋"时代智慧油气田建设的构想与探索 [J].电子世界,2021（10）：27-28.

[3] 刘英,张亚顺,许国剑.浅析油气生产行业数字化转型中的标准建设——以油气生产物联网建设为例 [J].信息系统工程,2020（9）：12-13.

[4] 刘帅.物联网技术在油田地面数字化建设中的应用 [J].化工管理,2021（10）：197-198.

[5] 方舟.油田数字化建设中物联网技术的应用 [J].化工设计通讯,2021,47（6）：11-12.

[6] 白海明.数字化油田建设中通信技术的应用 [J].电子技术与软件工程,2021（2）：24-25.

[7] 任和.物联网与油田生产信息化的相关分析 [J].化工管理,2019（27）：90-91.

[8] 高倩.物联网技术在石油行业中的探索与应用 [J].科技创新与应用,2021,11（18）：154-156.

[9] 梁军.物联网技术背景下探讨网络安全问题及应对策略研究——评《物联网网络安全及应用》[J].中国测试,2021,47（5）：174.

[10] 张玲玲.数字化油田的网络安全管理策略分析 [J].中国信息化,2021（2）：72-73.

[11] 汤林,班兴安,徐英俊,等.数字化油气田精益生产研究 [J].天然气与石油,2020,38（1）：1-6.

[12] 贾静,粟鹏,魏可萌,等.气田开发生产数字化管理转型探索与实践 [J].石油科技论坛,2020,39（5）：24-33.

[13] 王维震.油气田地面工程数字化建设标准探索 [J].化工管理,2016（27）：49.

[14] 李华.数字化油田建设的有效途径 [J].化学工程与装备,2021（5）：77-78.

[15] 崔强.物联网在数字化油气田构建中的应用 [J].化工管理,2021（17）：183-184.